국민을 버리는 나라

일러두기

· 이 책에 등장하는 주인공 아동은 신분 보호를 위해 영문 이니셜로 표기했고, 불법 국제입양
을 시도하려 했던 여성의 이름은 가명으로 처리했다.

한 편의 르포와 그에 얽힌 역사

국민을 버리는 나라

이경은 지음

글항아리

머리말

10년 넘게 이 이야기는 내 안에만 있었다. 2년 전쯤 마음을 단단히 먹고 제프를 만나러 방콕에 갔다.

SK 사례를 쓰려고 해요.

그래요. 쓰고 싶은 대로 다 써요.

내가 과연 이 이야기를 쓸 수 있을까요?

이것 말고도 더 많은 이야기를 써낼 수 있을 거예요.

그 후로 다시 1년이 흘렀다. 한 글자도 쓰지 못한 채. 중년의 몸과 마음은 지금까지 겪어보지 못한 위기를 맞았다. 혼돈과 통증이 몸속으로 깊숙이 들어왔을 때 우연히 바깥에 한 장소가 주어졌다. 서촌에 있는 방을 하나 내주면서 주인장은 이 집필실이 하루 종일 햇살이 저 혼자 노니는 곳이라고 했다. 그곳에 들어서면 잡념이 사라졌다. 정신이 바이올린 줄처럼 팽팽하게 당겨졌다.

흰 전지를 바닥에 펼치고 세로로 칸을 나눴다. 첫 번째 칸은 시간, 두 번째 칸은 한국에서 일어난 일, 마지막 칸은 미국에서 일어난 일. 7개월 동안의 사건을 시간 순서대로 적어 벽에 붙였다.

그 종이를 지도 삼아 머릿속에 하나둘 경로를 만들어냈다. 한 획으로 완성되는 그림처럼 책을 써내려갔다.

SK는 처음이자 유일하게 자신이 태어난 나라로 되돌려진 입양아다. 한국전쟁 이후 70여 년간 수십만 명이 이른바 '국제입양'으로 이 땅에서 영구히 내보내졌다. 그중 SK는 한국 정부가 처음으로 있는 힘을 다해 모국에 다시 데리고 온 아이다. 이 책은 그 여정을 따라간다.

최근 국제입양이 역사적으로 잘못된 일이라는 것이 속속들이 드러나고 있는데, 과연 우리가 과거의 이 가위눌림을 떨치고 '정의'를 향해 미지의 여정을 나설 수 있을까? 일단 시작해봐야 그 일이 10년 걸릴지 20년 걸릴지 알 수 있을 것이다. 이 책으로 그 시작에 힘을 보태고 싶다.

2부
아기 슈퍼마켓

시카고 오헤어
국제공항

2012년 늦은 봄 인천에서 출발한 국제선 여객기가 시카고 오헤어
국제공항에 무사히 착륙했다.

착륙을 위해 비행기가 고도를 낮추는 동안 비행기 안의 아기들
은 울음을 터뜨리기 마련이다. 급격한 기압 변화로 귀가 아파서 그
렇다고 한다. 하지만 SK는 루셀의 품에 안겨 우유병을 열심히 빨
면서 그 긴 여행을 잘도 견뎌냈다. 루셀은 사랑스러운 두 딸과 긴긴
여행을 무사히 마치고 드디어 집에 갈 수 있다는 마음에 안도했다.
아, 이제는 미국 땅이다. 인천공항에서도 별 탈 없이 우리 셋은 엄
마와 딸들로 출발했으니, 여기는 미국, 내 나라이니 이제 무슨 일이
벌어지더라도 괜찮다. 다 잘될 거다.

승무원들이 유아차를 내주었다. 유아차를 미느라 세라의 손을
잡아주지 못했는데 다행히 세라는 자기 손을 유아차 손잡이에 올
리고 루셀과 발을 맞춰 걷는다. 세라가 아니었더라면 한국까지 갈

용기를 낼 수 있었을까? 거기서 일어난 모든 일을 혼자서 감당할 수 있었을까? 이 조그마한 아이가 그렇게 큰 힘을 줄 줄 몰랐다. 서로 의지하면서 그 시간을 통과해왔다.

입국수속장에 들어서자 루셀은 잠시 망설였다. 내국인US Citizen 쪽으로 가야 하나, 외국인Foreign Passport 쪽으로 가야 하나. SK에게는 아직 한국 여권만 있다. 그래도 우리는 모두 가족이니 아이들을 이끌고 내국인 쪽으로 간다.

국토안보부 국경보호청 창구를 지키는 연방 공무원에게 여권 세 개를 내밀었다. 루셀과 세라의 미국 여권 그리고 아기의 한국 여권.

입국 심사 직원은 아기의 여권을 유심히 살핀다. 여권에 기재된 생년월일이 불과 15일 전이다. 이렇게 어린 아이가 국경을 넘는 여행을 하는 일은 드물다. 갓난아기 혼자 한국 여권이다. 아기를 데리고 있는 여성은 미국인이고 부모나 친지로 보이는 사람도 곁에 없다. 아기의 여권도 이례적이지만 문제는 비자다. 관광이나 친지 방문 목적의 90일 체류 허가를 미 국토안보부 전자 여행 허가제ESTA에 등록해놓은 상태다. 90일 이내에 한국으로 돌아가는 항공편 예약도 없다.

입국 서류와 절차는 전 세계에서 미국이 가장 엄격하다. 2008년 이전에는 미국에 며칠 관광을 가려해도 미 대사관 앞에 줄을 서서 비자를 받아야 했다. 그러나 이제는 한국도 비자 면제 프로그램에 들어와 있다. 서유럽을 시작으로 경제발전뿐 아니라 여러 방면에서 미국의 기준을 통과한 40개도 안 되는 나라에만 허가된 일이다. 이들 나라의 국민은 관광이나 친지 방문 목적으로 최장 90일까지 체류할 때 국토안보부의 전자 여행 허가제에 사전 등록만 하면 된다. 대신 국토안보부는 국경에서 입국 심사 도중 문제를 발견하면 즉시 입국을 불허할 수 있고, 대상자는 그 결정에 불복해서는 안 된다.

비자 면제 프로그램에 포함시켰다는 것은 미국이 이 나라를 안전하다 여기고, 이 나라 사람들을 별 걱정 없이 받아들인다는 의미다. 이런 나라의 여권을 가진 입국자에게 지금과 같은 상황이 발생해서는 안 된다. 미국 국경 수비에 심대한 문제가 일어났다는 경고음이 울릴 만하다.

아기를 데리고 들어온 여성에게 입국 심사 직원이 물었다.

"아기의 부모나 보호자는 어디 있나요?"

"제가 보호자인데요."

이 여성은 아시아계 미국인이고 아기는 한국인이다. 어쩌면 친척 관계일 수도 있다.

"아기의 친척인가요?"

"아니요, 하지만……."

"그럼 보호자라는 증명서가 있나요? 법적 후견인이라는 법원 증명이라든가요."

"그건 아니고요, 저는 이 아이를 미국에서 입양할 거예요. 아이의 생모가 써준 동의서가 있고, 필요한 서류는 다 준비해왔어요."

루셀이 짐 속에서 서류를 꺼내려던 찰나 직원은 이미 수화기를 들었다.

"보호자 동반 없이 단독으로 입국을 시도하려는 외국인 미성년 아동을 발견했습니다. 5번 창구로 빨리 와주세요."

제복을 입은 국경보호청 관리 두 명이 루셀과 아이들을 별도의 방으로 데리고 갔다.

루셀은 혼란에 빠졌다. 분명 한국 로펌에 있는 미국 법 변호사에게 자문을 구했다. 45세가 넘은 미국 여자라도 한국 아이를 입양할 수 있느냐는 질문에 그 변호사는 간단하게 답변했다. 한국에서 입양할 수 있는 아이를 찾고, 그 부모의 동의서를 받아 비자 면제 프로그램으로 아이를 미국에 데리고 와 주 법원에서 양육권을 취득한 후 입양 재판을 진행하면 된다. 한국 법과 미국 법에 있는 절차를 활용하면 이런 방법이 가능하다고 했다.

지난 한 달도 안 되는 기간에 한국에서는 변호사가 얘기한 모든 절차가 차질 없이 이뤄졌다. 입양 기관으로부터 45세가 넘었으니 한국 아이의 입양은 불가능하다는 말을 듣고 문전박대당하며 마음 고생했던 시간이 믿기지 않을 정도였다. 이렇게 간단한 일을 왜 입양을 원하는 수많은 미국인은 시도하지 않나 싶었다. 혹시 이게 자기들끼리만 아는 방법이었던가.

미국의 한인 교회를 통해 두 나라를 자주 왕래하는 김 목사를 소개받았다. 그는 루셀의 이야기를 듣고는 한국 남쪽 항구 도시의 미혼모 시설에 있는 한 젊은 여성이 딸을 임신했는데 직접 키우기 어려운 상황이라는 소식을 알아냈다. 이 이야기를 전해 듣고부터 루셀은 이 아이 생각에 붙들려 놓여날 수 없었다. 어떻게든 데리고 와서 자기 아이로 만들어야겠다는 의지가 날로 굳어졌다.

아이의 출생에 임박해서 한국으로 향했고, 병원에서 아기가 태어나자마자 바로 넘겨받았다. 출생신고, 여권 발급, 전자 여행 허가제 등록은 생모가 거주하는 복지 시설의 원장이 다 해결해주었다. 원장을 통해 생모가 친필로 루셀에게 자기 아기를 입양시키길 원한다고 쓰고 손가락에 빨간 잉크를 묻혀서 찍은 종이도 받았다. 이 빨간 지문 표식이 직접 서명한 것과 같은 효과를 낸다고 했다. 아무리 봐도 조악해 공식 문서 같진 않았지만, 한국에서는 다 이렇게들 한다고 했다. 심지어 관공서에서도 이런 문서를 받아준다고 했다. 이 문서의 내용을 영어로 번역하고 한국에서 변호사 공증까지 받았다.

모든 서류가 갖추어지자 바로 한국을 떠났다. 인천공항에서 한국 법무부 출입국관리청 심사 창구에 셋이 서서 각자의 여권을 내밀었다. 창구 직원은 아이를 한번 보고 여권을 한번 보더니 곧바로 출국 도장을 찍어주었다. 이렇게 자연스럽고 순조롭게 진행되던 일이 왜 내 나라 미국에서는 입구에서부터 막히는 것인지 이해가 안 될뿐더러 분노마저 일었다. 여기는 내 나라인데, 내가 어떻게 이 아이를 미국까지 데리고 왔는데…….

오헤어 공항의 국경보호청은 아기에 관한 한국어 서류와 이를 번역하고 공증받은 서류를 늘어놓고 변호사를 부르겠다며 오히려 큰소리치고 있는 이 여성을 두고 난감해한다. 어린아이 둘은 울다 지쳐 탈진할 지경이라 걱정되었다. 더구나 사건의 당사자인 생후

15일의 영아는 이미 축 늘어져 있다. 당장이라도 무슨 일이 날 것 같다.

여성이 제시한 서류는 입국 서류가 아니다. 이 아기는 애초부터 미국에 입국할 수 없다. 게다가 실제 목적과 전혀 다른 비자가 신청됐다. 문제는 이를 어떻게 처리할 것인가다. 아기를 바로 추방할 수도, 아기를 데리고 온 미국 시민권자를 추방할 수도 없다. 국경에서 별의별 사례를 다 봤지만 이런 경우는 처음이다. 현장 직원들이 대응할 수 없는 사안이라 상부에 보고한 뒤 결정을 기다리고 있지만, 누구도 명확한 답을 내놓지 못한다.

아기를 추방한다고 공항에 대기시킬 수도 없다. 급한 대로 난민 어린이보호소에 영아를 돌봐줄 수 있는 위탁 가정을 문의해봤으나, 생후 15일에 건강 상태도 염려된다는 말에 누구 하나 선뜻 나서지 않았다. 결국 7시간 만에 일단 아기를 루셀의 보호하에 귀가시키자는 결정이 내려졌다.

"시카고에 당신 신분을 보증해줄 사람이 있나요?"

이미 남편이 공항에서 변호사와 함께 가족을 기다리고 있었다.

SK는 미국 입국이 거부되고 한국 여권은 압수되었다. 다만 너무 어려서 국경보호청이 신병을 확보하는 대신에 거주지를 임시로 루셀의 집으로 한정하고 내보내졌다. 루셀은 두 가지 조건을 지켜야 했다. 아기를 다른 곳으로 옮기면 안 되고, 국토안보부와 국무부가 결정을 내릴 때까지만 돌볼 수 있다.

SK는 이른바 미동반 외국 아동unaccompanied minor alien, 보호자

없이 발견된 외국인 아동으로 분류되었다. 아기는 이런 식으로 미국 국경에서 발견되면 안 된다. 자칫 악명 높은 난민아동수용소ORR로 보내질 수도 있다. 루셀은 입양을 목적으로 한다고 말했지만 친지 방문이나 관광 목적의 비자 면제 프로그램을 사용했다. 그녀에게도 물론 이 문제는 꺼림칙했다. 세라를 입양할 때는 이민 목적 비자로 미국에 입국시킨 것을 똑똑히 기억한다. 하지만 그 변호사가, 미국 로스쿨 법학전문석사 학위JD를 취득하고 변호사 시험에 붙어 뉴욕주 변호사 자격증을 가지고 있는 그 빌어먹을 한국인 미국 법 변호사가 이 절차를 추천했다.

세 사람의 신병이 남편에게 인계되었다. 집으로 가는 차 안에서 남편이 질문을 쏟아냈다. 하지만 한마디도 귀에 들어오지 않았다. 처음부터 막연히 불안했던 일이 현실이 되자 오히려 극복 의지가 더 불타올랐다. 아기를 꼭 끌어안고, 세라의 손을 붙들었다. 그리고 어떻게든 아기를 꼭 지키겠다는 다짐만 되뇌었다.

한국 보건복지부
아웃사이더 공무원

내가 계획했던 커리어에 보건복지부는 없었다. 5년마다 대통령이 바뀌고 직원이 물갈이되는 청와대에 붙박이 공무원을 만들어서 대통령 비서실 국정의 연속성을 높이겠다는 신박한 아이디어에 혹했다. 내가 해보겠다고 손들고 워싱턴 DC의 싱크탱크로 연수를 갔을 때부터, 하이 리스크 하이 리턴이 될지, 낙동강 오리알처럼 소속 없는 떠돌이가 될지 알 수 없긴 했다. 어떻게 되든 행정고시를 통해 임용된 일반직 공무원을 자를 순 없을 거라는 근거 있는 믿음이 있었다. 그런데 막상 그게 유일한 비빌 언덕이 되어버리니 인생이 좀 애달파졌다.

　미국에 있는 동안 정권이 바뀌고, 나는 바로 청와대 소속에서 보건복지부로 내쳐졌다. 그리고 무려 아동복지과장이 되었다. 대통령의 해외 언론 인터뷰, 제1차 북한 핵실험, 6자회담, 한·중·일, 국가 안보 등의 전적과는 아무런 연관도 없어 보이지만, 대한민국의

18세 미만인 사람들의 복지와 관련된 일은 모두 이 과의 소관이라고 생각하면, 그동안 맡아온 일과 다르긴 해도 나쁘거나 못하다는 생각은 들지 않았다. 다만 하늘에서 뚝 떨어지듯 조직에 들어온 사람에게 떼어주는 자리가 어떤 의미일지 의구심이 들긴 했다.

실체는 곧 드러났다. 조직 내에서 아동복지과는 기피 순위 상위권이었다. 소외된 정책과 낮은 우선순위에 형편없는 예산. 산하 조직도, 지지나 명분을 동원해줄 사회적 우군도 전무했다. 전국에 200여 개의 고아원과 입양 기관 네 곳이 전부이다시피 하고, 이미 사적 기관들이 아동 보호라는 명분을 전매특허 삼아 모금으로 장악되고 평정된 상황이었다. 나름 탄탄대로를 걸어왔다고 자부했는데 여기서 모든 게 틀어지는가 싶었다.

2012년 11월 어느 날, 오전 회의를 마치고 자리로 돌아오는데 ○○씨가 불러 세웠다.

"과장님, 미국 대사관 총영사가 지금 긴급하게 만나야겠다는데요."

"미국 총영사가 나를 왜 찾아?"

"잘 모르겠지만 자세한 용건은 와서 얘기하겠대요."

"긴급한 일이라니, 오라고 하세요."

세종문화회관 건너편에 있는 미 대사관에서 안국역에 있는 현대 계동빌딩(당시 보건복지부는 이 빌딩에 세 들어 있었다)까지는 버스로 한 정거장 정도의 가까운 거리라지만, 채 20분도 안 되어 사무실 문으로 오바마를 닮은 키 큰 남성과 보통 키의 백인 남성, 통역사로 보이는 한국 여성이 들어왔다. 성큼성큼 걷는 발걸음이나 진지한 표정에서 정말 뭔가 '긴급'한 용건을 가지고 온 듯한 분위기가 풍겼다.

나도 비슷한 표정을 지으면서 그들 쪽으로 급히 걸어가며 회의실로 가자고 손짓했다. 모두 말없이 성큼성큼 회의실로 들어서더니 각자 자리를 잡고 앉았다.

커다란 탁자를 가운데 두고 문 쪽으로는 대사관에서 온 세 사람이, 벽 쪽에는 나와 사무관 한 명이 양자 회담 대열로 마주했다. 자리에 앉자마자 보통 키의 백인 남성(나중에 알게 됐지만 주한미국 대사관 총영사관의 이민비자 담당 과장 제프였다)이 속사포처럼 사건의 개요를 쏟아냈다.

지난 6월에 ○○시 한 미혼모 시설에서 태어난 한국인 여아가 생후 15일 만에 단독 여권을 발급받고 90일 이내의 친지 방문이나 관광 목적으로 이용이 제한되는 미국의 비자 면제 프로그램에 등록했다. 한 미국인 여성에게 안겨 미국으로 입국하려다가 불법으로 판명돼 시카고 오헤어 공항에서 미 연방정부 국토안보부의 관세 및 국경보호청에 한동안 구금되었으나, 아이가 너무 어려 건강이 염려되는 터라 함께 입국한 미국인 여성에게 신병이 인도되었다는 얘기였다.

순간 머릿속이 하얘지고 등골이 오싹했다.

"그 아기는 지금 어디에 있나요? 안전한가요?"

순차 통역이 미처 시작되기 전에 나는 영어로 물었다.

제프가 내 질문에 놀라 종이에서 눈을 떼고 고개를 들었다. 멍한 눈빛으로 나를 잠시 쳐다보더니 멋쩍은 미소를 짓고는 "아, 아이는 안전합니다. 미국인 여성의 이름은 루셀이고 아이는 지금 시카고 교외에 있는 그녀의 집에서 보호받고 있습니다"라고 대답했다.

6월에 태어난 아기가 생후 15일 만에 미국으로 밀입국을 시도했고, 아니 미국인 여성에 의해 들려 나갔고, 지금은 11월이니 이미 생후 5개월이 다 되었다.

그 5개월 동안 너무 많은 일이 미국에서 일어났다.

루셀은 50대 미국인 여성으로 이미 한국에서 입양한 일곱 살 딸이 있다. 아이를 한 명 더 갖고 싶은데 입양 기관으로부터 45세가 넘으면 한국에서의 입양은 불가능하다는 얘기를 들었다. 아이를 간절히 원했던 루셀은 기관의 중개 없이 직접 방법을 찾기로 마음먹고 한국인 미국 법 변호사에게 자문을 구했다.

"45세가 넘은 미국 여자가 한국 아이를 입양할 수 있나요?"

변호사는 참으로 엄청난 대답을 해주었다. 나이 제한은 없다. 한국의 민법에 따르면 부모의 동의만으로 입양이 가능하니 아이를 먼저 구하고, 비자 면제 프로그램으로 미국에 입국시킨 후 미국 주 법원에서 미국 법에 따라 입양할 수 있다고 했다.

목사인지 브로커인지 알 수 없는 사람의 중개로 루셀은 ○○시에서 미혼모 시설을 운영하는 여자와 연결되었다. 마침 이 시설에 임신 중인 어린 미혼모가 있었다. 애인과의 사이에 이미 딸이 하나 있는데 다시 아이를 가졌다. 애인의 가족이나 본인 부모 모두 돌봐줄 처지가 못 되어 미혼모 시설에서 출산을 기다리고 있었다. 김 목사라는 중개인과 시설 원장은 이 여성을 설득해 미국 가정에 아기를 보내기로 합의한다.

출산 예정일을 며칠 앞둔 때에 루셸은 자기 딸과 함께 입국해서 서울의 한 호텔에 묵었다. 아이가 태어날 거라는 소식을 듣고 남부의 도시로 가서, 병원에서 갓 태어난 아이를 받아 안자마자 서울로 돌아왔다. 김 목사는 아이와 함께 지낼 수 있는 거처를 마련했고, 출생신고를 한 뒤 곧바로 아이의 여권을 만들어 미국 전자 여행 허가제에 등록했다. 한국에서 만들어진 모든 서류는 영어로 번역됐고 변호사가 공증했다. 15일 만에 서류들이 갖춰지자 바로 인천공항에서 시카고행 비행기를 탔다.

인천공항에서는 갓난아기가 단독 여권으로 연고가 없는 미국인과 함께 출국하는데도 아무런 제지가 없었다. 문제는 시카고 공항에서 발생한다. 한국 국경을 넘는 데는 장애가 없던 하나하나가 미국 국경을 넘는 데는 엄청난 문제가 되었다.

미국인 여성이 자신과 연고도 없는 한국인 신생아를 데리고 미국으로 입국한다. 최악의 경우 인신매매까지 우려할 수 있다. 이 아기가 미국에서 어떤 목적으로 '사용'될 수 있을지는 상상만 해도 끔찍하다. 따라서 이른바 '문명국'의 공항에서 이런 사례는 출입국이 제지된다. 한 국제 협약에 따르면 이혼한 한쪽 부모가 양육권도 없이 아이를 외국으로 데리고 나가는 것을 막기 위해, 부모라 하더라도 혼자서 아이를 데리고 출국할 때는 자신에게 그럴 '자격'이 있다는 사실을 증명해야 한다.

여성과 어린 딸과 신생아는 공항의 별도 구역에서 일곱 시간 넘게 신문을 받았다. 미국인 여성이 조악한 종이쪽지를 내밀었는데, 한국의 친모가 딸의 해외 입양을 원한다며 손으로 직접 쓰고 손가락에 인주를 묻혀 찍은 것이었다고 한다. 국경보호처는 이 아동이 불법 입국 시도에 해당되는 미동반 외국 아동이라고 보았다. 이런 아이는 난민아동수용소로 보내진다. 그러나 미국인 여성이 워낙 강하게 항변하고, 어린 딸은 울며, 신생아는 몹시 취약한 상태라서 더 이상의 구금은 위험하다고 판단해 일단 귀가 조치를 했다.

이 여성은 '노'라는 대답을 절대로 받아들이지 않는 불굴의 의지를 가졌다. 무엇보다 이 불굴의 의지를 실현할 수 있는 '재력'도 있었다. 여성은 이후 9개월 동안 연방정부를 상대로 미국의 사법제도에서 가능한 거의 모든 법정 다툼을 일으켰다. 무기 평등의 원칙●에 따라, 형사 사건이라 할지라도 검사 측이 가지고 있는 증거 개시까지 요구할 수 있는 미국의 사법제도에서는 길고 긴 법정 싸움을 계속할 만큼 비싼 변호사 비용을 댈 재력과 끝까지 가려는 굳은 의지, 이를 통해 지키고자 하는 궁극의 목표가 있으면 어떤 결과가 나올지 알 수 없다. 미 연방정부의 국무부, 국토안보부라는 무시무시한 이름의 기관과 그곳 관료들이 혼신의 힘을 다해 대응한다고 해도 삼권분립이 대원칙이고, 헌법에 의한 정당한 법 절차라면 개

●소송법상 대립하는 양 당사자의 지위를 평등하게 해 서로 대등하게 공격·방어의 수단과 기회를 부여하는 원칙.

인도 소송을 끝까지 할 권리가 보장된 나라에서 미국 사법 역사상 유례없는 사건이 등장했다. 그 기간 내내 우리는 아이의 한국 이름 이니셜을 따서 이를 'SK 케이스'라고 불렀다.

주한미국 대사관
총영사관 이민비자과장

미국은 전 세계에서 가장 강한 국가다. 훌륭하다거나 위대하다는 수식어는 반론을 살지 몰라도 강하다는 데는 이의가 없다. 국제연합UN 회원국을 기준으로 전 세계 193개국 중 미국은 어떤 나라와의 양자 관계에서도 우위에 선다. 이런 나라의 외교관이 누리는 특권은 크지만 책임과 부담 역시 크다. 특권을 상쇄하고도 남을 정도다.

서울 한복판에 있는 미국 대사관은 1960년대에 미국의 원조 자금으로 지어진 건물이다. 다른 어떤 나라의 미국 대사관보다 더 낡고 비좁고 열악하다. 육중한 시멘트 벽과 무쇠로 된 문이 건물을 이중으로 둘러싸고 있다. 미국과 한국의 특수 팀이 경호를 하고, 출입을 위한 보안 검색은 한국의 대통령실보다 더 엄격하다. 한국에서는 정치, 안보, 경제, 사회, 문화, 학문 등 거의 모든 영역에서 미국과 관련되었다고 하면 최우선 순위로 대접받는다. 이런 나라에서 일하는 미국 외교관의 일상은 화려함과는 거리가 멀다.

제프는 10여 년을 아시아 여러 국가에서 미국 영사로 일했다. 동남아시아에 주재하는 동료 외교관들은 며칠 휴가를 받으면 서울로 오곤 한다. 서울은 '서구 선진국' 같은 공기와 환경에서 좀 쉬고 갈 수 있는 도시로 꼽힌다. 하지만 정작 이 도시에서 살아야 한다면 얘기가 다르다.

일터는 새장 같은 시멘트 건물의 대사관이다. 주거지는 용산 미군부대 안에 마련된 1970년대 미국 남부 도시의 집을 본뜬 타운하우스 단지다. 이 두 지점을 매일 두 번 셔틀버스로 오간다. 모두 보안 때문이다. 출퇴근하면서 창밖으로 서울 도심의 불빛을 볼 때마다 서울이라는 거대한 테마파크에 살고 있는 게 아닌가 싶다. 빨리 여기를 떠나 친구들이 있고 말도 통하는 아시아의 다른 도시에 정착할 날을 손꼽아 기다리고 있다.

모두가 여름휴가를 준비하느라 들떠 있던 어느 날, 일리노이주 법원의 캘러헌 판사로부터 주 한국 대사관 영사에게 편지 한 통이 날아들었다.

이 판사는 최근 루셀이라는 여성으로부터 한국 아동의 후견권 재판을 요청받았다. 여성은 아동과 아무런 연고도 없다. 다만 자신이 아동을 보호해야 한다는 근거로 제출한 유일한 서류는 아동의 친모가 작성했다고 주장하는 입양동의서 한 장뿐이었다. 루셀이 아동을 입양하기를 원한다는 내용의 영문 번역과 한국 변호사의 공증이 첨부되어 있었다. 종이에는 외국인이 보기에도 서툰 글씨로 매우 간결한 내용 몇 줄과 이름, 날짜가 쓰여 있고, 아마도 엄지손 가락으로 찍은 듯한 빨간 잉크 자국이 이름 옆에 있었다.

캘러헌 판사의 요청은 관련 재판에 핵심이 되는 이 문서의 진위 와 효력을 파악하기 위해 한국 법과 구체적인 문서 작성 정황을 조 사해달라는 것이었다. 또한 친모도 확인해야 했다. 아동의 후견인 지정이나 입양 재판에는 친부모의 입양 동의가 가장 중요하다. 이 판사의 기준으로 진정한 동의란 몇 가지 조건이 전제되어야 한다. 우선 아기의 친모가 자신의 동의가 어떤 법률적 효력을 띠고 아기 의 미래에 영향을 끼칠지 정확하게 이해하고 있어야 한다. 또한 잘 못된 정보를 제공받지 않아야 하며 외부 압력 없이 진심으로 아기 와 자신의 미래에 대해 심사숙고하고 전문가와의 상담을 거친 후 동의가 이루어져야 한다. 마지막으로 법원에서 판사의 확인을 거쳐 야 한다.

미국 법원에서 한국인 친모의 동의서라고 주장되는 문서를 받 아든 캘러헌 판사는 재판을 진행하기 위해서 이 문서의 미스터리 부터 풀어야 했다. 과연 이 아이의 친모가 작성한 것이 맞는지, 한 국 법상으로 이런 문서의 효력은 어떤지, 아기와 친모의 관계는 완 전히 단절되었다고 볼 수 있는지, 이대로 미국 법원에 제출되면 판 사가 이에 근거해서 판단을 내려도 될 만한 효력을 이 문서가 가지 고 있는지 등등.

아마 다른 판사라면 여타의 경로로 이 문서의 효력을 판단했을 지도 모르겠다. 하지만 캘러헌은 한국에 있는 미국 영사관을 이용해보자는 참신한 발상을 했다. 반면 이 편지를 받아든 제프는 불길한 예감에 휩싸였다.

'뭔가 일이 있었구나!'

아니나 다를까, 며칠 후 이번에는 미 국무부 본부에서 한국 아동 불법 입양 시도에 대한 전문이 날아들었다. 루셀의 오헤어 공항 사건 내역이 적혀 있었다. 미 대사관으로 하여금 한국에서 일어난 상황을 신속히 조사하여 보고할 것을 지시하는 내용이었다.

올 것이 왔구나 싶었다. 아시아 국가에서, 특히 한국에서 영사 업무를 해본 미국 외교관들은 이런 사건에 익숙하다. 오래전부터 이들은 이런 사안을 '불법 입양 시도'가 아니라 '인신매매' 혹은 '인신의 불법 이송'이라 불러야 한다고 생각해왔다. 이건 입양이 아니다. 법적으로는 아기의 모국에서 입양이라고 부를 만한 어떤 행위나 결정도 일어나지 않았다. 그럼에도 마치 물건처럼 신체만 국경을 넘어간 상황은 본질적으로 범죄다. 이걸 '가족' 혹은 '사랑'이라는 의미와 직결되는 용어인 '입양'으로 포장하니, 미국 국경과 국익 및 안보를 어지럽히는 철없는 미국인들의 범죄성이 희석되고, 이런 일은 계속해서 일어난다. 이 여자가 한 짓이 얼마나 중대한 범죄인지 다들 알아야 한다. 제프는 한편으로는 화가 났고 다른 한편으로는 바짝 긴장되었다.

보이드 총영사가 또 한바탕 난리를 치겠구나. 퇴임도 얼마 남지 않았는데 이런 사건으로 불명예스럽게 나가긴 싫겠지. 이 문제를 어떻게든 깔끔하게 처리하고 싶어할 텐데. 더구나 지금은 오바마 대통령의 재선 캠페인이 한창이다. 이번 선거에서 이민법은 주요 이슈다. 이런 사건이야말로 미국 언론에 보도되면 어떤 파장을 불러올지 알 수 없다. 어떻게든 우리 안에서 관리해야만 한다.

대사관에서 대책을 찾느라 분주해졌다. 캘러헌 판사가 문의한 문서에 대해서는 미국 대사관이 어떠한 판단도 내릴 수 없다는 결론에 대체로 동의했다. 한국에서 개인들이 자기네끼리 주고받은 문서를 영사관에서 일일이 확인해주는 일은 가능하지도 않고 그럴 권한도 없다. 하지만 이 아동의 신병이 미 국경에서 확보된 건 큰일이다. 한국에서 미국으로 이렇게 쉽게 사람이 불법으로 이송되어서는 안 되고, 비자 면제 프로그램이 이런 식으로 뚫려서도 안 된다.

미국 영사가 미혼모 시설이 있다는 ○○시로 직접 내려갔다. 이례적이다. 일어난 사건도 보통이 아니지만, 미국 대사관의 대응도 여느 때와는 달랐다. 그만큼 미국 정부가 이 사례를 예민하게 받아들이고 있다는 의미다. 시설을 방문하고, 아동 친모의 거주 사실을 확인하고, 아이를 넘겨주었다는 진술도 들었다. 한국 법을 위반했는지 여부를 내부적으로 검토하고 ○○시 경찰에 신고했다. 미국 대사관으로부터 신고를 받은 경찰은 우선 신기하다는 반응을 보였다. 다음으로는 이 사건이 무슨 법을 어떻게 위반한 것이고, 얼마나 심각한 범죄인지를 놓고 본인들 조직 내부에서 다투기 시작했다. 하지만 몇 개월이 지나도록 수사가 이루어지고 있다는 기미조차 보이지 않았다.

이렇게 일 처리가 지연되자, 대사관의 정무부에서는 지방 경찰에 신고한 것만 믿고 손 놓고 기다리지 말고 검찰에 직접 고발하거나 중앙 부처를 찾아가라는 조언을 했다. 미 대사관으로서는 서울의 중앙 정부와 접촉하는 게 맞는다고 봤다. 한국인 직원에게 한국 정부 조직도에서 적합한 부처를 찾아보라고 하니 보건복지부 아동복지과를 내놓았다. 총영사는 역시나 바로 행동으로 옮겼다. 이곳이 마지막 희망이라고 생각했다.

제프는 총영사와 통역 직원과 함께 보건복지부 회의실까지 입장하는 데는 성공했다. 40대로 보이는 여성과 마주했다. 한국 공무원과 일해본 적이 없어서 앞으로 어떤 일이 전개될지 상상조차 안 된다. 자리에 앉자마자 우선 사건의 근황을 빠르게 설명했다. 순차통역으로 회의를 진행해야 하니, 자신이 영어로 말하는 시간은 최대한 줄이는 게 좋겠다 싶었다. 그런데 이 여성이 영어 설명을 알아듣는 것 같다. 여성의 얼굴이 점점 굳어지더니 통역을 위해 잠시 멈춘 순간 "지금 그 아기는 어디에 있나요? 안전한가요?"라고 묻는다. 그 물음에 놀라서 그제야 자신이 한 일을 돌이켜 생각해본다. 좀 미안한 생각이 든다. 다급한 마음에 아무 준비도 안 된 사람들에게 들이닥쳐서 자기가 할 말만 뱉어놓았다. 그래, 아무리 작고 어려도 사람에 대한 얘기다. 그 사람이 중심에 와야 했다. 자기 나라의 아이가 미국에서 국제 미아가 되었다는 소리를 갑자기 들으면 많이 놀랐겠다 싶다. 이 공무원은 적어도 핵심으로 바로 들어가는 사람이라는 점은 확실해졌다.

이후 미국에서 벌어지고 있는 소송을 설명하니 역시 단도직입적으로 묻는다.

"한국 정부가 무엇을 하면 되나요?"

일리노이 연방법원의 루셀
vs. 나폴리타노 소송

도대체 미국 사람들은 사건이 이 지경이 될 때까지 뭘 하고 있었단 말인가.

왜 공항에서 아기가 발견되었을 때 시카고에 있는 한국 총영사 관에 바로 연락하지 않았을까?

왜 생후 15일의 아기는 5개월이 되도록 여전히 루셀의 집에서 자라고 있을까?

그러면서 왜 이제 와서 불법이 일어났다고 나에게 호들갑을 떨고 있는가?

루셀은 공항에서 풀려나자 곧바로 변호사를 동원해 주 법원에 아동 후견권 재판을 요청했다. 바로 캘러헌 판사의 법정이다. 아이를 돌볼 수 있는 사람은 현재 이 여성 외에는 하늘 아래 아무도 없다. 엄마 곁은 물론이고 태어난 나라에서 이미 1만 킬로미터를 넘게 홀로 날아와 있다. 루셀은 자신이 만든 거대 범죄 상황에서 특별한 혜택을 누리고 있다. 가장 원했던 일이 자신의 욕망대로 되어가고 있다. 캘러헌 판사는 이 후견권 신청 재판에 대해 최종 결정을 내리기 전에 한국 미 영사관에 요청서를 보내고, 루셀에게는 6개월간 SK를 돌보는 임시 양육권을 허용했다. 누군가는 아이를 돌봐야 하니까. 그게 아동기 인간의 실존이다.

공항에서 그런 난리를 치른 국토안보부가 왜 몇 달 동안 이 사안을 방치했는지가 의문이다.

11월이 되어서야 여성의 집으로 찾아가 그녀와 아동을 분리하려 했다. 여성이 아동의 신병을 데리고 있는 것 자체가 법에 위배된다. 이제는 더 이상 시간을 끌면 안 된다고 생각했던 것 같다. 시카고 교외에 있는 여성의 집에서 아이를 강제로 안고 나와야 했다. 몸싸움, 고함, 비명, 아기 울음소리…… 한바탕 소동이 벌어졌다. 국토안보부는 아이를 미 보건복지부가 운영하는 난민아동수용시설로 넘기고, 이후 법에 따른 신병 처리 절차에 들어가고자 했다.

루셀은 바로 변호사단을 선임해서 일리노이주 연방법원으로 달려갔다. 국토안보부 장관 재닛 나폴리타노를 피고로 하여 긴급 소송, 아동 신병 반환 청구 재판을 제기했다. 근거는 주 법원으로부터 받은 한시적 후견권이었다. 미 연방 정부가 자신에게서 아이를 불법적으로 분리시켰으니, 아이의 신병을 되돌려달라는 소송이었다. 소송의 명칭은 루셀 vs. 나폴리타노다. 앞이 원고이고 뒤가 피고다.

미국 국토안보부를 피고로 한 소송이 들어오자, 그동안 안일하게 대응했던 연방 정부도 정신이 번쩍 들었던 모양이다. 이제야 보건복지부 회의실에 쳐들어왔으니 말이다.

"한국 정부가 어떻게 하면 되나요?"

"일주일 후에 일리노이 연방법원에서 이 재판에 대한 본격 심리가 시작됩니다. 아동이 한국 법을 위반해서 불법 이송되었음을 한국 정부의 공식 문서로 우리 국무부에 전달해주면, 그 문서를 판사에게 제출하고 이를 근거로 아동을 한국으로 반환하는 절차를 밟으려고 합니다. 미국 법원은 영아가 관련된 재판이라 최우선으로 처리해서 심리 일정도 빠르게 잡힐 겁니다. 한국 국민의 안전과 관련된 사안이니 한국 정부에서도 가장 우선순위에 두고 협조해주시리라 믿습니다."

그렇게 사건의 개요와 미국 정부의 요청을 듣고 내부에서 논의한 뒤 최대한 빠르게 결론을 알리겠다고 하면서 회의를 마쳤다.

자리로 돌아오자 이 일이 비현실적으로 느껴졌다. 내 자리에서 이런 중대한 문제를 고민하는 것은 잘 맞지 않아 보였다.

'아, 이걸 어떻게 해야 할까.'

사안의 견적이 나오지 않는다. 얼마나 큰 일인지, 어디까지 보고해야 할지, 누구의 결심까지 받아야 할지, 어떤 순서로 진행해야 할지……. 아니, 이게 내가 맡을 일이기나 한 걸까?

심지어 그냥 내 선에서 묻어버릴까 하는 생각이 스멀스멀 올라왔다. 이 건에 손대기 시작하면 감당할 수 없을 것이 뻔했다. 이 조직에서는 아무도 나를 도와주지 않을 것이다. 아니, 이 사안을 이해조차 못 할 거다. 중요성을 알아주길 바라는 건 언감생심이고, 이

걸 왜 끌어안고 있냐고 타박할 게 뻔하다.

우선 생각을 정리하기 위해 국내 대형 로펌에서 일하고 있는 오랜 지인인 미국 변호사 그루에게 전화를 걸었다. 그는 폭넓은 지식과 통찰력을 갖추고 있다.

"미국에서 왔다는 얘기는 들었는데, 지금 어디야?"

"보건복지부 아동복지과."

"뭐? 어쩌다 거기까지 갔냐."

"그러게. 근황 보고는 나중에 하고, 급히 물어볼 게 있어."

내가 아는 대로 자초지종을 늘어놓았다.

전화기 너머로 침묵이 흐른다.

"잠깐만, 지금 그 소송 자료를 찾아보고 있거든."

"그런 것도 나와?"

"그런 사건이면 속기록이 공개되어 있을…… 여기 있다. 판사 이름은 사두르. 70세가 넘은 분이네. 원고 측에서는 국토안보부가 아기의 후견인인 루셀에게서 아기를 불법적으로 분리시키고, 열악한 수용소로 데려갔으며, 이미 필요한 예방 접종을 다 마친 아이에게 중복으로 접종을 실시했다. 아기가 분리불안 증세를 보이고 있고 심각한 트라우마가 우려된다고 해. 그러니 즉시 아기의 신병을 넘기라고 했고. 피고 측 법무부 연방 검사들은 아기의 신병을 결정할 권한이 법에 따라 난민아동수용시설에 있으며 적법한 절차대로 처리하겠다고 했네."

"연방 검사?"

"응. 미국은 연방 정부를 상대로 소송이 들어오면 법무부의 연방 검사가 대리인이 되거든. 여기는 지금 두 명이 붙어 있어. 국토안보부하고 국무부 각각 한 명씩. 한국 법도 잔뜩 번역해서 제출했네. 아동복지법, 입양특례법 등등. 이런 자료는 미국 대사관에서 다 보냈을 텐데, 고생 좀 했겠네. 흠…… 사두르 판사라는 사람 만만치 않은데? 연방 검사들 박살이 났구먼. '우리는 지금 헝겊으로 만든 인형이 아니라 살아 있는 아이에 대해서, 5개월 난 아기에 대해서 얘기하고 있다.' 노판사님이 화를 많이 내셨네. 난민아동수용시설은 미국에서 악명이 높아. 이런 처지의 아이들을 수용하는 시설인데, 말이 보호지 사실상 감금이거든. 결국 아기는 재판이 끝날 때까지 루셀에게 보내서 보살피게 하라는 일종의 가처분을 내린 거야."

그루가 법원 기록을 보면서 설명해주니 더 실감이 난다. 큰일이 났구나. 나는 이제 어쩌나.

"그럼 이제 난 어떻게 해?"

"이 사례는 화제성이 클 수 있어."

"왜?"

"지금 오바마 재선 캠페인이 한창이잖아."

"그래서?"

"미국의 이번 대선 캠페인에서는 이민 이슈가 아주 첨예해. 특히 이렇게 입국 서류에 문제가 있는 어린아이들 문제는 더 민감하고. 미국 총영사가 말한 대로, 이 아기는 현재 미국 입국이 거부된 상태야. 아기의 신병이 미국에 있는 상황 자체가 아기에게 심각한 위험이지. 설령 그 루셀이라는 여자가 별의별 수를 다 써서 아기를 미국에 잡아놓는다고 해도 나중에 어떻게 될지 알 수 없어. 미국 정부 입장에서는 이 여자가 어떤 사유를 들이댄대도, 관광비자로 미국에 들어온 한국 아기가 미국에서 미국인에게 입양되는 걸 손 놓고 보지는 못할 거야. 미국 사람들이 이런 식으로 다른 나라 애들을 데리고 들어오면 어쩔 거야? 이건 명백한 인신의 불법 이송이야. 인신매매 위험도 있지. 그러니까 미 국무부가 이렇게 몸이 달아서 대응하는 거고. 더구나 한국이 미국의 비자 면제 프로그램에 들어간 지는 얼마 안 됐어. 이 프로그램 대상이 된다는 것 자체가 의미가 크거든. 아시아에서는 일본, 싱가포르, 한국 정도나 포함될 만큼 매우 엄격한 기준을 가지고 있어. 이 프로그램으로서도 대형 스캔들이 터진 거지. 근데 아기가 너무 어려서 걱정이다."

"아기는 잘 데리고 있대."

"그런 문제 때문만은 아니야. 아기를 데리고 간 여자가 이 정도로 대응하는 건 보통 일이 아니야. 미국인이라고 다 이런 배짱이 있진 않아. 당연히 재력이 뒷받침되어야 하고. 그 여자가 계속 법원 쇼핑을 하면서 소송을 만들어내면 미국 정부나 한국 정부가 어디까지 대응할 수 있을까? 소송이 마무리되는 데 몇 개월에서 몇 년이 걸릴 수도 있어. 변호사 비용도 엄청나고. 그 여자 입장에서는 아기를 위해서 그만큼의 비용을 쓰겠다고 결심하면 될 일이겠지만, 미국이나 한국 공무원들도 예산을 써서 대응해야 하는데 언제까지 버틸 수 있을까? 만약 이 일이 언론에 알려진다면 파장은 더 커질 거고 아마 미국의 여론은 양국 정부를 비판하면서 정부의 무리한 간섭이 아름다운 가정을 파괴한다는 쪽으로 쏠리겠지. 미국에서 가족 가치family value와 싸울 수는 없지. 선거가 임박한 정치인에겐 더 그렇지. 결국 오래 끌면 끌수록 시간은 이 여자 편이 될 거야. 대체로 미국의 법원 판례는 아기가 한 가정에서 1년쯤 자라면, 아이를 이 가정에서 분리하는 게 '아동 최선의 이익best interests of the child'에 큰 해를 끼친다고 판단하고 입양을 허가해줄지도 몰라. 이 여자는 이 아기가 아는 유일한 엄마라는 거지."

이쯤에서 전화를 끊었다. 여기까지만 해도 이미 너무 많은 정보가 한꺼번에 쏟아졌다. 어차피 결정은 내가 내려야 한다.

왜 나는 가는 데마다 이렇게 곤란한 일을 맡게 되는 걸까. 아마 전에도 보건복지부에 이런 일이 없진 않았을 것이다. 십중팔구는 카펫 밑으로 쓸어넣고 덮어버리든가 옷장 안에 넣고 문을 닫아버리지 않았을까? 이 조직의 모든 과에는 소위 '옷장 속의 해골'이 즐비하다고들 한다. 공무원 선후배들이 폭탄 돌리기 하듯 자기가 있는 동안은 폭탄이 터지지 않고 지나가기를 바랐을 테다. 운 좋으면 그렇게 수십 년을 겉으로는 별 탈 없이 지냈을 거다.

그럼 나는 이걸 꼭 해야 하나? 나도 그냥 카펫 밑이나 벽장 안에 넣어버리고 잊으면 안 될까? 결국 미국 총영사도 한국에서 경찰, 검찰 다 겪어보고 어디에서도 제대로 된 답을 찾지 못해서 나를 찾아온 건데, 왜 나는 못 한다고 드러누우면 안 되나?

하지만 내가 공무원 생활을 하며 부하 직원들에게 항상 하던 말이 떠올랐다.

어디서 받은 공문이든 민원 전화든 일단 보고해라. 그건 과장한 테 공을 넘기는 것과 같다. 그 공을 받고 어떻게 할지는 과장의 몫이다. 그러니 절대로 끙끙거리면서 뭉개고 앉아 있거나 문제를 책상 서랍에 가둬두지 마라. 세상은 어떻게 움직일지 모르고 문제는 어디서 터질지 알 수 없다. 적어도 내가 알아야 작전을 세울 수 있다. 중앙 부처 과장 책상까지 올라온 일이면, 문제를 제기한 사람도 이미 한국 사회에서 해볼 수 있는 일은 다 했다는 의미다. 그런 일에는 반드시 주의를 기울여봐야 할 만한 무게가 있다.

그래, 조직의 일은 원칙대로 하면 된다. 내 보고 라인은 국장이다. 빈손으로 들어가기는 민망하니, 예의상 A4 용지 몇 장에 사안을 대강 정리해서 국장실로 향했다.

두 문명국 사이에서
이게 가당키나 한 일이야?

국장과 함께 일한 지는 한두 달 정도 되었다. 그동안 별다른 트러블은 없었다. 국장에 대한 전반적인 내부 평판은 이렇다. 일은 되도록 안 벌이려 하고, 상황 파악은 귀신같이 빠르고, 어떤 사안이든 누군가에게 떠넘길 명분을 찾는 데는 명수라는 것이다. 이런 조직에서 상사로 대하기에 딱히 나쁜 유형은 아니다.

국장실로 들어가서 목례를 하고 테이블에 앉으니, 국장도 와서 마주 앉는다. 나는 원래 스몰토크가 없는 편인 데다 사무실에서는 더 그렇다. 다행히 이 양반은 그런 걸 딱히 거슬려하지 않는 것 같다.

국장은 물음표 모양의 나무 막대기로 어깨를 꾹꾹 눌러가며 자초지종을 듣는다. 표정이 점점 굳는다. 머리는 좋은 사람이니 바로바로 이해하고 있을 거다. 대사관 직원에게 들은 얘기를 모두 전했고, 그루에게 들은 얘기도 덧붙였다. 국장은 아무 말 없이 종이를 들여다보더니 한마디 던진다.

"장관한테 가져가자. 실장, 차관 거칠 필요 없이 바로 장관에게 가져가. 나한테 한 얘기 하나도 빠짐없이 다 보고해. 그러면 뭐라고 하시겠지. 장관이 시키는 대로 해."

"저 혼자 가요?"

"대사관도 이 과장을 찾아왔고, 회의도 직접 했고, 내용 아는 사람 이 과장뿐인데, 그럼 누가 가?"

차라리 잘됐다. 줄줄이 설명하느라 힘도, 시간도 축내지 않고 장관하고 둘이서 담판 지으면 결론이 빨리 나겠군.

미친 척하고 한마디 더 해본다.

"그냥 여기서 묻으면 안 될까요?"

"묻긴 뭘 묻어? 빨리 가서 보고나 해."

이것도 우문현답이라고 할 수 있을까? 답을 듣고 국장실을 나오는데 마음이 딱히 무겁진 않다. 공무원 일을 하면서 이렇게 윗사람도 뭐라 지시할 수 없을 만큼 어려운 일, 그래서 내 맘대로 창의력을 발휘해볼 수 있는 일이 생기면 아드레날린이 솟는다.

국장에게 가져갔던 A4 용지를 사무관에게 넘겨주고 좀더 예쁘게 만들어달라고 했다.

장관실에 전화를 걸었다. 미국 대사관에서 지급至急으로 가져온 사항이라 빨리 보고해야 한다고 말했다.

미국을 들먹이니 장관도 바로 만날 수 있구나. 장관실 앞에서 기다리다가 외부 일정을 끝내고 복귀하는 장관을 뒤따라 들어갔다.

MB 정부 들어 경제 부처의 약진에 따라 산업통상자원부 출신이 보건복지부 장관이 되는 이변이 벌어졌다. 보건복지부 치욕의 날이라고 생각할 수도 있으나, 의외로 내부의 별다른 저항 없이 조직에 안착했다. 장관 지명 당시 차관이 청문회 준비를 개판으로 하기는 했지만, 후보자의 개인기로 청문회는 잘 넘어갔고, 취임과 동시에 기존 차관은 옷을 벗었다. 새 차관을 비롯한 간부들은 언제나 그렇듯이 절대 충성의 자세로 임한다.

"미국? 아동복지과랑 미국이 얽힐 일이 있어?"

"이례적이고도 심각한 사안이 발생했습니다."

미국 대사관 총영사가 직접 나를 찾아왔던 일부터 설명한 뒤 사안을 속사포처럼 쏟아냈다. 영어 잘하시고, 미국 유학도 다녀오셨으며, 유명 로펌에도 계셨던 데다, 스스로를 국제 비즈니스 전문가로 생각하시는 분이라 바로 상황 파악을 한다.

"아니, 무슨 물건도 아니고, 사람이 그렇게 얼렁뚱땅 다른 나라로 넘어갔단 말이야? 이게 21세기에 두 문명국 사이에서 가당키나 한 일이야?"

이렇게까지 바로 공감하고 흥분하실 줄은 미처 예상 못 했다.

국장이 왜 다 제치고 장관에게 가보라고 했는지 이해되는 순간이었다. 장관과 나는 둘 다 아웃사이더다. 보건복지부 DNA가 없는 사람들이다. 그런 사람들끼리 한번 부딪쳐보라는 얘기였나보다.

"우선 미 대사관과 협력해서 써달라는 레터 잘 써주고. 한 번으로 끝나지 않을 거다. 진행하는 대로 바로 보고하고. 레터는 누구

명의로 나가면 돼?"

"대사관은 우선 담당 과 명의로 요청했습니다."

장관의 지시를 다 듣고 서류를 챙겨 나가는 내 뒤통수에 대고 한마디 덧붙인다.

"참, 우리도 변호사 필요할지 몰라. 미국 변호사 한 명 소개해줄까?"

잠시 고민했지만, 소개받은 사람과 얽히면 상전 한 명이 더 생긴다는 계산이 머릿속에서 순식간에 돌아갔다. 아주 정중하고 조심스레 답했다.

"장관님. 제가 이미 자문을 받은 미국 변호사가 있습니다. ○○○ 로펌에 있는 ○○○대 법학전문석사입니다. 필요하면 이분께 자문받고 싶습니다."

로펌과 로스쿨 명성으로 제압했다. 알았으니 그만 나가도 된다며 손을 흔든다.

부자 나라의
부자 부모

이제 코앞에 닥친 일은 며칠 뒤에 있을 미국 일리노이 연방법원 심리 일정에 맞춰 판사에게 제출할 한국 정부의 공식 의견서를 미 국무부에 보내는 것이다.

의견서를 작성해서 내가 서명한 뒤 미 대사관에 보내면, 국무부가 일리노이 연방법원의 사두르 판사에게 제출할 것이다. 미 정부는 의견서를 전문성과 신뢰성을 갖춘 사람이 작성하길 원한다. 그렇다면 작성자로 보건복지부 장관보다 아동복지과장이 더 적합하다.

의견서 한 장의 무게를 감당하기 위해서 얼마 안 남은 시간 동안 해야 할 일이 많다. 서명은 내가 하지만 내용은 한국 정부의 공식 입장이어야 한다. 적절한 조사, 협의, 부처 간 조율을 통해 통합된 결론을 내야 한다. 그게 한국 정부의 정책이 된다. 만약 공직을 전문직이라고 부를 수 있다면, 바로 이 절차 하나하나를 얼마나 제대로 해내고 고품질의 정책을 내놓을 수 있는가로 평가받아야 한다. 정책 과정이란 법과 원칙을 따르되 빠지는 부분 없이, 미래에 일어날지 모를 위기를 관리하고 사회에 미칠 영향을 고려하며 진행해야 하는 전문적이고도 창의적인 과정이다. 궁극적으로 이 과정을 통해 '공익'을 도출해야 한다.

이번 사안에 관한 한 ○○시 미혼모 시설부터 직접 조사해야 한다. 우리가 직접 확인하지 않고 미국 대사관 직원 말에만 의지할 수는 없다.

아동복지과 구성원들을 불러 모아 회의 석상에 앉았다. 분위기가 차갑고 팽팽하다. 이미 대사관 직원들과 나눈 얘기와 장관실에 보고한 문서를 통해 무슨 일이 벌어지고 있는지는 어느 정도 공유된 상황이다. 일부는 앞으로 무슨 일이 벌어질지 과장에게 정확한 설명을 직접 듣고 싶어하고, 일부는 직원들과 제대로 논의하지 않은 채 이미 되돌리기 어려운 상황을 만든 과장에 대해 불만을 숨기지 않는다.

나를 포함해 아홉 명으로 구성된 조직은 정원과 직제가 법령으로 정해져 있다. 아니, 그런 공식 법령보다 아동복지과가 수십 년 동안 대대로 해온 업무가 있다. 대한민국 복지정책은 '아동'으로부터 시작했다는 말이 있다. 한국전쟁 이후 국제연합군과 함께 외국 자선단체의 구호품과 외화가 한반도 남쪽으로 밀려 들어왔다. 특히 '전쟁고아'를 위한 자금이 가장 큰 비중을 차지했으며, 이때 만들어진 고아원과 입양 기관이 아직도 한국 아동복지정책의 주축이다. 이런 업무 특성상 과장이 굳이 일을 만들어내지 않아도, 한 과가 굴러갈 만큼의 업무가 연간 일정표를 채우고 있다. 이번 사건은 예기치 못한 군일이다. 나는 등골이 서늘할 지경이었지만 보건복지부에서 잔뼈가 굵은 사람들에게는 별일 아닐지도 모른다. 어쨌거나 지금은 이 사람들과 함께 헤쳐나가야 한다.

벌어진 사건에 대해 내가 아는 모든 것을 공유했다. 앞으로 해야 할 일도 알렸다. 제일 먼저 할 일은 현장 조사였다. 조사 팀을 어떻게 꾸릴지 의견을 물었다.

"다들 맡은 업무가 제각각이고 팀도 다르지만, 이번 건은 그 경계를 넘어야 할 수도 있습니다. 일이 급박하게 진행돼서 이제야 의논하는 것은 미안하게 생각합니다. 사실 저도 지금 시점에서는 이 일이 언제까지, 그리고 어떻게 진행될지 잘 모르겠어요. 아직은 별도의 예산이 필요하지 않지만, 최대한 기존 업무나 예산에 차질 없도록 하겠습니다. 시급한 일은 현장 조사예요. 김 사무관이 담당이긴 해도 저랑 부처 협의를 해야 하니, 이전에 현장 조사를 해본 적 있는 분이 처리해주면 좋겠습니다. 누가 할 수 있을까요?"

아동양육시설, 즉 고아원 담당 사무관이자 우리 부처에서 근무 경력이 가장 오래된 사람이 말문을 연다.

"과장님이 어려운 일을 맡으셨네요. 하지만 그런 일이 생기면 먼저 담당자와 얘기하고, 그러고 나서 시설 관계자들을 불러서 자초지종을 말하면 의외로 길이 쉽게 찾아지기도 합니다. 입양 기관들이 정기적으로 만나는 협의체도 있고요. 지금이라도 그 사람들을 불러서 얘기를 들어보고 도움도 받고……."

"이 사무관님, 복지부 업무가 현장에서부터 올라갈 필요가 있다는 건 저도 압니다. 하지만 이번 사건은 매우 이례적이에요. 지금 양국이 정치적으로 민감한 시기이기 때문에 시설 관계자들 불러서 기다릴 여유가 없습니다. 미국 대사관이 ○○시 경찰과 검찰을 다 겪어보고 여기까지 찾아온 것이니, 우리도 중앙 부처이자 당국자로서 주도적으로 판단하고 움직이는 게 맞습니다. 대한민국 정부 조직표 한번 보시죠. '아동'자 붙은 부서는 아마 우리밖에 없겠죠."

정적이 흐른다. 내가 그들의 입을 막은 걸까? 하지만 지금은 방법이 없다. 이만하면 정리는 됐다. 내가 밀고 나가야지 자원을 받을 분위기는 아니다.

"박 사무관님, 감사실에 계셨잖아요. 지난 근무 부서 산하에 시설이 있었죠?

"네. 시설 감사는 해봤습니다. 제가 다녀오겠습니다."

"시간이 없어요. 내일 바로 가서야 합니다."

"바로 준비해서 다녀오겠습니다."

박 사무관은 회계사 특채로 보건복지부에 들어오기 전에 여러 일터를 거쳤다. 삶의 경험이 다채롭고 문제 해결을 위해 대안을 찾는 폭도 넓다. 일반적으로 공무원들은 공채로 들어와서 보고서 잘 쓰는 전형적인 동료 공무원들과 일하는 걸 선호한다. 하지만 내가 보건복지부에서 제일 마음에 드는 건, 다양한 경로로 여기까지 온 사람들을 만날 수 있다는 점이다.

박 사무관이 여기저기 열심히 전화를 돌리고 나서 내게 왔다.

"시설에 대해 알아보니, 시어머니랑 며느리가 함께 운영하는 곳이라네요. 미혼모 시설이라서 여성가족부 소관이고요. 담당 사무관이랑 통화했는데 이 사람도 사건의 심각성은 이해한 것 같아요. 그런데 실사는 같이 못 가겠대요. 저도 그것까지 기대하진 않았고요. 대신 여성가족부에서 관할 지방자치단체 담당자에게 실사를 가라고 요청했어요. 그 담당자가 함께 가면 충분할 것 같습니다. 시설에는 지방자치단체가 연락해서 방문 시간을 잡을 겁니다. 다들 미국이 연관되어 있다니까 바짝 긴장하네요. 그럼 저는 내일 아침 바로 그곳으로 가겠습니다. 체크리스트는 만드는 대로 과장님 메일로 넣어드릴게요. 참고해주시면 됩니다."

"고마워요. 박 사무관님만 믿을게요."

빈말이 아니다. 갑자기 믿을 사람이 생겨서 기운이 났다. 그래, 갈 데까지 가봐야지. 김 사무관을 불러 관련 부처와 어떻게 논의를 시작할지 함께 고민했다.

먼저 여성가족부다. 친모가 지내던 미혼모 시설은 여성가족부가 관할하는 한부모가족지원법의 지원을 받는다. 따라서 여성가족부가 시설을 관리하고 감독할 책임이 있다. 미혼모 시설의 책임자와 아기 엄마, 브로커 등을 먼저 조사해야겠지만, 운영 지침에 따라 사전 예방 교육과 감독이 평소에 제대로 이뤄졌는지, 이런 일이 과연 처음인지, 다른 시설에서 같은 일이 일어나지는 않았는지, 재발 방지는 어떻게 할 것인지 등등, 여성가족부가 사후 조치를 취해야 한다. 하지만 여성가족부는 이미 합동 현지 조사도 거부했다.

현지 지방자치단체의 담당자를 연결해줬으니 성의 표시는 했다고 봐야 할까. 우선 이 부처는 미뤄둔다. 현재로서는 딱히 할 수 있는 일이 없다.

문제는 법무부다. 여러 문제가 얽혀 있다.

첫째, 이 사달의 시작점은 한국 법무법인에서 미국 법 자문을 하는 미국 변호사다. 그의 이름을 검색해보니, 입양 절차에 대한 위험천만한 내용을 여기저기 참 많이도 답글로 달아놓았다. 법무부는 이 사람의 변호사 자격이나 법률 자문에 대한 제재를 가할 책임이 있다. 변호사와 의사는 자율규제가 요구되는 대표적인 전문가 집단이다. 국가가 변호사 면허를 주면, 변호사는 영업을 시작하기 전에 대한변호사협회에 등록해야 한다. 변호사협회는 변호사가 전문성을 오남용하거나 이렇게 어리석은 짓으로 피해를 끼치지 않도록 예방 혹은 징계할 수 있다. 미국 변호사도 한국에서 외국법 자문사로 일하려면 법무부로부터 자격을 인정받고 변호사협회에 등록해야 한다. 이 미국 변호사에 대한 규율은 법무부와 대한변호사협회 소관이다.

둘째, 인천공항 출입국관리사무소는 법무부 소속이다. 아무런 방비 없이 영유아를 내보내고 미국에서 위험한 상황에 놓이게 한 것을 책임지고 재발 방지를 위한 조치를 내려야 한다……는 것은 내 생각이고, 과연 법무부 공무원들도 그렇게 생각할까? 시급성을 따지면 다음 사안이 더 중요했으나, 끝까지 파고 싶은 건 출입국관리사무소의 문제였다. 그들이 있는 곳은 국경이다. 그들의 임무는 창구에 앉아 도장만 찍는 것이 아니다.

셋째, 제일 시급하게 처리해야 하는 것은 법률 검토다. 한국의 입양 관련 법과 아동 보호 체계를 모두 무시하고 우회해서 아동을 불법으로 해외에 이송한 이 미국인의 행위가 한국 법을 심각하게 위반했다는 종합 검토가 필요했다. 보건복지부의 아동복지법과 입양특례법, 법무부의 민법에 모두 걸쳐 있는 사안인 만큼 두 부처가 의견을 통합해야 한다고 생각했다. 가능하면 두 담당자의 서명이 함께 들어가도 좋겠다. 나는 법률 전문가가 포진한 법무부에서 이 상황을 나보다 더 잘 이해하고, 제대로 된 법률의견서를 보내주리라 생각했다. 우리는 법무부라고 부르지만, 대부분의 나라에서는 비슷한 업무를 담당하는 부처를 정의부Ministry of Justice라고 부른다. 내가 보건복지부 업무로 서구에 출장을 갔을 때도 상대 정부에서는 흔히 정의부가 대응했다. 주요 업무 중 하나는 사회적 약자, 여성과 아동, 장애가 있는 사람, 신체·정신적으로 취약한 사람들의 권리를 보호하는 일이다. 우리나라 법률도 법무부에 같은 임무를 주고 있다. 법무부에서 그런 역할을 해주리라고 잔뜩 기대했다.

김 사무관은 사건 개요, 한·미 간 협의했던 사안, 미 국무부의 요청 사항 등을 정리해서 법무부에 보낼 공문을 준비했다. 박 사무관이 실사를 다녀오면 조사 내용을 덧붙여 바로 보내기로 했다.

이튿날 오후 박 사무관이 사무실로 복귀했다.

다들 궁금했던지, 누가 먼저랄 것도 없이 박 사무관을 중심으로 회의실에 모여 앉았다.

"아기 엄마는 봤어요?"

"네. 실제로 어린 나이지만, 나이보다 더 어려 보여요. 첫째 아이도 봤어요. 딸인데 엄마랑 정말 똑같이 생겼더라고요. 동글동글하니 아주 예뻐요. 아기 아빠는 그 동네에서 같이 자란 친구인데 SK가 태어날 때 둘 다 미성년자였어요. 아기 아빠랑은 계속 잘 지내고 있고요. 첫째는 아빠 성을 따라 출생신고도 했고 엄마가 키우고 있어요. 아빠가 배 타서 돈 버는 동안 첫째를 키우는 데 도움을 받으려고 엄마는 미혼모 시설에 들어와 있는 거죠. 시설 들어와서야 둘째가 생긴 걸 알았나봐요. 그러니 이 아이는 입양 보내라는 얘기를 들은 거죠. 아기 엄마한테는 아기를 넘겨줄 때의 상황 외에 별다른 질문은 하지 않았어요. 원래 체구도 작은 것 같은데, 이번 일 때문인지 너무 마른 데다 안색도 안 좋더라고요. 저도 차마 더 묻지 못했습니다. 아기는 건강하고 안전하게 있으니까 그건 염려하지 않아도 된다고만 말해줬어요."

"아니, 미혼모 시설 원장이 어떻게 아기를 그렇게 내줄 생각을 해요? 이 사람 겁도 없네요."

"미혼모 시설 중에 입양 기관과 연결된 곳도 있지만 그렇지 않은 곳도 있고, 정부 지원을 받으려고 다른 복지 시설을 운영하다가 미혼모 시설을 겸하는 곳도 생기다보니, 이 시설 사람들은 이게 얼마나 위험한 일인지 잘 몰랐던 거죠. 원장이 확인서에 순순히 도장을 찍은 걸 봐도 자기가 저지른 일이 얼마나 심각한 건지 전혀 깨닫지 못한 것 같았어요."

"이미 미국 대사관이나 경찰을 다 겪고도 별일 없어서 안심한 거 아닐까요?"

"그럴 수도 있어요. 지방자치단체에서도 몰랐던 것 같고요. 그러니 이런 소동이 벌어지는데 감독 기관에 보고도 하지 않았겠죠."

"그 목사는 어떤 사람이에요? 목사가 맞기는 하고요? 브로커 조직이 있는 게 아닐까 싶어요. 그렇지 않으면 어떻게 시카고에 사는 미국인과 한국 ○○시에 사는 미혼모가 연결되겠어요?"

"목사는 맞는데 들어보지 못한 교파 소속이더라고요. 원장 말로는 미국에 있는 한인 교회와 자주 왕래한대요. 목사가 미국인 여성을 직접 아는 건 아니고, 그 사이에 미국에 사는 재미교포가 한 명 끼어 있나봐요. 원장도 그 교포는 잘 모르는 것 같고요. 지역사회가 좁고 또 복지기관은 기부를 받으니까, 그렇게 연결된 것 같더라고요. 하여튼 이 목사가 변호사를 선임해서 서류 준비부터 공증받는 것까지 총지휘했고, 원장은 시키는 대로 아기 엄마 대리해서 출생신고하고, 여권이랑 비자 신청도 하고……."

"그럼 이 사람들은 자기에게 어떤 이익이 있어서 이런 일을 한 거죠?"

"목사라는 사람은 어떤지 잘 모르겠고요. 원장은 그냥 '미국 부잣집 사모님'이라고 하니까 더 묻지도 따지지도 않았던 거죠. 잘사는 미국 가정으로 입양 보내면 아기가 남부럽잖게 좋은 대학도 가고 잘살지 않겠냐며, 아이가 크면 낳아준 부모도 챙기지 않겠냐고 생각했나봐요. 그리고 첫째 키우기도 힘든데 둘째까지 어떻게 키우냐고요. 아기 엄마 병원비랑 산후조리 비용으로 몇백만 원 받았답니다. 받은 돈은 다 거기에만 썼다고 하고요. 아마 미국에서도 아기를 데리고 가는 대가로 보일 만한 일은 극도로 조심하고 원장한테도 입조심시킨 것 같아요. 그래도 나중에 미국인 여성이 좋은 후원자가 될 수도 있다는 기대는 했다더라고요. 결국 아기만 넘겨주면 아기에게도 좋고, 아기 엄마 부담도 덜고, 주변 사람들에게도 다 좋은 일이라고 본 거죠. 이런 생각이 이 일을 공모한 사람 모두 일말의 죄책감도 없이 '다 너를 위한 거다'라는 알리바이로 묶이게 해준 거예요."

박 사무관이 정리한 진술서에는 사실관계가 상세하게 적혀 있어서 아동복지법, 형법, 입양특례법 위반으로 판단하기에 충분했고, 시설 책임자의 확인 서명도 있었다.

내 법정에서는 오직 SK의
최선의 이익만 고려하겠다

이제 법무부와 협의할 일만 남았다.

김 사무관한테 법무부 관련 부서에 지급으로 공문을 보내고 빨리 전화를 걸라고 닦달했다. 하지만 법무부는 우리가 원하는 대로 움직일 생각이 전혀 없어 보였다.

어쩔 수 없다. 급한 내가 법무부 담당 과장한테 직접 연락하는 수밖에.

담당 과장 번호로 전화를 걸었다. 어떤 검사가 대신 받더니 과장이 자리에 안 계신다고 한다.

"보건복지부 아동복지과장입니다. 우리가 이미 공문도 보내고 연락도 드려서 아마 실무자끼리 통화하셨을 것 같은데요. 한·미 간에 시급한 일이라서 제가 과장님하고 곧장 협의해야 할 것 같습니다. 들어오시는 대로 바로 전화 연결 부탁합니다."

"알겠습니다. 그런데 법무부는 과장이 부장검사인 거 아시죠?"

순간 이게 무슨 말인가 싶었다. 부장검사라고? 그게 어쨌단 말인가? 나는 행정공무원 과장이라 서기관이고, 법무부는 검찰공무원이라 나보다 직급이 높다는 얘기인가? 참 시답잖다. 설령 그렇대도 그게 업무 협의할 때 무슨 상관이지?

"보건복지부도 중앙 부처이고 법무부도 중앙 부처이니 과장 직위는 동일합니다. 바로 연락주세요."

부장검사가 서기관이랑은 통화하기가 정말 싫었던 것 같다. 전화 대신 세 장짜리 검토 의견서가 김 사무관 메일로 날아왔다.

검토 의견이 가관이다. 한국 국적 영아가 국외로 덜렁 들려나가 미국 공항에서 입국이 불허되고 사실상 불법 체류자가 되어 한국과 미국 간에 이 사달이 났는데, 정작 한국의 법무부는 남 얘기하듯 천하태평이다. 문제 해결책을 내놓아야 할 정책 당국자가 세상 물정 모르는 서생이 답안지 쓰듯이 무려 1안, 2안, 3안으로 해석 방법을 늘어놓고, 결론이랍시고 한국 법상으로 합법적인 아동 입양 절차인지, 국제 사법에 의해 미국 법에 따라 판단해야 할지 상세한 검토가 필요하다는 하나 마나 한 얘기를 몇 줄 적어놓았다. 치명적인 견해로 입양 자문에 응했던 한국인 미국 법 변호사와 별반 다를 게 없지 않나? 이 보고서를 쓴 사람은 자신이 늘어놓은 다양한 형태의 법적 행위가 현실에서 어떻게 벌어지며 사람들의 인생을 바꿔놓는지 알고나 있을까? 아니, 생각이라도 해봤을까?

대한민국 정부에서 법 집행을 총괄하는 조직이라면 적어도 이런 사안을 검토할 때 관련 법을 통합적으로 보는 능력을 기본으로 장착하고 있어야 한다. 더구나 정의부라면 주요 인권과 관련된 정책의 목적을 국제적인 기준에 부합하게 조감하고 거기에 통달해야 한다. 그런데 법무부의 주요 구성원은 검사들이다. 이들은 경력 시작 때부터 형법과 형사소송법을 바탕으로 범죄 사건을 조사하고 기소하는 데 최적화된 역량을 훈련받은 인력이다. 법무부에 적합한 법률 전문가 집단은 전체 국민을 대상으로 한 정책을 수립하고 집행할 수 있어야 한다. 검사들이 장악한 법무부의 실체를 확인하고 나니 참으로 암담했다.

이를 어쩌나. 나는 지금 한시가 급했다. 이들은 법무부 소관 법만 존재하는 우물 안에 살면서, 빨대 구멍으로 세상을 보고, 손바닥으로 하늘을 가리고, 머리는 모래에 처박은 채 나 몰라라 하고 있다. 그들에게 법률은 법전 문서로만 존재했고, 법이 살아서 움직이는 세상은 안중에도 없다. 법률 문장의 진정한 의미도 이해하지 못한 채 달달 외우고는, 법률가라는 타이틀을 달고 앉아서 자기 울타리 밖에서는 무의미한 소리만 잔뜩 늘어놓고 있다. 그러니 사법고시 답안지로 쓰기에도 부끄러울 것을 감히 대한민국 법무부 명의로 보내왔다.

이들은 이렇게 굴어도 아무 피해나 불이익이 없다는 것을 경험으로 안다. 이따위 검토 의견을 보건복지부에 보냈다고 해서 누가 이들에게 책임을 묻거나 이들을 징계하겠는가. 그래서 나를 이렇게 하찮게 보는 것이다. 아니, 나를 하찮게 본 것이 아니라, 이런 일이나 붙들고 있는 보건복지부 과장을 하찮게 본 것이고, 궁극적으로 시골의 한 미혼모에게서 태어난 5개월 아기의 문제를 하찮게 본 것이다. 그런 그들이 정의부라는 이름을 달고 있다는 사실에 분노가 치밀어 올랐다. 자신들의 존재 이유가, 가장 취약한 인권이 법 앞에서 평등하게 보호받도록 정의를 실현하는 데 있다는 것을 알까. 아니, 과연 알고는 싶어할까?

이들과 논쟁할 시간이 없다. 한국 정부 부서끼리 이견이 있는데 무슨 수로 미국 재판에 대응하겠는가. 빨리 다른 방법을 찾아야 한다.

다시 법무부 조직도를 들여다봤다. 인권국. 국제연합을 비롯한 국제기구가 만든 국제인권협약의 국내 이행을 책임지는 곳이다. 물론 아동권리협약도 포함된다. 한국 헌법상 대한민국 정부가 비준한 국제법도 한국 법이다. 법무부 인권국은 이 '한국 법'이 제대로 이행되도록 책임져야 한다. 그리고 이번 검토 의견에는 당연히 인권국의 것도 포함해야 한다. 법무부는 도대체 왜 자기 부서 안에서도 협의를 안 하는 것인가. 그렇다면 내가 그 일을 하도록 해야겠다.

서류들을 보이는 대로 주섬주섬 싸들고, 택시를 잡아타고 과천 법무부로 갔다. 안국동에서 출발하니 꽤 늦은 시간에야 도착했다. 인권국장실로 밀고 들어갔다. 상황을 설명하고 법무부로부터 받은 자료도 보여줬다. 이번에는 제대로 찾았는지 장황한 회의는 필요치 않았다. 인권국장이 보기에도 법무부 명의로 내보낸 의견서에 심각한 문제가 있다는 생각이 들었던 듯하다. 이런 막무가내식 우리끼리용 의견서가 국제적으로 통하지 않는다는 것쯤은 알아차리는 법무부 내 유일한 곳이었다. 인권국장도 검사다. 외부 평판이 좋았고, 자신의 앞길이 창창하다는 걸 스스로 알 테니 말이 통하겠다고 생각했다. 적어도 인권국은 국제적인 기준에 민감해야 하고, 이 사안의 주안점이 무엇인지 이해해야 한다.

나나 인권국장이나 현시점에서 법무부에 재검토를 요청해봐야 그들에게 의지도, 능력도, 인력도, 시간도 없다는 데에 의견을 같이 했다. 미국에서 사안이 급박하게 돌아가고 있고, 실시간으로 미국 정부 요청에 협조해야 한다는 것도 이해했다. 나는 유능한 한국 및 미국 변호사와 논의한 내용을 한국 정부의 의견으로 전할 것이며, 물론 법무부에도 그 내용을 바로 공유할 테니, 법무부가 이를 한국 정부의 공식 의견으로 인정해달라고 완곡히 요청했다. 속뜻은 그 냥 가만히 있으라는 것이었다. 인권국장은 동의했다. 법무부 구성원들을 잘 설득해서 정리해주십사 부탁하고 자리를 떴다. 그 이후로 다시 과천에 갈 일은 없었다.

사실 법무부가 알아서 해야 할 일을 왜 내가 하고 있는지 모르 겠지만, 이렇게 상황을 정리하고 의견서를 작성했다.

관련 부처가 합심해서 법률의견서를 만들겠다는 생각은 참으로 허망했다. 공무원 일을 15년 넘게 해왔는데도 현실을 제대로 몰랐다. 물론 쉽지 않을 줄은 알았지만 이 정도로 어려울 거라고는 예상 못 했다. 아니, 이 정도는 아니길 바랐다. 마음을 가다듬고 자리에 앉아 미국에 보내는 공문을 썼다. 쓰고 고치고 번역하고 한·영 본을 비교하고 사실관계와 법 규정을 재확인하고 문구를 수정하고 가다듬는 작업을 며칠 동안 밤늦도록 계속했다.

수신: 주한 미 대사관 폴 엘 보이드 총영사

발신: 대한민국 보건복지부 아동복지과장 이경은

제목: 한국 아동 A의 안전한 보호 및 송환에 대한 협조 요청

한국 정부를 대표하여 한국 아동 A의 안전한 보호 및 송환에 대한 미국 정부의 그간의 노력에 감사를 표하며, A가 안전하게 한국으로 돌아올 때까지 계속해서 양국 간 협력이 긴밀하게 이루어질 수 있기를 바랍니다.

대한민국 보건복지부는 아동복지법과 입양특례법을 관장합니다. 우리 부는 미 대사관이 통지해주었던 지난 11월 8일에야 이 사건을 인지하고, 즉시 관계 부처와 이 시설이 위치한 ○○도 ○○시 공무원으로 구성된 합동조사 팀을 파견하여, 관련자들을 면담하고 서류를 검토했습니다.

조사 결과 우리는 서울중앙지방검찰청에 시설 책임자들을 관련 법 위반 혐의로 고발하고, 미 대사관에 아동의 안전한 송환을 위한 협조를 요청하고, 서울시 아동복지센터와 아동 송환 후 보호 방안을 협의하고 있습니다.

이런 내용과 함께 미 국무부에서 추가로 질의한 한국 관련 법과 정책에 대한 상세한 답변을 첨부해 법원에 제출할 수 있도록 미 대사관에 보냈다.

험난한 여정을 거쳐야 했지만 마침내 공문을 부칠 수 있었다.

며칠 후 다시 사두르 판사의 법정에서 심리가 있었다. 결과는 미 대사관을 통해 들었다.

여러 외교적 수사가 나왔으나, 결론적으로 아동이 자신의 법정에 오기까지 일어난 일들이 한국 법을 위반했는지 여부는 미국 연방법원 판사의 관심 사항이 아니었다. 10년 전 미국 국제법 대학원에서 공부할 때 배웠던 판례들이 여기서 나올 줄은 꿈에도 생각 못 했는데, 그런 일이 바로 내 앞에서 일어났다. 미국 법정에서 재판에 적용할 법을 정하는 것은 판사의 권한이다. 이 재판은 한국법 위반 여부를 판단할 수 없고, 그럴 의지도 없다. 미국에서 아동에 대한 재판을 할 때 최우선으로 적용하는 원칙은 '아동 최선의 이익'이다. 사두르 판사는 모든 방법을 동원해서 SK에게 최선의 이익이 무엇인지를 판단한 뒤 그에 따른 결정을 내릴 것이다.

결국 미 국무부도 이런 재판에 대응하는 데 어떤 법적 쟁점에 초점을 맞춰야 하는지 오판한 셈이다. 이민 법정에서 미국 외교관들이 아동 최선의 이익이 무엇인지 판단해야 할 줄은 몰랐으리라. 그렇다면 한국 정부의 의견서에 무엇이 아동에게 최선의 이익인지를 써야 했을까? 한국으로 돌아오는 것이 왜 이 아기에게 제일 좋은 일인지 미국 판사를 설득해야 했나? 하지만 한국 정부는 이 재판의 당사자가 아니어서 당사자인 국무부에 의견을 전했을 뿐이다. 우리에겐 판사에게 직접 얘기해볼 권한도 없다.

의견서 한 장을 제출하기 위해 얼마나 많은 허들을 넘어야 했는지를 생각하면 허탈하기 그지없었다.

그럼 이제 무엇을 해야 하나?

이 재판을 계기로 미 국무부는 한국 정부에 루셀 vs. 나폴리타노 재판의 이해관계자로서 정식으로 참가신청을 해달라고 요구해왔다. 이미 미 국무부는 한국의 입양특례법, 아동복지법, 아동복지 정책 등에 대한 두툼한 자료를 영어로 번역해 법원에 제출했다. 하지만 이 외계어 같은 자료들을 제출한다고 해서 판사의 관심을 끌거나 이해를 구할 수 있는 것은 아니었다. 법정에서 국무부를 대리하는 미 법무부의 연방 검사가 한국의 제도를 설명하려다보니 변론은 꼬이기만 했다. 연방 검사가 할 수 있는 일은 이미 판사가 읽은 한국 법을 그 앞에서 되풀이하는 것뿐이었다. 판사의 질문에 대답은 못 하고 쓰여 있는 것을 낭독만 하다보니 재판에서 번번이 핀잔을 들었다. 아이를 한국으로 데려오고 싶으면 한국 정부가 직접 가서 설명하는 수밖에 없었다.

처음에는 한국 정부의 의견서를 보내면 미국 판사가 '이 어리석은 미국인이 한국 법을 어기고 한국 아동을 불법으로 데리고 왔구나, 얼른 자기 나라로 보내줘야지'라고 판단하리라 생각했다.

하지만 판사는 아이를 돌려보내는 게 아동에게 최선의 이익이 아닐 수도 있다고 생각했다. 아이는 사두르 법정에 와 있다. 이 아이에게 최선이 될 이익을 결정하는 것은 사두르 판사의 의무다.

갑자기 늪으로 빠져드는 느낌이었다. 이런 상황이라면 어디까지 말려들어야 할지 가늠도 안 된다. 다시 그루에게 전화를 건다.

그는 이미 재판 속기록을 다 읽었다.

"미국 정부가 한국에 제3자로서 참가신청을 해달라고 요청했어."

"재판에 한국 정부의 의견을 제대로 반영하고 싶다면 정식 당사자로서 참여하는 게 당연하지. 소송 이름에서 알 수 있잖아. 지금 재판 당사자는 루셀과 나폴리타노야. 루셀은 아기를 자기 자녀로 만들고 계속 키우는 것, 나폴리타노는 이민정책 당국자로서 이런 사례를 용납할 수 없으니 아기를 추방하는 것이 두 당사자 각자의 이익이야. 그렇다면 한국의 이익은 뭘까?"

"한국 국적자인 생후 5개월 난 아기의 생명, 안전, 권리를 보호해 야지."

"그렇지. 그래서 한국이 제3자여도 소송에 걸린 이익이 있으니 참여하게 해달라고 요구할 수 있지. 만약 한국 정부가 수수방관한 다면 미국의 연방법원이나 주 법원은 두 당사자의 구도대로 판결을 내릴 거야. 지난 심리 기록으로 봐서 그 미국인 여성을 꽤 동정하 는 것 같던데. 연방 검사가 아기를 난민아동수용소로 보내자고 하 니까 노발대발하더군. 난민아동수용소는 주로 국경에서 발견된 중 남미 아동들을 수용하는데, 내부가 아주 열악하다고 언론에 보도 돼서 미국 내 여론이 나빠. 그러니 미국 법원을 이대로 놔두면, 주 법원은 후견권 연장하고 연방법원이 그 결정을 받아들여서 아기는 한국으로 돌아오지 못할 수도 있어.

단기적으로는 미국 여성이 아이를 간절히 원하니까 잘 보호할 거라 생각할 수 있지만, 미국 이민법은 개인의 의지나 가족관계를 감안하지 않아. 시민권자와 결혼해서 미국 시민권자를 몇 명이나 낳아 기르고 수십 년을 살아도, 처음 미국 국경을 넘었을 때 서류가 거짓이었거나 목적에 맞지 않는 비자로 들어왔다면 원칙상 일단 추방이야. 가족과의 생이별도 불사하지. 앞으로 이 아이에게 어떤 일이 일어날지 몰라. 과연 그 여성의 선의에만 아기를 맡길 수 있을까? 아무리 어리고 작아도 한국 국적을 가진 사람인데 그렇게 내버려두는 게 정당할까? 지구상의 어느 민주국가에서 자기 국민인 아동에게 이런 일이 벌어지는 걸 손 놓고 보고 있을까. 아니, 애당초 이런 일이 벌어지지 않았겠지. 보통 공항에서 그렇게 들려 나가는 게 불가능했을 거야.

일단 참가신청이 결정되면 미국 변호사 고용은 필수야. 미국 법원에서 어정쩡하게 대응하려는 생각은 꿈에도 하지 마. 자기 나라 연방 검사도 그렇게 쥐 잡듯이 잡는데, 외국 정부에서 온 사람쯤은 상대도 안 해줄 거다. 돈도 많이 들 테니 예산도 마련해두고.

이민법 관련 사안은 이미 연방 검사들이 변호하고 있을 테니까 한국 정부는 가족법 변호사를 구해야 할 거야. 아동의 보호와 입양 이슈를 다룰 사람이 필요해. 변호사라는 타이틀 달았다고 미국법을 다 알 거라고 생각하면 오산이야. 이민법 변호사는 가족법을 모르고 가족법 변호사는 이민법을 모른다는 거 명심해. 원한다면 내가 미국변호사협회에서 시카고 인근 변호사 명단을 확보하고, 평판 확인해서 추천해줄 수는 있어."

걔네 엄마가 애를
위험에 빠뜨렸다면서요

하다 하다 못해 이제는 미국 변호사까지 선임해야 하나. 지금까지 공무원으로 있으면서 많은 일을 겪어왔지만, 청와대 비서실 근무 당시 북한이 1차 핵실험 발표를 한 날도 이렇게 앞이 캄캄하지는 않았다. 큰일이기는 했으나 조직이 함께 대응했기에 나는 내 역할만 하면 됐다. 하지만 지금은 혈혈단신으로 벌판 위에 서 있는 것 같다. 대체 누구와 논의하면 좋을지 모르겠다.

이쯤에서 우리 역량을 넘어서는 일이라며 외면하고 덮으면 되지 않을까. 어차피 나 외에 아무도 모르니 나만 두 손 들고 항복하면 자연스럽게 마무리될 거다. 머릿속 한편에서는 아이가 미국에서 잘 살아갈 거고, 모두에게 좋게 끝날 일을 왜 이렇게 크게 만드느냐고 속삭이는 것 같다.

정말 그럴까? 나만 귀 막고, 입 닫고, 마치 아무 일도 없었다는 듯이 내 자리에 있으면 시간이 알아서 해결해줄까? 적당히 임기를

064

채운 뒤 다른 자리로 옮기고, 내 평생 이 자리에 앉아본 적 없다는 듯이 다 잊고 편안하게 살 수 있을까? 무엇보다 과연 그 아기는 정말 미국에서 안전하고 행복한 제2의 인생을 살 수 있을까? 자기가 태어난 나라에서 자국민을 보호할 의무를 저버려도 여전히 안전할 수 있을까?

미국 총영사의 방문으로 이 사건에 대해 처음 들었을 때 솔직히 내가 돋보일 만한 좋은 기회라는 생각도 들었다. 나는 국제법도 알고, 영어도 하고, 해외 언론과 네트워크도 갖고 있으며 미국에서 일한 경험도 있다. 부처 안에서 사건의 맥락이나마 이해할 수 있는 사람은 내가 유일하다. 더구나 장관 보고 뒤에는 부처 최고위직에게 인정받을 수 있는 사건이 떨어졌으니, 이 기회를 잘 이용해서 부처 내 입지를 굳혀야겠다고 생각했다. 하지만 이런 얄팍한 계산은 빙산의 일각만 보고 멋대로 상상한 것에 지나지 않았다. 수면 아래 잠겨 있는 엄청난 크기의 빙산을 과연 내가 감당해낼 수 있을까. 이제 없던 일로 하기에는 너무 멀리 와버렸다.

미국 총영사는 내가 미끼를 문 물고기라고 생각하는지 이제는 대놓고 요구하기 시작한다. 내가 한국 정부에서 그들과 소통할 유일한 통로가 돼버렸다. 일주일 후에 다시 일리노이 연방법원에서 심리가 열린다. 아동이 관련된 재판이기에 심리 일정도 긴급으로 잡혔다. 여기서 밀리면 안 된다. 그러니 이번에는 한국 정부가 공문을 보내는 게 아니라 직접 등판해서 재판의 정식 이해관계자로 참여하라고 요구했다.

미국에서 열리는 재판에 한국 정부가 개입할지 여부는 보건복지부가 결정할 수 없다. 전적으로 법무부와 외교부의 일이다. 법무부는 내가 인권국과 담판을 지었듯이 보건복지부의 판단대로 하라며, 자기네를 귀찮게만 하지 않으면 방해하지 않겠다는 의사를 확고히 했다.

다음은 외교부였다. 법무부는 별 이의를 제기하지 않고 가만히 있기만 하면 되나, 외교부는 적극적으로 해줘야 할 일이 있다. 미국 영토에서 한국 정부가 한국 대사관 없이 무엇을 할 수 있겠는가. 특히 시카고에 있는 총영사관의 지원 없이는 아무것도 할 수 없다. 이들이 자기 소임을 다하도록 끌어들여야 했다.

일단 외교부 조직표와 소관 업무를 본다. 이 사안은 아무래도 재외국민 보호 업무의 하나라는 생각이 든다. 사무관에게 지금까지 진행된 사안을 정리해서 전달하고 협조를 요청하도록 지시한다. 사무관이 전화기를 들고 한참 싸우더니 씩씩거리면서 온다.

"절대로 자기네 일이 아니래요. 저를 마치 거지 취급합니다."

대체 이 조직들은 왜 다 자기 일을 자기 일이 아니라고 우기는 거야? 어쩌면 우리 과 직원들도 저 과장은 왜 우리 일이 아닌 것을 우리 일이라고 움켜쥐고 있는지 모르겠다고 생각할지 모른다.

할 수 없이 외교부 과장 직통 번호를 누른다.

매우 심드렁한 목소리가 저쪽에서 들려온다. 자초지종은 아는 것 같다. 그리고 이미 나와 싸워서 이기기로 굳은 결심을 한 모양이다.

첫 마디가 이랬다.

"우리는 불법행위에 연루된 국민은 보호하지 않습니다."

순간 내 귀를 의심했다. 이 사람 지금 무슨 말을 하는 거지?

"생후 5개월 된 아기입니다. 아기가 범죄를 저질렀다고요?"

"걔네 엄마가 잘못해서 애를 위험에 빠뜨렸다면서요. 그걸 왜 우리한테 따지세요?"

순간 화가 치밀었다. 업무는 회피하더라도 말이 되는 소리를 해야 하지 않나?

"외교부 업무가 재외국민 보호 아닙니까? 외국에서 범죄를 저질렀대도 한국 국민에게는 영사 접견권이 있어요. 그런데 지금 위험에 빠진 영아를 두고 그게 외교부가 할 말입니까? 아기는 외교부가 발급한 한국 여권을 가지고 있고, 지금 그 여권이 미국 국토안보부에 압수된 상태라고요."

"어쨌든 우리는 이번 사안에 개입할 의사도 없고 권한도 없습니다. 보건복지부가 알아서 하세요."

이런 인간과 같은 공무원 타이틀을 달고 있다는 게 정말 싫다.

이번 일은 마가 꼈나 싶었다. 한국 공무원들이 이 정도로 수준이 낮다고 생각하진 않았다. 내가 대통령 비서실에서 근무하는 동안 이상해진 걸까. 원래 다 이러는 건가? 어떻게 모든 조직의 사람들이 일단 아니라고 말을 하는 걸까?

○○시에서 신고받은 경찰, 보건복지부가 신고한 검찰, 여성가족부 미혼모 시설 담당 조직, 법무부 담당 조직, 외교부의 재외국민보

호 조직까지…… 이렇게 한결같기도 쉽지 않다. 공무원들이 이런 반응을 보이는 것은 이 일이 윗선에 올라가도 별반 달라지지 않을 것이라고 견적을 냈기 때문이다. 그렇게까지 중요한 일도 아닌데 보건복지부가 나서서 헛소동을 벌인다는 나름 타당한 판단을 내렸기 때문이다. 결국 아기를 보호하는 일은 경찰, 여성가족부, 법무부, 외교부 어디에도 익숙하거나 당연한 업무가 아니라는 증거다. 이 사안과 관련된 거의 모든 정부 조직의 공무원들이 비슷하게 인식했다. 이 일은 정부가 할 일이 아니다. 우리 책임도 아니다.

한 부처, 또 한 부처를 넘을 때마다 자괴감이 들었고, 나도 이렇게까지 하고 싶지 않았지만 끝내 당신들이 나를 어쩔 수 없게 만든다 싶었다. 결국 내가 미 대사관 제프에게까지 전화하는 것은 당신들 때문이라고 합리화하며 도움을 청했다.

한국 정부가 일리노이 연방법원 재판에 개입하길 원한다면 한국의 외교부가 꼭 필요하다. 그런데 내 힘으로는 외교부를 움직일 수 없다. 미국 대사관이 나서줘야 한다.

제프는 총영사와 방법을 찾아보겠다고 말하고는 전화를 끊었다.

몇 시간 후 바로 다시 전화가 왔다.

방금 미국 총영사가 한국 외교부 담당 국장을 만나고 왔다. 언성을 높이며 싸웠는데, 이 사람이 정말 꿈쩍도 안 한다. 절대로 개입할 수 없다며 총영사를 사무실에서 쫓아내다시피 했다고 한다.

그렇다면 방법은 이제 하나밖에 없다. 어차피 시간도 별로 없고, 이른바 '고공 플레이'라고 하는 '윗선'을 움직이는 방법밖에 떠오르지 않는다. 그런데 이번에는 윗선이 좀 많이 멀다.

제프에게 부탁했다. 내 입으로 말하기는 창피하지만, 주한 미 대사관에서 워싱턴 국무부 본부의 코리안 테이블에 전화를 걸어, 국무부에서 바로 주미 한국 대사에게 연락하도록 하는 수밖에 없겠다. 반드시 직급이 맞는 미 국무부 고위 인사가 주미 한국 대사에게 직접 전화해야 한다고 누차 말했고, 제프는 알겠다고 답했다.

시카고 출장

이튿날 출근해보니 시카고 총영사관에서 현지 상황이 상세히 적힌 외교 전문에 비밀 3급을 찍어서 청와대 외교안보실과 홍보수석실, 외교부, 보건복지부 우리 과에 팩스를 보낸 터였다.

효과가 있을 거라 예상은 했지만 이 정도일 줄이야. 어떤 경로인지는 모르지만, 나와 제프의 통화 이후 워싱턴과 시카고에서 일이 벌어졌고, 많은 사람이 부산스러운 하루를 보낸 것 같다. 이 사람들은 내가 중요한 일이라고 할 땐 듣는 척도 안 하다가, 도대체 미 국무부에서 뭐라고 했기에 비밀 3급을 달아서 보냈을까.

그건 그렇고 시카고 총영사관의 업무 처리는 훌륭했다. 어떻게 짧은 시간 동안 사안을 이토록 상세히 파악해서 무려 네 장의 빽빽한 전문을 보내왔을까. 게다가 한국에서 증언하러 온다면 만전을 기해 지원하겠다는 언급도 있다. 고맙기는 하나 허탈하다. 하루아침에 모두가 기피하던 개밥의 도토리가 양국의 주요 사안으로 떠올랐다. 청와대에서 보고하러 오라는 연락까지 받았다. 보고는 미국 법정 증언을 다녀온 뒤에 하겠다며 오히려 내가 배짱을 부렸다.

이제 모든 공은 다시 내게 넘어와 있다. 게다가 그 공은 아주 커졌다. 이만큼 판을 키웠으니 미국에 가야 한다. 이제 높으신 분들도 복잡한 사정을 알게 됐다. 내가 미국 법정의 판사 앞에서 진술하고, 미국 사람들로부터 구한 아기를 안고 개선장군처럼 비행기에서 내리기를 기대할 테다. 물론 이건 상상 속의 일이고 터무니없는 기대다. 우선 눈앞에 벌어지는 일부터 하나씩 수습하자.

김 사무관과 함께 예산을 확인했다. 외국의 변호사 수임 비용으로 쓸 수 있는 항목을 살펴보니 어느 정도 예산은 있었다. 일이 이정도까지 커졌는데 세계 10대 경제 대국에서 변호사 비용이 없어서 더는 못 한다고 하진 않을 것이다. 어느 주머니를 털어서라도 해결해주겠지 싶었다.

제프에게 전화를 걸었다.

"이틀 후 비행기를 타면 시카고에 재판 전날 오후까지 도착할 수 있어요. 변호사는 구했고 그날 법정에 나올 겁니다."

"미국 국무부는 당신의 협조에 대단히 안도하며 감사하고 있습니다. 참, 비자는 있나요?"

"오늘 전자 여행 허가제에 등록할게요."

"아니, 적어도 공항에서 입국 수속하는 번거로움은 줄여드릴게요. 이제 미국 비자 신청은 모두 인터넷으로 하는데요, 웹사이트에서 '긴급'을 선택해 정보를 입력한 뒤 신청 번호를 알려주세요."

곧바로 신청한 뒤 번호를 보냈다. 한두 시간이 지났을까. 미국 대사관에서 비자를 받아가라는 연락이 왔다.

비자 발급 창구에 여권과 사진을 내밀었다. 창구 여직원이 어디론가 전화를 걸어서 영어로 말한다. 여권 발급일이 2년 전인데, 비자용으로 가져온 사진이 여권 사진과 같다는 거다(미국 비자를 발급받으려면 6개월 이내에 찍은 사진을 제출해야 한다). 상대 쪽에서 그냥 넘어가라고 한 모양이다. 그 외에도 여러 가지 걸리는 게 있었지만 모두 통과다. 전화기 너머에서 대답하는 사람은 바로 제프였다. 5년 기한의 관용 외교관 비자인 A2 비자를 내 여권 한 면에 붙여줬다.

이 비자로 시카고 공항에서 줄도 서지 않고 지문도 찍지 않은 채 입국했다. 하지만 이런 특혜가 호사로 느껴지지 않았다. 이 출장은 내가 다시 시카고에 갈 수 있을까 싶을 정도로 트라우마를 남겼다.

겨울의 시카고는 추웠지만 서울의 추위와는 달랐다. 냉기가 근육과 혈관을 뚫고 뼈까지 도달했다. 얼음 막대로 몸을 찌르는 것 같았다. 나를 괴롭힌 또 다른 것은 어둠이었다. 기분 탓이었을까, 시카고에 있는 내내 나는 어둠에 시달렸다. 어디를 가도 벗어날 수 없는 느낌이었다. 그래서인지 건물마다 창문을 장식하던 유대인의 상징인 촛대 일곱 개의 불빛이 유난히 기억에 남는다.

변호사를 급하게 구하다보니, 재판 전날에야 호텔 방에서 전화로 첫 대화를 할 수 있었다. 그루가 소개해준 승소율이 높고 시간당 수임비가 최고가인 가족법 전문 변호사 실러였다. 이날의 대화

는 사건의 내용보다 법정에서의 대응에 대한 기술적인 부분에 초
점을 맞췄다. 실러는 아직 사건의 내용을 정확하게 인지하지 못하
고 있었다. 다만 대중의 관심을 끌 만한 매우 중요한 사건임을 본
능적으로 간파하고, 플로리다 출장 중이었음에도 바로 수임했다.
지금 그는 플로리다에서 막 돌아온 참이다.

　그는 내일 자신이 법정에서 질문할 때 내가 답변을 잘할 수 있도
록 기본적인 사항부터 알려줬다. 특히 판사를 부를 때는 항상 '재
판장님Your Honor'이라고 할 것을 당부했다.

　"통역사를 부를 순 없나요? 한국의 시카고 총영사관에 전문 통
역사가 있습니다. 진술하다가 실수라도 하면 재판에 치명적인 영향
을 끼치지 않을까요?"

　"저는 꼭 영어로 직접 답하라고 권하고 싶습니다. 사두르 판사에
게 이경은씨가 진심을 곧장 전하는 게 훨씬 더 효과적일 겁니다. 영
어의 숙련 여부는 상관없습니다."

　통화는 밤늦게까지 이어졌다. 2시간은 통화했으니 벌써 비용이
얼마냐.

　시차 때문에 새벽에 깼다. 호텔 방에 앉아서 우선 한국의 직원
과 통화했다.

　"기자들이 재판 끝나면 백 브리핑을 듣고 싶어하는데 어떻게 할
까요?"

　아무도 없이 나 혼자 여기까지 보내놓고는 백 브리핑도 하라니,
도대체 이 조직은 염치가 없다. 그렇다고 죄 없는 사무관을 나무랄

순 없어서 나중에 상황을 보고 다시 얘기하자고 했다. 전화를 끊은 뒤 어두운 호텔 방에 앉아 있을 수 없어 밖으로 나갔다.

이 호텔은 2008년 오바마가 대통령 당선 수락 연설을 한 곳이다. 로비에 당시 사진들이 걸려 있다. 나는 그때 워싱턴 DC에 있는 한 싱크탱크의 리서치 펠로였다. 백악관 뒤 듀폰트 서클 근처에 싱크탱크들이 몰려 있었다. 내가 일한 사무실은 L 스트리트와 19번가가 만나는 곳에 있었다. 개표하던 날 밤늦게 TV에서 당선이 확정된 오바마가 아내 및 두 딸과 함께 당선 인사를 하러 무대로 걸어나오는 모습을 봤다. 바로 이 호텔 무대였다.

2008년 미국 대선은 역사가 만든 아이러니였다. 부시는 대량살상무기가 있다는 것을 빌미로 이라크를 침공했고 임기 말에는 경제 위기가 터졌다. 당시 현직 대통령 부시의 인기가 너무 낮아서 땅을 파고 내려가 지구 맨틀까지 닿을 기세였기에 민주당 후보가 대통령이 될 수밖에 없었다. 영화 「바이스」를 보면 당시 상황이 잘 묘사되어 있다. 바로 그런 선거에서 민주당 후보가 흑인과 여자뿐이라니, 영화 속에서라도 이런 극적인 상황이 나올 수 있을까? 오바마와 힐러리가 벌인 민주당 대선 후보 경선은 본선보다 훨씬 더 치열했다. 미국 역사상 최초의 흑인 대통령 혹은 최초의 여성 대통령이 나올 선거였다. NBC 저녁 뉴스를 23년간 진행한 전설적인 앵커 톰 브로코는 2004년에 은퇴했지만, 이날 개표 방송만큼은 직접 진행했다. 오바마의 당선 소식을 전하면서 노언론인은 울먹였다. 이튿날 NBC의 아침 프로그램 「투데이 쇼」의 맷 라우어(20년간 인기를 누렸으나 미투 여파로 2017년 사임했다)는 미국 역사 교과서가 과연 이날을 몇 번째 중요한 날로 기록할지 궁금하다고 했다.

그렇게 오바마는 당선만으로도 역사가 되었다. 그의 당선 수락 연설은 의외로 수수했다. 특히 이 부분이 아직도 내 마음에 남아 있다.

"우리가 함께 이뤄야 하는 목표가 있습니다. 임기 안에 목표를 달성할 수 없을지도 모르지만, 우리 미국인은 민족nation으로서 언젠가 반드시 거기에 다다를 겁니다."

"민족으로서"라는 말이 가슴에 박혔다.

그의 첫 선거 때는 워싱턴 DC에서 브루킹스 연구소 정책 토론회와 대통령직 인수 과정을 연구하고 있었는데, 재선 캠페인 때는 시카고에서 여론 몰이가 될지도 모르는 일에 얽혀 있다니.

시간이 일러서 아직 커피 한잔 살 곳이 없다. 밖에 나가 거리를 헤맸다. 24시간 운영하는 스타벅스가 있다. 전날 밤까지 팔다가 커피 머신 바닥에 남은 다 식은 커피 한 잔과 말라비틀어진 크루아상을 사서 들어왔다. 침대 위에 쭈그리고 앉아 아침이 밝기를 기다렸다.

이제 몇 시간 후면 일리노이주 미 연방법원 법정에 서서 한국 법과 이번 사건에 대해 증언해야 한다. 사건과 관련된 미 국무부 공무원들도, 우리 변호를 맡은 미국 변호사도 이런 일은 들어본 적이 없다고 한다. 나도 마찬가지다. 왜 이런 일은 하필 내가 이 자리에 있을 때 벌어졌을까. 게다가 나는 왜 일을 벌여서 여기까지 온 걸까.

돌이켜보면 항상 그랬다. 엄마는 내게 '한다면 한다'라는 별명을 지어줬다. 나도 매사에 이렇게까지 돌진하고 싶지 않지만, 정신 차려보면 달리고 있다. 이번 일도 전형적인 내 방식대로 진행됐다. 나도 '노'라는 대답을 용납하지 않는 사람일까. 이렇게 일하는 게 맞는지 모르겠지만 늘 이렇게 흘러간다.

워싱턴 DC에 있을 때 아시아 여성은 화장도 잘해야 하고 정장을 차려입고 다녀야 한다는 걸 깨달았다. 그러지 않으면 '십중팔구 당신을 누군가의 유모로 생각할 것'이라는 조언을 들었다. 이런 말에 굳이 상처받지 말라고 한다면 그건 위선이다. 말하는 사람, 듣는 사람, 그리고 아시아 여성 모두에게 상처 주는 당황스러운 말이다. 법정에 가는 아침에 나는 그 말을 떠올릴 수밖에 없었다. 그래서 제대로 화장했고, 제대로 갖춰 입었다.

로비에서 시카고 총영사관의 부총영사를 기다렸다. 그동안 본국에 이 사안을 상세히 보고하고 필요한 업무를 지원해주신 분이다. 덕분에 난데없이 터진 지뢰를 감당할 수 있었다. 부총영사보다 먼저 온 금발의 훤칠한 40대 백인 남성이 내게 인사한다.

"혹시 한국 정부에서 온 이경은씨 아닌가요?"

"네, 맞습니다."

"저는 로런스예요. 이번 재판에서 미 국무부를 대리하는 법무부 소속 연방 검사입니다. 같은 호텔에 묵은 줄 알았으면 잠깐이라도 만날걸 그랬네요. 저는 어제 워싱턴 DC에서 왔어요. 협조해주신 덕분에 그동안 보내준 자료들은 법원에 잘 제출했습니다. 하지만 제가 한국 법을 설명하려니 쉽지 않더군요. 사두르 판사에게 매번 고문당하는 것 같았어요. 오늘 이렇게 와주셔서 얼마나 다행인지 모릅니다."

로런스는 국토안보부를 대리하는 또 다른 연방 검사인 오스월드를 만나서 막간에 회의를 해야 한다며 자리를 떴다.

백인 남성 연방 검사를 만나니 미국 정부가 돌아가고 있다는 실감이 났다. 미국 대사관의 제프와는 하루에도 몇 번씩 메일을 주고받고 전화도 했지만, 미국 땅에서 말로만 듣던 사람들이 실제로 눈앞에 나타나니 더 긴장되기 시작했다. 곧이어 생전 듣도 보도 못하고 상상해본 적도 없는 무대로 올라가겠구나 싶었다. 리허설도 없이 내가 맡은 역할을 해내야 한다.

부총영사가 로비로 들어온다. 세심하고 꼼꼼한 전형적인 외교관이다. 그가 그동안 보내온 전문과 일 처리는 인상적이었다. 아동복지과 직원들을 제외하면 유일한 나의 아군이다. 함께 차를 타고 이동하던 중 이제야 시카고의 스카이라인이 눈에 들어왔다. 시카고는 1871년 대화재로 거의 도시 전체가 타버렸기에 전면적인 계획도시로서 재탄생했다. 그래서인지 세련되고 현대적이다. 그리고 차갑다. 일리노이 연방법원에 도착했다. 워싱턴 DC의 연방 대법원 같은 건물을 상상했는데 많이 달랐다.

엘리베이터를 타고 법정에 도착했다. 문 앞에 판사의 이름이 쓰여 있다. 한국의 법정 문에는 번호가 붙어 있는데, 이 법정은 이 사람의 것이구나.

미국 연방법원 법정에 선
한국 법 증인

무거운 문을 밀고 들어서니 미국 영화에서나 보던 광경이었다. 저 멀리 가운데 높은 판사석에 판사가 앉아 있다. 그 옆에서 보조원과 속기사가 이야기를 하고 있다.

미국 대사관이 전해준 재판 속기록에서 "내 법정에서 한국 법을 위반했는지는 따지지 않는다. 아동과 관련된 재판은 오직 아동 최선의 이익만을 판단한다"던 문장이 마치 음성 지원이 되듯 생생했는데, 바로 그 사두르 판사구나. 어렸을 때 한국 TV에서 절찬리에 방영됐던 미국 드라마 「하버드대학의 공부벌레들」의 킹스필드 교수와 닮은 모습이었다. 단정한 셔츠와 스커트 차림의 중년 여성이 뭔가를 열심히 설명하고 있고 속기사는 이미 자리에 앉아 있었다. 세 사람은 직장 동료처럼 친근해 보였다. 하지만 연방 검사들은 사두르 판사를 저승사자처럼 묘사했었다.

부총영사와 내가 살며시 한쪽에 자리를 잡고 앉아도 별로 개의

치 않고 자기네끼리 업무 얘기를 계속한다. 재판 당사자도 아닌 사람들이, 그것도 검은 머리의 아시아인 둘이 앉아 있는데 아무도 쳐다보지 않고 관심도 없으니 이것도 좀 기이하다.

두 명의 연방 검사가 도착했다. 한 명은 호텔 로비에서 만난 로런스이고, 다른 한 명은 국토안보부를 대리한다는 오스월드인 듯하다. 우리에게 눈인사를 한 뒤 맨 앞줄 대리인들 자리에 앉는다.

이윽고 문제의 원고인 루셀 부부와 변호사 무리가 우르르 들어왔다. 여성이 한국계라는 건 알고 있었다. 50대라고 들었는데, 훤칠한 키에 군살 없이 날씬한 체구다. 몸매에 잘 어울리는 정장 치마를 차려입었다. 살짝 웨이브를 넣은 윤기 나는 검은 머리를 말아올려 긴 목선이 드러나며 지적인 이미지가 한층 돋보였다. 루셀이라는 프랑스계 성에서 짐작했듯, 남편은 이마부터 코와 턱까지 옆얼굴 선이 전형적인 프랑스인이었다. 루셀은 들어오며 나를 봤으나 표정에 변화는 없었다. 반면 남편은 눈에 띄는 이 동양 여성에게 어색한 듯 살짝 미소 짓는다. 이 사람은 내가 법정에 왜 왔는지 알기나 할까? 미국 정부 당국자에게 들은 바로 이 부부는 대단한 재력가다. 법정에 대동한 변호인단 숫자만 봐도 알 수 있다. 대표 변호사의 이름은 밍크스라고 들었다. 라틴계 외모다. 이 사람은 법정에 들어서자마자 오랜만에 만난 옛 친구라도 발견한 듯한 표정으로 내게 두 손을 벌리고 다가온다.

"먼 길 오시느라 정말 고생이 많으셨습니다."

명함을 건넨다.

"저희 의뢰인에 대해서 알고 싶은 내용이 있다면 최선을 다해 응답해드리겠습니다. 앞으로 계속 소통하고 지내면 좋겠습니다."

온몸으로 과도한 친밀감을 내뿜는 게 의외인데도 이상하게 거부감이 들지는 않았다. 나도 격식을 갖춰 인사하고 명함을 받았지만 내 명함을 건네진 않았다. 이미 내 명함에 쓰여 있는 것보다 더 많은 것을 알고 있을 사람에게 명함이 무슨 소용인가.

루셀 vs. 나폴리타노, 무기 평등의 원칙, 개인 대 국가.

법정에서 동등하게 만났다. 하지만 변호인단을 동원할 만한 재력이 없었다면 무기 평등의 원칙은 진정한 힘을 발휘하지 못했을 터, 지금 눈앞의 법정 상황은 미 연방정부 쪽이 더 초라해 보인다.

모든 당사자가 법정에 입장하자 사두르 판사가 재판을 개시한다. 로런스가 판사 앞으로 나간다.

"존경하는 재판장님, 오늘 한국 정부가 자국 어린아이의 복리가 달린 이 재판에 이해관계자로 개입intervene을 신청합니다."

"그래? 나는 그런 얘기를 들은 바 없고, 재판 당일 법정에 나왔다고 개입할 수 있는 건 아니라는 것쯤은 아무리 외국 정부라도 알 텐데."

그때 우리 쪽 변호사 실러가 급하게 법정으로 들어와 판사 앞에 선다. 가족법 변호사가 연방법원 법정에 서는 일은 흔치 않다. 이민법과 아동의 복리를, 한국과 미국의 입장을, 아이를 간절히 원하는 여자와 아이를 떼어놓아야 하는 공무원들의 입장을 동시에 다루는 이 법정은 모두에게 참으로 낯설다. 사건과 관련된 사람들이 한 자리에 모였다. 각자 난생처음인 결정을 내려야 한다. 그런 탓에 다들 신경이 곤두서 있다. 법정 안은 서로 뿜어내는 긴장감으로 불편하고 불안한 기운이 가득했다.

실러가 로런스 대신 판사에게 말한다.

"존경하는 재판장님, 저는 한국 정부를 대리하는 변호사입니다. 이 재판에는 한국 아동의 중요한 운명이 걸려 있습니다. 원고인 루셀 씨가 한국 법을 위반하여 아동을 미국 땅으로 불법 이송했고 아이는 현재 심각한 위험에 처해 있습니다. 한국 정부는 이 아동의 안전과 보호를 위해 하루빨리 본국으로 송환되길 바라고 있습니다. 따라서 한국 정부는 이 재판에 중요한 이해관계가 있으니 제3자로 참가할 수 있도록 허가해주시길 바랍니다."

판사가 안경 너머로 실러 변호사를 잠시 쳐다본다.

"제 법정에는 처음이죠?"

"네, 존경하는 재판장님."

"정식으로 재판 참가 신청도 하지 않고 법정에 들이닥쳐도 되나요? 언제부터 절차가 그렇게 바뀌었죠?"

"재판이 워낙 신속하게 진행됐고, 한국에서 대응하는 데 시간이 걸렸습니다. 제가 어제 전자 법원 시스템에 관련 서류를 등록했습니다만 인쇄본은 제출하지 못했습니다. 법원 규정상 인쇄본을 별도 제출할 필요는 없지만요……."

사두르 판사가 옆에 앉아 있는 직원을 쳐다보자 그녀가 고개를 끄덕인다. 뭔가 등록되어 있긴 한가보다.

"나는 사전에 인쇄본을 제출하지 않은 변호사를 한 번도 본 적이 없어요. 실러 변호사, 어느 커뮤니티나 제각기 규칙이 있고, 그 규칙은 공식적인 규정보다 우선합니다. 내 법정에서는 사전에 인쇄본을 제출하는 것이 항상 규칙이었어요."

실러는 이 상황에서 가능한 한 빨리 벗어나야 한다고 생각하고는 말을 돌렸다. 먼 곳에서 온 사람을 이용하자.

"재판장님, 여기 이 자리에는 멀리 한국에서 자국 정부의 이해관계를 직접 증언하기 위해 공무원이 와 있습니다. 재판 참가 허용 여부를 결정하시기 전에 이 사람이 미국 법원에 드리고 싶은 말씀을 들어주시기 바랍니다."

판사의 눈이 나를 향한다. 날카롭지도, 적대적이지도, 동정심을 띠지도, 신기해하지도 않는 그야말로 무색무취, 무관심의 눈빛이었다.

판사는 등받이에 등을 기대며 자세를 고쳐 앉았고, 나는 미국 법정의 증인석으로 불러올려졌다.

판사 옆에 있던 직원이 내게 두꺼운 책에 한 손을 올리고 다른 한 손은 들라고 한다. 미국 영화에서 보던 장면이다.

따라 말하라고 한다.

영화에서 흔히 듣던 그 말, "나는 진실, 오로지 진실만을 말할 것을 맹세합니다The Truth, The Whole Truth and Nothing but the Truth."

말을 뱉고 나니 정말 거짓말을 못 하게 하는 마법이라도 걸린 것 같다. 판사의 오른쪽에 앉았다. 그 위에 있으니 법정 사람들이 한눈에 들어온다.

피고 측 자리에 로런스와 오스월드, 원고 측 자리에 밍크스와 루셀 부부를 둘러싼 한 무리의 변호사가 있다. 부총영사는 뒤쪽에 홀로 앉아서 잘 보이지 않는다. 내가 이 자리에 앉아 있는 게 갑자기 비현실적으로 느껴진다. 마치 이상한 나라의 앨리스나 용궁으로 끌려온 토끼가 된 느낌이다. 내 몸은 이 낯섦을 위험으로 감지하더니 온몸의 세포를 모조리 일깨운다.

판사 앞에는 실러 변호사가 서 있다. 나에게 눈짓을 한다. 자기가 질문을 시작할 테니 잘 들으라는 신호인 듯하다.

"먼저 자신이 누구인지 말씀해주세요."

"제 이름은 이경은이고, 한국 정부 보건복지부의 아동복지과장입니다. 한국 아동의 입양정책을 담당하고 있습니다."

"이 아동에 대한 입양 시도가 한국 법을 위반했다는 의견서를 내셨습니다. 어떤 법을 어떻게 위반했는지 말씀해주시겠습니까?"

실러의 질문이 채 끝나기도 전에 사두르 판사가 입을 열었다.

"단 한 명의 아기를 위해 누군가 한국에서 내 법정까지 오리라고는 상상하지 못했어요. 여기까지 오느라고 힘든 여행을 했겠군요. 다른 나라 공무원의 증언을 내 법정에서 듣는 건 매우 드문 일입니다. 이 사건이 한국에 그렇게 중요한 일인지 이제야 알겠네요. 실러 변호사, 내가 이분께 직접 궁금한 점들을 물어볼 테니 당신은 자리에 앉아도 좋습니다."

실러와 나는 불안한 눈빛을 주고받았다. 하지만 사두르의 법정이니, 그가 그렇게 하겠다면 달리 방법이 없다.

"로런스가 내게 한국 법에 대한 자료를 잔뜩 제출했어요. 한국의 아동복지법과 입양특례법에 요보호아동child in need이라는 정의가 있더군요. 내가 보기에는 요보호아동에 대한 조항이 순환논법에 빠져 있는 것 같아요. 어떤 아동이 보호가 필요하고 입양되어야하는지, 아동복지법과 입양특례법 모두 제대로 정의하지 않고, 누가 어떤 절차로 결정해야 하는지도 전혀 명시하지 않고 있어요. 두법이 서로 떠넘기고 있더군요."

얼떨떨했다. 이게 나에게 묻는 말인가? 전혀 예상치 못했다. 뭐라고 대답해야 하지? 미국 연방법원 노판사에게서 우리 법에 대한견해를 이런 식으로 들으리라고는 상상조차 하지 못했다. 잠시 침묵이 흘렀다.

다행히 사두르가 이어서 진짜 질문을 던졌다.

"왜 한국 정부는 루셀 씨가 시도한 입양이 불법이라고 주장하는거죠?"

미국으로 오는 비행기 안에서부터 이 질문에 어떻게 답변할지수없이 생각했다. 그러나 과연 뭐가 맞는 답변인지는 나도 확신이들지 않는다. 이 질문은 우리 사회에 여태껏 제대로 던져진 적도 없고, 나 또한 심사숙고하지 못했다. 법조인들에게는 관심 밖의 일이고, 인권 어젠다로 여겨지지도 않으며, 그나마 이 질문에 제일 밀접하다고 여겨지는 사회복지계에서도 '입양은 잘 몰라요'라며 당연하다는 듯이 말한다. 재판을 통해 사법적 결단이 내려진 적은 더더구나 없다.

이미 수십 년 전부터 아동의 입양은 법원의 판결을 따라야 한다는 원칙이 국제 기준이 되었으나, 한국은 이를 사적 자치 영역으로 미뤄뒀고 가정의 보호에서 벗어난 아동을 그저 민간 기관의 자의적 판단에 맡겨왔을 뿐이다. 법과 제도는 그들의 편의에 맞춰져 있다. 그런데 이 문제가 미국의 법적 심판대에 먼저 오르리라고 누가 상상이나 했겠는가. 판사에게는 다른 판사의 결론을 들이대는 게 최적이지만 내밀 수 있는 한국 법원의 결론이 없다.

"이 아기는 한국의 한 사회복지 시설에서 보호받는 여성에게서 태어났습니다. 따라서 공적인 보호를 받아야 하는 아동으로 판단되며, 이러한 아동을 입양 보낼 때는 입양특례법이 정하는 절차에 따라서 허가받은 기관을 통해야 합니다. 하지만 루셀 부부는 한국 법을 의도적으로 위반하거나 우회해서 아이를 불법적으로 미국으로 이송했습니다."

"그런가요? 원고의 주장에 따르면 한국에는 또 다른 입양 절차가 있는 것 같던데요."

"민법이 정하는 절차가 있습니다만, 이런 아이들에게 적용하면 안 됩니다. 이 법은 한국의 전통적인 가족법에서 가계를 계승할 장자가 없을 때 보완하기 위한 제도입니다. 가계를 계승함으로써 상속이나 제사 등 주요 권리와 의무가 이어지게 합니다. 한 집안의 장남에게 남성 후계자가 없으면, 대가족 안에서 그 후계자가 될 사람을 찾아 부모 자식 관계를 맺어줍니다. 이런 관행에서 유래한 절차가 민법상의 입양입니다. 이는 완전히 사적 자치 원칙에 따라 가족 간에 결정되며 새로운 가족관계를 국가 기관에 신고해야 합니다."

"그렇다면 이 아이가 민법의 입양 대상인지, 입양특례법의 입양 대상인지 법적 해석은 어떻게 하며, 누가 결정합니까?"

"지방자치단체와 보건복지부가 합니다."

"최종 해석을 행정부가 한다고요?"

"네."

"흥미롭군요. 최종적인 법 해석은 법원의 영역 아닌가요?"

"한국에서는 해당 법을 관할하는 행정기관이 유권해석을 내릴 수 있습니다."

"그렇다면 한 가지 더 묻겠습니다."

사두르 판사가 내 쪽으로 몸을 돌려 얼굴을 더 가까이 들이댄다. 안경 너머 파란 눈으로 나를 똑바로 응시보며 천천히 한 음절 한 음절 외국인을 배려한 발음으로 묻는다.

"당신 나라에는 사적 입양private adoption이 없나요?"

내 몸의 세포가 일제히 깨어나 위기 상황을 감지한다.

진실의 순간moment of truth에 도달했구나.

바보같이 보일 수도 있지만 솔직하게 되묻는다.

"존경하는 재판장님, 사적 입양이란 무슨 의미인가요?"

판사는 의외로 침착할 뿐 아니라 심지어 인자한 표정으로 대답한다.

"법원이 개입하지 않는 입양을 말합니다."

그 순간 나와 사두르 판사 사이에는 서로 입 밖으로 내뱉지 않은 수만 마디의 대화가 오갔다. 그는 이미 알고 있었다. 그의 눈은 말하고 있었다.

'당신이 지금 내 앞에서 어떤 헛소리로 장막을 치려 해도, 당신 나라의 법은 사적 입양입니다. 한 사람의 인생이 걸린 문제를 철저하게 사인私人들과 사적 기관의 결정에 맡겨왔고, 그렇게 해서 이 나라에 와 있는 한국 출신 입양인은 수십 년에 걸쳐 수십만 명에 달합니다. 법원의 개입이 단 한 번도 없었죠. 내가 읽은 당신네 법에서는 그 사실이 자명하더군요. 이것을 문명국의 법이라 할 수 있을까 하는 생각이 들었습니다. 그런데 이 아기 한 명을 데려가겠다고 미국 연방법원까지 오는 쇼를 하다니, 무슨 영문인지 나로서는 모르겠군요.'

나는 속으로 이 판사에게 그냥 맞장구치고 싶었다.

'맞습니다, 판사님. 한국에서는 현대 법제가 성립되고 60년이 넘도록 이런 법을 내버려뒀죠. 21세기에 장자를 계승하기 위한 양자 제도라니요. 나도 동의할 수 없는 헛소리를 미국 법정에서 증언이랍시고 하고 있는 내가 한심하고 부끄럽습니다. 한국 사람들이 과연 이런 법을 보존해야 할 전통이라고 생각할까요? 이런 법을 지킨답시고 지금까지 손가락 사이로 모래가 빠져나가듯 속절없이 사람들이 흘러나가는 걸 방관하고 있었습니다. 저도 믿기질 않네요.'

이게 내 마음속 외침이었지만, 눈앞에는 내 입만 바라보고 있는 로런스, 오스월드, 실러가 있었고, 다른 한쪽에는 흥미롭다는 듯 상황을 지켜보는 밍크스 무리가 있었다. 그리고 오도카니 앉아 있는 부총영사도 보였다.

결국 나로서 최선의 답변은 이랬다.

"존경하는 재판장님. 한국에서도 올해부터 아동의 입양을 법원의 판결로 결정하는 법이 시행되고 있습니다. 이 사건은 그 법이 시행되기 불과 몇 달 전에 발생했기에 참으로 유감입니다. 그러나 한국의 입양특례법에 규정된 제도들은 우리 사회가 겪어온 역사와 특수한 상황에서 마련된 아동보호체계의 일환이라는 점을 이해해주십시오. 주권국가의 법을 외국인이 함부로 유린할 순 없습니다. 이 아기는 한국인이고 한국은 이 아기를 보호할 책임과 능력이 있습니다. 태어나자마자 그 모든 가능성을 박탈당한 채 미국으로 불법 이송되어, 이렇게 위험한 상황에 놓여서는 안 됩니다. 한국 정부가 안전하게 데리고 가서 보호할 수 있도록 해주시길 바랍니다."

"미스 리, 수고하셨습니다. 성심껏 증언해주어서 감사합니다. 이제 내려가도 좋습니다."

다리에 힘이 풀리는 게 이런 거구나 싶었다.

증인석에서 내려가는 나를 따라오는 루셀의 시선이 의식됐지만 못 본 척했다. 지금 여기 오직 그녀와 나 둘만이 동양인 여성, 더 정확히는 한국계 여성이다. 이 사건의 처음부터 끝까지 그녀가 있었지만, 우리가 처음이자 마지막으로 대면한 순간이었다.

이상하게 나는 처음부터 그 여성에게 적대감이 느껴지지 않았다. 그가 일으킨 모든 소동과 예측할 수 없는 사건은 당황스럽고 이에 대응하는 일이 힘겹기는 했지만, 개인적인 감정은 없었다. 다만 아기를 데리고 있는 동안 잘 돌봐주었으면 하는 마음뿐이었다.

주전장은
주 법원이다

내가 증인석에서 내려오자 루셀과 나폴리타노의 대리인들이 본격적으로 설전을 벌였다. 미국 국무부와 국토안보부의 대리인 연방검사 로런스와 오스월드가 판사 앞으로 나섰다.

"한국 정부에서도 SK를 인수할 준비가 되어 있으니, 즉시 루셀에게서 분리시켜 한국으로 송환하는 절차를 시작하겠습니다."

밍크스가 맞섰다.

"일리노이주 법원이 루셀 부부에게 부여한 아기 후견권이 여전히 유효합니다. 연방정부라 하더라도 이 결정에 반하는 행위를 할 수는 없습니다."

미국 대학원에서 법학을 배울 때 제일 먼저 나왔던 개념이 관할권jurisdiction이었다. 국제법 대학원답게 학생은 다른 나라 출신이 절반 이상이었다. 도서관 한가운데 스탠드 위에는 항상 커다란 영어사전이 펼쳐져 있었고 도서관에서 공부하다가 사전을 뒤적이는 학생들이 있기 마련이었다. 어느 날 전직 기자였던 한국인 동기가 사전 앞에서 골똘히 서 있는 모습을 보았다. 다가가 보니, 관할권이라는 단어의 해설을 곱씹고 있었다. 그가 나를 보더니 말했다.

"아무리 읽어봐도 나한테는 딱 한 단어밖에 떠오르질 않네."

"뭔데?"

"나와바리."

나와바리는 일본말이다. 기자들의 직업적 은어에 특히 일본어가 자주 등장한다. 나와바리는 흔히 출입처를 말한다. 한국 언론사는 기자들에게 경찰, 검찰, 특정 정부 부처, 국회, 정당, 기업 등 출입처를 정해준다. 동기는 자기 경험에 비추어 관할권을 이렇게 이해했다.

미국 법원에서 판사는 재판 신청이 들어오면, 이 사건이 자기 관할인지를 제일 먼저 판단한다. 미국의 연방제는 주와 연방의 사법 시스템을 나눈다. 주와 연방은 상하관계가 아니며 분리되어 있을 뿐이다. 주 법원 관할 재판을 연방법원이 간섭하거나 뒤집을 수 없다. 가족관계, 양육권, 입양 결정 등에 관한 사안은 전적으로 주 법원 관할이다.

결국 오늘 연방법원 심리에서 SK의 거취에 대해 새로운 결론을 내릴 순 없다. 루셀에게 부여된 임시 양육권은 몇 주 후에 있을 주 법원의 캘러헌 판사 법정에 달려 있다. 주전장은 거기다. 그럼 나는 지금 여기서 무엇을 하고 있었던 것인가?

위 내용을 확인하고 사두르 판사는 우리 모두를 법정 밖으로 쫓아내다시피 했다. SK의 한국 송환을 위해 아이를 난민아동수용

소로 옮기겠다는 말은 꺼내지도 못했고 한국 정부의 정식 재판 참
가가 허가되었는지 확답도 듣지 못했다.

나, 실러, 부총영사, 로런스, 오스월드는 법정 옆 회의실로 들어
갔다.

이제 우리끼리 얘기를 해볼 참이다.

모두 오늘 처음 만난 사이다.

나는 제프의 말만 믿고 오늘 재판에서 아동의 신병과 복귀 여
부가 결정된다고 생각했다. 한국에서 시카고까지 재판 증언을 위해
날아오면서, 내가 국무부를 도와 한국 정부의 입장을 진술하면 SK
를 한국으로 데리고 갈 수 있으리라 생각했다.

실러 변호사는 이런 희귀한 사건은 다시 보기 어려울 것이고 사
안에 대중의 관심이 집중될 것이라고 판단해 한국 정부를 대리하
기로 결정했다. 일반적인 가족법 사안이 아니라 이민법이 얽혀 있
어서 쉽지 않을 걸 알았지만, 오늘 재판을 겪어보니 머리가 더 복
잡해졌다.

부총영사는 한국 외교부의 베테랑 외교관이다. 전 세계 공관에
서 별별 일을 다 겪었지만 이런 사건은 또 처음이다. 미국 연방법원
에서 진술하느라 진이 다 빠진 한국 공무원이 안쓰럽기도 하고, 끝
을 알 수 없는 이 일을 뒤치다꺼리하는 자기 처지를 생각하면 동병
상련이라 느낀다.

로런스는 워싱턴 DC에서 근무하는 법무부 소속 연방 검사이고,
국무부를 대리한다. 국무부는 미국의 이민정책을 총괄하고 아동국

제입양정책도 담당한다. 아동의 권리는 작은 부서의 업무라고 생각했는데, SK 사례 같은 소송에 대응하느라 애를 먹고 있다.

오스월드는 법무부 소속 연방 검사로 국토안보부 대리인이다. 오헤어 국제공항이 있는 국경보호청에 상주한다. 처음부터 최전방에서 이 사건을 처리해오고 있으며, 유사한 사례들을 목격해온 사람이다.

로런스가 회의를 하자고 제안해 우리는 다 같이 법정 옆 좁은 회의실로 들어갔다. 그러잖아도 낯선 사람들과 좁은 공간에 모여 있자니 긴장감이 더해졌다.

내가 말문을 열었다.

"미국 대사관 직원은 오늘 이 법정에서 제가 한국 법을 증언하고 아동의 송환을 요청하면, 아기를 한국으로 반환하는 절차가 시작될 거라고 했어요. 그래서 제가 서울에서 여기까지 왔고요. 우리 부 장관에게도 그렇게 보고했고, 한국에서는 다들 그렇게 이해하고 있습니다. 그런데 연방법원 재판은 과정 중 하나에 지나지 않는 거잖아요. 애초에 주 법원의 후견권 재판이 더 중요한 사안 아닌가요? 미국 정부는 이 사안이 어떻게 전개될지 알고는 있나요? 한국 정부가 당신들이 말하는 대로 계속 협조해도 되는 건가요? 당신들 말을 신뢰해도 되나요?"

로런스가 답변했다.

"이 재판은 아동의 신병 반환 청구 소송이에요. 아이가 누구의 보호 아래 있어야 하는지에 대한 재판이죠. SK가 한국 아기이니,

당연히 한국의 가족법과 아동보호에 대한 법제를 검토해야 합니다. 그동안 미국 대사관을 통해서 자료를 수없이 제출했지만, 사두르는 계속 한국 법이 이상하다는 트집만 잡았어요. 제가 설명할 방법이 없잖아요. 이 재판에는 어차피 한국 정부의 개입이 필수였어요."

오스월드가 로런스에게 한가한 소리 하지 말라며 핀잔을 준다.

"사실 사두르는 애초부터 한국 법에 별 관심이 없었어요. 이런 사건은 결국 진흙탕 싸움이 될 수밖에 없어요. 그동안 전 세계에서 미국인이 아이를 데리고 들어올 때마다 반복됐던 일이고요. 온갖 종류의 소송을 제기해 시간을 끌면서 결국 자신들에게 유리한 여론을 만들어갔다고요. 전 세계를 다니면서 이런 분탕질을 하는 사람들 뒤치다꺼리를 도대체 언제까지 해야 할까요. 여론의 질타는 결국 우리가 다 안고 가야 한다고요. 사두르 판사만 해도 우리를 무슨 아동학대범 취급을 해요. 난민아동수용소를 감옥 취급하는데, 지난번에 SK를 분리시켰을 때 시설이 아니라 제대로 훈련된 위탁가정에 맡겼어요. 아동의 안전에는 아무 문제가 없었다고요."

그러면서 내게 한마디 한다.

"한국 국경은 자국의 영유아가 이렇게 유출되는 걸 왜 놔두는 거죠? 어떻게 출입국을 그런 식으로 관리합니까? 아이가 출국할 때 법적후견인 동반 여부도 확인하지 않나요?"

오스월드의 말은 틀린 게 없다. 나도 그게 화가 난다. 하지만 오헤어 국경보호청에도 할 말이 있다.

"그럼 미국은 왜 오헤어 공항에서 아기를 발견한 즉시 한국 대사관에 연락하지 않았죠? 시카고에는 한국 총영사관이 있다고요. 그때 연락했다면 사건이 이렇게 커지기 전에 해결할 수 있었을 텐데요?"

실러는 고개를 숙인 채 팔짱을 끼고 말없이 우리 논쟁을 듣고 있었다. 아마도 그에게는 우리의 말싸움을 듣는 것이 서류를 몇 시간 읽는 것보다 사건을 이해하는 데 훨씬 더 효과적이었을 거다.

부총영사가 이따금 질문을 했는데, 시카고 총영사관 외교관으로서 어떤 역할을 해야 할지 가늠하는 듯했다.

재판보다 더 긴 시간 동안 우리끼리 싸웠다. 한바탕 언쟁이 오가니 비로소 모두 이 사안을 같은 수준으로 이해하게 되었다. 앞으로의 소통은 한결 더 수월할 것이다. 결국 오늘 여기 함께 앉은 사람들이 사건 해결의 주연이고, 최전선의 일꾼이다. 각자의 역할이 모여서 결과를 만들어낼 것이다.

서로 말은 안 해도 그렇게 이해하고 일어서려는데 오스월드가 내게 손을 내밀고 악수를 청했다.

"그건 그렇고, 저는 오스월드입니다. 여기까지 와주시고 협조해주셔서 고맙습니다."

방금까지 싸우고 갑자기 통성명이라니? 아침부터 긴 시간을 같이 있었지만, 오스월드와는 제대로 인사를 못 했다. 그가 내게 제일 퉁명스러웠지만 그 마음이 느껴졌다. 그래, 나도 오스월드의 처지를 알겠다. 오스월드도 내 처지를 이해할 것이다. 동병상련, 바로 그 마음이었다.

오스월드의 손을 맞잡았다.

"저는 이경은입니다. 만나서 반가워요."

국가보호아동

시카고를 떠나 인천에 도착하니 아직 오후 6시가 되려면 멀었다. 이럴 때 공무원들은 사무실로 간다. 캐리어를 끌고 사무실로 들어섰더니 기자실과 장관실에서 벌써 주문을 많이도 보내뒀다. 미국 중부에서 10시간 넘게 이코노미석을 타고 온 몰골은 엉망이고 온몸이 쑤신다. 시차 적응을 할 새도 없어 정신이 몽롱하다. 하지만 신경이 곤두서 집에 가도 쉬거나 잠들지 못할 것 같아 사무실로 왔다. 그렇지만 이렇게 출장에서 막 돌아온 사람에게 주문을 퍼붓는 건 심하다 싶어 적당히 처리했다.

조직에서 일하는 월급쟁이들에게 주어진 자리, 그중에서도 중앙부처 공무원 자리는 직급에 따라 책상 크기까지 규정에 명시돼 있다. 그 박스 안에서 온종일 벗어나지 못한다. 트라우마만 남긴 시카고를 벗어난 게 고작 여기인가 싶다.

그루에게 전화를 건다. 그루의 모든 지식과 경험이 도대체 어디서 왔는지 아직도 미스터리다. 한국에서는 어떤 지점까지 올라가면 학연을 중심으로 한 네트워크로 얽힌다. 우리도 그렇게 관계를 맺었다. 그리고 이번 사건으로 긴밀한 동지가 되고 있다.

그의 조언을 따라 길을 만들며 여기까지 왔다. 가끔 이게 맞는지 의심이 들 수밖에 없었지만, 그는 스스로가 진짜임을 증명해왔다. 마치 비틀스나 아바의 노래를 한 소절만 들어도 천재가 만든 멜로디임을 꿰뚫어볼 수 있듯이 그의 설명이 진실과 확실한 근거에 기초해서 나오는 말이라는 것을 알 수 있다. 그는 내가 직접 조사하고 확인해야 할 수많은 참조 자료에 대해 시간과 노력을 엄청나게 줄여주고 있다.

"고생했던데."

"벌써 기록이 올라왔나? 내가 무슨 말을 하고 왔는지도 모르겠어."

"이제 주전장은 주 법원이라는 걸 제대로 확인하고 왔겠지? 실러 변호사는 거기서 진가를 발휘할 거야."

"그럼 주 법원 양육권 소송까지 한국 정부가 참가신청을 해야 한다는 말이네."

"참가신청 안 하면 여태까지 한 것은 다 헛일이야. 주 법원 후견권 소송에는 미국 연방정부야말로 개입할 근거가 없어. 그나마 한국 정부는 자국민 보호 의무를 근거로 재판에 개입할 자격을 주장할 수 있을 거야. 그 아이의 운명이 미국에서 풍전등화의 위기에 놓였지만, 아직 한국 여권을 가지고 있는 한국인이야. 국민의 안전을 정부가 책임지지 않는다면 나라가 왜 존재해야 하는데?"

"하지만 연방법원에 한국 법을 증언하러 간다는 것까지는 납득할 수 있대도, 주 법원 후견권 분쟁에 정부 차원 개입을 어떻게 설득하냔 말이야. 내가 하고 싶다고 다 되는 게 아니잖아."

"방법을 찾아야지."

아군이 한 명도 없는 눈 쌓인 절벽에 또다시 고립된 기분이다. 그동안 해왔던 일들을 돌이켜보면, 내가 그 일을 했다기보다 그 일이 그렇게 될 운명이었다. 사회적 임계점에 이르러서 더는 버틸 수 없을 때, 많은 일이 저절로 굴러가곤 한다. 이때 내 역할은 그 일이 굴러가게 놔두고 지푸라기나 돌멩이가 있다면 치워주는 것이다.

그래, 원점에서 다시 시작이다.

또 A4 용지 몇 장을 채워서 국장실과 장관실로 간다.

장관님은 여전히 쿨하다. 법원 심리와 미국의 연방과 주 법원의 관할 차이에 대해 듣더니 매우 흥미로워한다. 나는 거기에 제프에게 들은 얘기를 하나 덧붙인다.

"이 사례 때문에 시카고, 서울, 워싱턴 DC에서 매일 아침 미국 연방정부 변호사와 공무원 수십 명이 모여 회의를 한답니다. 게다가 힐러리 클린턴 국무부 장관에게 매일 보고될 만큼 정치권의 관심이 쏠린 사례라 하고요. 클린턴 장관도 변호사이자, 아동 최선의 이익 사례에 관심이 많아서 논평도 직접 한다고 들었습니다."

"그래서 주 법원 소송도 보건복지부가 참가신청을 한다는 거지?"

"네, 법무부는 절대로 안 할 테니까요. 하지만 법무부는 이미 보건복지부가 알아서 하는 것으로 이해하고 있고, 정부 공식 의견에 대해 트집 잡지 않을 겁니다. 국회, 청와대, 출입 기자까지 다 알고 있는 상황이니까요. 외교부는 시카고 총영사관에서 열심히 대응하고 있습니다. 문제는 예산입니다. 본격적으로 현지 변호사 수임료가 들어가니 예산을 제대로 확보해놓고 시작해야 할 것 같습니다."

"내가 예산 부서에 예비비라도 주라고 얘기해놓을게."

이번 출장으로 딱히 얻어온 것은 없지만, 미국에서 이 사례에 고위층이 주목하고 있다는 사실만으로 한국은 저절로 뱁새가 황새 따라가듯 한다.

미국은 4년마다 한국은 5년마다 대통령 선거가 치러진다. 20년에 한 번 선거 기간이 겹치는데 그게 바로 올해다. 이 아기는 어쩌다보니 미국 대선의 이민법 논쟁과 한국 대선의 반미 감정으로 튈지 모를 '정무' 판단의 한가운데서 뜨거운 감자가 되었다.

실러 변호사는 한국 정부를 대리하여 캘러헌 판사가 루셀 부부에게 부여한 임시 후견권에 대한 후속 심리에 이해 당사자로 참여하게 해달라는 청구서를 제출했고, 곧 허가를 받았다.

주전장이 된 주 법원 캘러헌 판사의 심리 일정이 3주 후로 잡혔다. 긴급 사안이다보니 아마 이날 모든 증인과 증거가 동원되고 결론까지 날 것이다.

솔로몬은 하늘 아래 새로운 일이 없다고 했지만, 이건 완전히 새로운 소송이다. 실러와 그의 어시스턴트가 미국의 판례 데이터베이스를 다 뒤져도 이런 사례는 못 찾았다고 한다. 새로운 일에 대한 해법은 새로운 전략에서 나온다. 새로운 논리를 통해 무엇이 SK의 최선의 이익인지 증명해내야 한다. SK는 스스로의 권리를 말할 수 없는 아기다. 아기의 최선의 이익은 누가 결정하는가. 보통은 부모다. 부모가 자기 자식에게 무엇이 제일 좋은지 안다는 믿음은 인간의 법보다 우선하는 자연의 섭리이며, 인류사회를 지탱하는 기반이다. 하지만 부모가 무대에서 사라졌다면 누가 결정할 것인가? 루셀? 한국 정부? 미국 정부? 미혼모 시설 원장? 브로커? 각자 자기 주장이 SK의 최선의 이익이라고 말하지만, 결국 본인의 이익을 말하는 셈이다. 이럴 때 법원이 필요하다. 법원의 심리는 모든 참가자가 공정하다고 믿을 수 있는 공적인 플랫폼을 제공한다. 그 플랫폼에서 판사는 본인만이 SK의 최선의 이익을 결정할 지식과 전문성을 가졌다고 말하지 않는다. 다만 공정한 절차를 운영할 책임을 진다. 의견을 다 듣고 나서 가능한 지식들을 동원해 판사는 결론을 내린다. 그런 까닭에 아동 최선의 이익은 절차적 정의라고 국제법 이론서에 쓰여 있다.

실러의 지휘에 따라 소송 준비가 진행됐다.

미 국무부의 아동권리 담당 부서는 이 사안이 왜 아동의 권리에 심대한 위험이 되는지 증명하기 위해 국제법과 국내법을 수십 페이지 분량으로 정리하고 아미쿠스 브리프Amicus Briefs●를 준비했다.

● 소송에 직접 관여하지 않는 제3자가 조언이나 정보를 담은 법률 문서를 전달하는 것.

로런스와 시카고 총영사관의 부총영사도 증인으로 참석한다. 일리노이주 정부의 아동입양을 담당하는 사회복지 전문 공무원도 증인 신청을 했다.

한국 정부는 ○○시 미혼모 시설 실사 보고서와 루셀이 미혼모 시설 원장 및 브로커에게 전달한 것으로 의심되는 현금 흐름의 정황, 미 대사관과 보건복지부가 경찰에 제출한 고발장도 증거 자료로 제출했다.

실러의 어시스턴트는 친부모와의 분리 요건과 절차 및 후견인 지정에 대한 일리노이주 법제와 미국 전역의 관련 판례를 샅샅이 뒤졌다. 주 법원 심리를 준비하던 중 실러 변호사로부터 메일이 왔다. 제일 중요한 준비 사항이 빠졌다고 한다. SK의 공적 후견인을 지정하고 아동 송환 시 후견인이 미국에 와서 아이를 안전하게 보호하겠다는 진술서를 제출해달라는 주문이었다.

공적 후견인의 진술서라니. 대한민국 정부가 직접 나서서 변호사를 선임하고 미국 정부와 아동 송환을 논의하고 있는데, 국가의 아동보호 의지를 어떻게 이보다 더 보여달라는 것인지 이해할 수 없었다. 이해의 격차를 해소하기 위해 실러와 여러 차례 이메일을 주고받아야 했다.

"변호사님, 보건복지부 명의로 이런 내용이 담긴 공문을 보내드리면 될까요?"

"미안하지만 법정에서 한국 정부의 공문이 형식적인 의미는 떨지언정 판사의 결정에 영향을 미치는 법적 효력을 기대하기는 힘듭니다. 법원이 후견인을 지정한 판결문이 필요합니다."

"그럼 한국 법원에 재판 신청을 해야 한다는 말씀입니까? 일리노이주 법원 심리가 얼마 남지 않았는데, 지금부터 한국에서 새로운 재판 신청을 하고 판결문을 받는 게 가능할지 모르겠습니다."

"이미 SK는 국가보호아동State Ward 아닌가요? 국가로부터 보호받고 있다고 하셔서 법원에서 친권을 정지하고 이를 대신할 후견인을 지정했다는 것으로 이해했어요. 이경은씨가 한국 정부에서 전체 아동을 대상으로 하는 정책 담당자라는 건 압니다. 하지만 SK에게는 아이를 직접 보호해줄 개인도 필요합니다. 부모의 친권을 대체할 만한 권한으로 아이를 먹이고 재우고 보살피며 모든 동의권을 행사하는 후견인은 법원의 결정으로만 세울 수 있어요."

"미국과 일리노이주에서는 어떻게 하는지 구체적으로 설명해주실 수 있나요?"

"이와 비슷한 사안이 발생하면 주 정부의 아동보호국 공무원이 아동의 집을 찾아가 직접 조사하고, 아동 보호가 필요한지 판단합니다. 보호가 필요하면 친권을 제한하고 후견인을 별도로 지정해달라고 주 법원에 신청합니다. 그때부터 아동의 보호는 주 정부와 주 법원이 함께 책임지는 거죠. 후견인은 아동을 대신해서 모든 법률적 효력을 띤 사안을 결정해야 합니다. 때로는 입양까지 결정해야 하고요. 아동의 일상생활을 위해 별도의 위탁가정이 필요하다면 이를 지정하고 보내는 것도 후견인의 임무예요."

후견인 지정

실러의 이야기를 듣고 나니 내가 방법을 찾는 수밖에 없다고 여겨졌다. 시일이 너무 촉박하다. 다시 온몸이 긴장된다. 완전히 새로운 상황에 맞닥뜨려 미지의 해법을 또다시 찾아야 하다니.

아동복지법에서 분명히 관련 내용을 읽은 기억이 있다. 보호 대상 아동 조치에 대한 절차가 있었다. 판사가 후견인을 지정하는 근거 조항도 분명히 있었다.

담당자들을 불러 모았지만 지식과 경험이 별반 다르지 않았다. 아무래도 일선에서 돌아가는 일은 서울시 아동복지센터에 직접 물어보는 수밖에 없겠다.

김 사무관이 여기저기 전화를 걸더니, 최 사회복지사에게 와달라고 요청한다. 서울시 아동복지과, 아동복지센터, 구청 중에서 아동복지센터의 최 사회복지사가 우리 질문에 답해줄 최적의 인물로 낙점된 모양이다.

최씨가 도착하자, 나를 비롯해 대여섯 명이 함께 회의실로 가서 그를 둘러싸고 앉았다. 최씨는 이게 무슨 상황인지 몰라 당황한 표정이었다.

질문이 쏟아졌다.

"아동복지법상 보호가 필요한 아동에 대해 어떤 절차가 진행되나요?"

"보통 부모나 가족이 구청 혹은 동사무소에 여러 이유로 아동의 보호를 신청합니다. 어떤 사람은 시설로 직접 아이를 데려오기도 했어요. 하지만 이미 오래전부터 서울시는 아동복지센터에서 개별 아동마다 어떤 보호 조치를 취할지, 가령 양육시설로 보낸다면 어떤 곳이 적합할지 논의하고 결정하도록 했어요. 결국 우리 센터로 여러 사례가 모입니다."

"결정을 내릴 때 후견인을 지정하나요?"

"아동복지법과 보호시설에 있는 아동 후견권에 대한 별도의 법이 있고, 보통 양육시설의 장이 일률적으로 후견인 역할을 한다고 봅니다. 실제로 시설에서 아동을 보호하는 역할을 다 하니까요. 학교도 보내고 병원도 데리고 갑니다."

"법원의 결정으로 후견인을 지정한 사례는 없나요?"

"보통 양육시설에 아이를 맡기는 결정은 부모나 가족이 합니다. 이들에게서 여러 서류와 동의서를 받아 행정적으로 처리합니다. 미국에서는 처음부터 법원이 관여해서 아이들의 개별 사례를 조사한 뒤 후견인과 양육자를 지정하고 부모의 친권을 제한하는 것으로 알고 있는데, 한국은 대체로 그렇지 않습니다. 상황도 다르고 여건도 안 돼서요."

"서울시 아동복지센터는 아동 입양 업무를 맡지 않나요?"

"입양특례법상 그건 입양 기관이 하게 되어 있습니다. 보건복지부가 기관 네 곳에만 입양 업무를 허가했잖아요. 국내입양을 촉진한다면서 지방에서는 국내입양만 맡는 기관이 생기기도 했지만, 서울은 이 네 곳이 워낙 커서 별도의 시설이 필요한지 모르겠어요. 우리 센터도 국내입양 업무를 간혹 하는데 일상 업무는 아닙니다."

"입양은 영유아가 친부모를 떠나 새로운 가정을 찾아야 하는 만큼 국가의 개입이 더 필요하다고 생각하지 않으세요?"

"물론 그렇게 생각합니다. 저도 사회복지 일을 오래 한 사람이니 과장님 말씀이 무슨 뜻인지 잘 압니다. 하지만 일선에서 입양이 일어나는 사정을 잘 살펴보셨나요? 어리디어리고 약하디약한 엄마가 소위 친권을 '포기'한다고 작성해서 입양 기관에 건넨 종이 한 장으로 아이는 입양 대상이 됩니다. 어떻게 그 종이 한 장이 아이의 일생을 바꿉니까? 저는 개인적으로 그건 정말 받아들일 수 없습니다."

나는 현장을 잘 모른다. 복지 업무 경험이 짧다. 하지만 이 사람의 말에 누구보다 공감했다. 어리고 약한 엄마가 쓴 종이 한 장. 한국과 미국에서 그 종이 한 장이 가진 힘의 차이가 사안의 핵심이다. 오늘의 쟁점으로 돌아왔다.

"그럼 만약 아동복지법 규정대로 국가가 개입해서 친권을 정지하고 법원에서 아기의 후견인을 지정하는 판결문을 받아야 한다면, 누가 후견인이 될 수 있을까요?"

"아동복지가 지방이양사업이니 책임자는 지방자치단체장이어야겠죠. 소송 제기는 서울시장이 하고, 후견인은 서울시 아동복지센터장으로 지정하는 게 맞을 것 같습니다."

"그게 법인데 아직 서울시에서 이렇게 해본 적이 없다는 말씀이죠?"

"제가 알기로 후견인 지정을 위한 재판 신청은 없었습니다."

이제부터는 서울시가 관건이겠구나. 외교부를 움직일 때도 그렇게나 힘들었는데, 과연 서울시도 가능할까.

최 사회복지사가 돌아간 뒤 그루와 통화해 한국의 가족법 전문 변호사를 소개받았다.

정 변호사는 첫 대면부터 매우 스마트한 인상을 줬다. 이례적인 소송에 대한 호기심과 의욕이 충만한 여성이었다.

"과장님, 서울시 아동복지센터를 후견인으로 신청할 수 있는 법 규정은 있는데요, 어떤 절차로 법원에 신청해야 하는지 모르겠어요. 혹시 후견인 신청해본 적 있으세요?"

규정은 1960년부터 있었다. 고아와 부랑아를 수용하기 위한 법이다. 일제강점기와 한국전쟁을 지나 정치적 격동기에 쿠데타로 군부 독재 정권이 들어선다. 박정희 장군이 만든 국가재건회의는 행정과 입법이 한데 뭉뚱그려진 반헌법적 기구였고 그곳에서 수많은 법이 정식 토론이나 검토도 없이 일사천리로 제정됐다. 우리나라 근대 법제의 시작이라고 해도 과언이 아니다. 이 법도 그렇게 컨베이어 벨트 위에 실려 대량생산된 법 중 하나다. 한국은 당시 그 법들을 어떻게 만들었을까. 일본이 유럽 제국의 것을 베끼자 한국이 그것을 다시 베꼈을 것이다. 문명국의 법이니, 가정의 보호에서 벗어났거나 부모의 부적절한 보호를 받고 있다고 판단한 아동에게 국가가 보호자가 되는 절차도 당연히 포함돼 있었을 것이다. 하지만 정작 정부는 그 절차를 어떻게 활용해야 하는지 모르니 법 규정은 화석이나 다름없었다.

우리는 마치 영화 「쥐라기 공원」처럼 이 화석을 꺼내 살아 움직이게 만들 방법을 연구하기 시작했다. 정 변호사는 어차피 이 법을 위한 별도의 절차는 존재하지 않으니 가장 비슷한 가사소송법을 준용해보자고 했다.

문제는 이게 보건복지부 소송이 아니라 서울시 소송이어야 하고 소장에는 서울시장 이름과 직인이 찍혀야 한다는 것이다. 서울시와 어떻게 얘기를 시작해야 할까. 더구나 소장을 당장 내일 제출한대도 미국 법원 심의에 맞출 수 있을지 모르는 시급한 상황이다. 서울시 아동복지과장과는 안면이 있다. 합동 회의에서도 만났고, 업무 협의도 자주 했다. 그런데 이런 일은 어떻게 접근해야 할까. 그 사람을 어떻게 설득할 수 있을까. 그 사람 개인을 설득하는 데서 끝나는 게 아니라, 서울시장과 그의 부하 직원들 그리고 서울시 아동복지센터까지 설득해 일을 진행할 수 있을까. 일단 부딪혀보기로 했다.

전화를 걸었다. 그리고 건조하지만 진솔하게 상황을 설명했다.

현재 미국 소송의 관건은 서울시가 아동보호 당국자로서 아동의 후견인 역할을 수행할 수 있는지에 달려 있고, 이 사건은 한미 간 초미의 관심사여서 언론에 퍼지는 것도 시간문제다. 한편 인권운동가 출신 시장이 이끄는 서울시의 변화를 보여주는 바로미터로 작용할 수도 있을 거라는 말로 용건을 끝냈다. 상대방이 의외로 매우 쾌활한 목소리로 답변한다.

"어쨌든 필요한 작업은 이미 다 되어 있는 것 같네요. 우리는 소장만 제출하면 된다는 말씀이지요? 그렇게 하세요."

이렇게 쉽게 정리된다고? 복지 업무의 현장에서 매일 엄청난 일들을 겪는 일선 과장님의 내공을 내가 과소평가했던 것 같다. 김 사무관과 소통할 서울시 담당자를 지정해주고 이 일은 마무리되었다.

정 변호사는 SK 엄마의 친권을 정지하고 서울시 아동복지센터장을 후견인으로 지정해달라는 소장과 급박한 재판 일정에 맞춰 제출하기 위해 본 소송 전까지 효력을 띠는 후견인 지정 가처분을 함께 신청했다. 법원에는 전화를 걸거나 재촉할 수 있는 방법이 없다. 대한민국은 삼권이 분립되어 있고 사법부는 독립성을 지닌다. 따라서 미국에서 진행될 상황의 심각성을 전하기 위해 엄청난 분량의 자료를 영문본과 국문본으로 제출했다. 가처분 결정을 위해 짧은 시간 내에 판사가 그 많은 자료를 다 읽을 순 없을 테니 요약본도 함께 제출했다. 짧은 기간이지만 이 소장에 영혼을 털어넣었다.

가정법원에서 이 소장을 받아든 조 판사는 고민에 빠졌다.

친모의 친권을 정지하고 서울시 아동복지센터장을 후견인으로 지정해달라는 서울시 재판 신청이라니. 법원이 이런 내용의 소송을 맡으리라고는 예상치 못했다. 법적 근거가 있고, 절차도 준용했으며, 국가 기관의 의견도 갖춰져 있다. 더구나 미국 법원에 제출할 중요한 결정문이라는 점도 무겁게 다가왔다. 본안 심의는 좀더 생각해볼 수 있으나, 가처분 신청은 신속히 결정해야 한다.

어제 오후 가정법원에서 판사 회의가 있었다. 민법과 입양특례법 동시 개정으로, 이제 가정법원 판사가 모든 아동 입양 건을 결정해야 한다. 이는 가정법원에 적잖은 변화를 가져올 것이다. 재판 업무도 대폭 늘어나고, 양부모 될 사람들의 자격도 판단해야 한다. 또한 친양자 입양 효력은 친부모와의 단절을 뜻하기 때문에 아동의 복리와 입양 동의 의사가 적절한지 판단해야 한다. 한국의 법원은 이 정도로 '가정'의 일에 개입해본 경험이 없다. 특히 아동의 복리를 어떤 기준과 방식으로 측정하고 형량한 뒤 결정을 내려야 하는지 쌓아온 판례도 없다.

판사 회의가 시작될 땐 다들 조용했다. 원래 개인적 견해를 잘 내놓지 않는 사람들이기도 하지만, 미지의 주제를 논의하는 터라 더 그랬다. 개정되는 법 조항을 발표하고 현재 일반입양과 입양특례법상 입양 기관이 처리하는 입양 통계를 바탕으로 업무량을 예측해보니, 이제야 앞으로 다가올 일들이 실감되는 분위기였다. 더구나 국제입양은 모두 서울가정법원의 업무가 될 것이었다.

대선배인 표 판사가 속내를 혼잣말처럼 꺼냈다.

"입양은 사적 자치 영역인데, 왜 법원 같은 국가 기관이 간섭해야 하나? 친족법은 어느 나라에서든 전통이 강하게 남아 있는 분야인데, 서구에서 한다면 다 따라야 하는 건가? 도대체 국회는 이 법을 뭐라고 생각하고 이렇게 갑작스레 개정을……."

하 판사의 얼굴이 굳어진다.

"갑작스러운 건 아닙니다. 이미 오래전부터 사법부가 담당해야 하는 보호 기능이 있다는 건 알고 있었지만, 여러 이유로 지연되고 있었죠. 특히 아동 복리에 대해서는 사법부가 더 많은 일을 해야 합니다. 조사원 기능도 대폭 확대해야 하고요. 다만 지금도 재판 업무가 넘쳐서 적극적으로 나서지 못하고 있었던 거예요. 이번 법 개정을 계기로 행정처에서 앞으로의 재판을 감당할 수 있는 충분한 인력과 조직을 확보해줘야 합니다."

조 판사는 표 선배와 하 선배 판사의 의견이 다 일리 있다고 생각한다. 표 판사는 우리 과거를, 하 판사는 거부할 수 없는 미래를 말하고 있다. SK의 후견인 선임에 대한 가처분 결정을 내렸다. 아동의 복리에 시급한 현존하는 위험이 있다. 아직 본안에 어떤 결정을 내릴지는 확실치 않지만 가처분 결정은 필요하다.

한국 법원에서 서울시 아동복지센터장을 아동의 후견인으로 지정한 판사의 결정문은 미국의 소송 과정에서 한국 정부가 제출한 그 어떤 서류보다 더 큰 힘을 발휘했다. 아니 유일하게 미국 법원의 판사가 법적 효과를 인정할 만한 서류였다.

일리노이 주 법원의
한국 아동 최선의 이익에
대한 판단

캘러헌 판사는 오늘 자신의 법정 풍경이 낯설다.

몇 개월 전 자신이 임시 후견권을 부여한 사건이 이렇게 큰일로 번질 줄은 몰랐다. 아동의 후견권을 결정하는 재판은 이 법정에서 흔한 일이다. 보통 양육권 및 후견권을 원하는 사람과 대리인 한두 명이 출석한다. 가정 조사 자료 등을 검토한 뒤 아동을 양육하기에 적합한 환경인지, 아동 최선의 이익에 부합하는지 확인하는 간단한 절차로 마무리된다.

오늘 이 법정은 다양한 이해관계를 주장하는 사람들로 가득 차 있다. 후견권을 신청했던 부부와 이들을 대리하는 변호사의 숫자가 유례없이 많다. 한국 정부가 참가신청을 신청했고 주 시카고 총영사관 외교관도 참석했다. 한국 정부를 대리하는 변호사들도 자리잡고 있다. 심지어 미 국무부를 대리하는 연방 검사까지 와 있다. 그 외에도 양측에서 추가로 신청한 증인들 때문에 법정이 좁아 보일 정도다.

제출된 서류도 이례적이다. 한국에 있는 미 대사관에 그 이상한 종이 한 장의 의미를 묻는 요청서를 보냈을 뿐인데, 미 국무부의 아미쿠스 브리프가 두꺼운 서류 뭉치로 도착했고, 한국 정부의 의견서와 서울가정법원에서 보내온 SK의 후견인 지정 결정문까지 제출되어 있다.

이 작은 아기에 대해 친권을 대치할 수 있는 권리 증서가 무려 세 개나 쌓여 있다. 자신이 부여한 임시 양육권. 미 보건복지부 난민아동수용소 관할 아동이라고 주장하는 서류. 그리고 서울시 아동복지센터장에게 부여된 후견권.

캘러헌은 우선 실러 변호사의 얘기를 듣기로 했다.

실러는 미 국무부 연방 검사 로런스를 증인으로 신청했다.

"미 국무부는 연방정부의 대외정책을 총괄하고 특히 미국의 이민정책을 비롯한 아동의 국제입양정책을 책임지는 정부 부처이지요? 현재 SK가 처한 법적 상황을 말씀해주겠습니까?"

"SK는 이미 지난 6월 오헤어 국제공항의 국경보호청 입국심사 과정에서 미국 입국이 거부된 상태입니다. 보호자 없이 국경에서 발견된 외국인 아동으로서 미 보건복지부의 난민아동수용소 관할입니다. 다만 당시 생후 한 달도 안 된 약한 상태였기에 루셀 부부에게 아기의 신병 보호만 허가했습니다. 이후 저희가 법적 절차를 이행하려고 이들의 집을 방문했을 때 주 법원에서 후견권 재판을 진행하고 있다는 사실을 확인했습니다."

"현재 루셀 부부는 아동을 입양할 것이며, 이미 친모의 동의를 받았다고 주장하고 있습니다. 이에 대한 입장을 말씀해주세요."

"미국은 2008년부터 헤이그국제아동입양협약을 실질적으로 이행하고 있습니다. 이는 국제입양이 아동의 권리를 침해하지 않도록 감시하고 아동의 인신매매를 예방하며 특히 국제입양을 통해 수익을 내지 못하도록 하기 위함입니다. 루셀 부부는 국제입양과 관련된 법규뿐 아니라 미국 이민법도 심각하게 위반했습니다. 미국인이 외국 아동을 입양할 때, 아동이 헤이그국제아동입양협약을 비준하는 국가의 국민이라면 H 비자를, 그렇지 않다면 IR 비자를 받아야합니다. 한국은 협약 미비준 국가라서 IR 비자 대상입니다. 그런데 루셀은 이 아동을 비자 면제 프로그램 대상 국가에서 쓰는 90일 이내의 관광 혹은 친지 방문으로 제한된 전자 여행 허가제에만 등록한 상태로 미국에 입국시키려 시도했습니다."

"국무부에서는 향후 이 아동에게 어떤 절차를 적용할 계획인가요?"

"이미 오래전부터 한국 정부와 아동의 송환 절차를 논의하고 있습니다. 한국도 자국법을 심각하게 위배하고 우회하여 아동이 유출된 것에 대해 강한 우려를 표하고 있습니다. 이 자리에는 한국 대사관 관계자도 함께하고 있습니다. SK는 안전하게 자기 나라로 돌아가 보호를 받을 것입니다."

실러는 이어서 현장에 있는 부총영사를 증인석으로 불렀다.

"시카고의 한국 총영사관에 근무하는 한국 공무원이시죠?"

"네, 그렇습니다."

"오늘 이 자리에는 어떤 목적으로 참석하셨습니까?"

"우리 총영사관의 주요 업무 중 하나는 외국에서 도움이 필요한 한국 국민을 보호하는 것입니다. SK는 한국 국민이며, 이 아동의 안전을 보장하고 필요한 보호 조치를 취하는 것이 제 임무입니다. 오늘 재판이 SK의 본국 송환을 위해 중요한 절차이기에 참석했습니다."

"한국 정부는 SK의 송환이 결정되면 어떤 조치를 취할 예정입니까?"

"한국 법원이 SK의 후견인을 선임했습니다. 미국 정부와 송환 절차 협의가 이루어지면, 지체 없이 후견인이 미국으로 와서 SK를 데리고 귀국할 계획입니다."

양측 대리인이 모두 루셀에 대한 심문을 신청했다.

루셀이 직접 증언대에서 아기를 안고 미국으로 오기까지의 심정을 절절하게 말하기 시작했다. 먼저 루셀의 변호사들이 질문했다.

"SK를 어떻게 만나셨나요?"

"SK가 태어나던 날 저는 그 병원에 있었고, 아기가 퇴원할 때 안고 나왔습니다. 이후 국토안보부와 난민아동수용소가 며칠 동안 아기를 분리했던 기간 외에 SK는 제 품을 떠난 적이 없습니다."

"그렇다면 SK가 아는 유일한 엄마는 이 세상에 부인뿐이라고 할 수 있겠네요."

"맞습니다. 우리 가족은 SK가 이 세상에서 유일하게 아는 엄마,

아빠, 언니입니다."

"미국 정부는 현재 부인이 한국과 미국 양국에서 심각한 범죄를 저질렀다고 얘기하고 있습니다. 이 절차가 법을 위반했다는 사실을 인지하고 계셨나요?"

"저는 한국의 합법적인 법무법인에서 일하는 한국인이자 미국 변호사에게 정식으로 자문을 구했습니다. 그리고 한국을 떠나기 전까지 누구도 제가 법을 위반했다며 제지하지 않았습니다. 인천공항 출입국 심사를 받을 때도 문제없이 미국행 비행기에 탑승할 수 있었습니다."

"SK의 생모를 만난 적이 있나요?"

"아니요. 하지만 편지를 주고받았고 생모도 저에 대해 잘 알고 있습니다. 제가 아기를 키우기 바란다는 내용의 문서를 써주었습니다. 아기가 태어나자마자 제게 넘겨주었고, 출생신고, 여권 발급, 미국 입국을 위한 전자 여행 허가제 입력까지 모두 잘 협조해주었습니다."

"현재 SK의 생활은 어떤가요?"

"우리는 완벽한 가족입니다. 특히 큰딸과 SK는 한시도 떨어지지 않습니다. 서로를 정말 사랑합니다. 누가 봐도 완전한 자매입니다."

"부인은 한국계이고, 큰딸도 한국에서 입양하셨죠?"

"그렇습니다."

루셀은 딸과 SK와 함께 찍은 사진을 판사에게 제출했다. 모두 한국인의 얼굴을 한 세 여성은 누가 봐도 행복한 모녀의 모습이었다.

실러가 질문할 차례였다.

"부인은 한국의 변호사에게 자문을 구하면서 45세가 넘은 여성도 한국에서 아동을 입양할 수 있냐고 물었습니다. 왜 하필 45세라는 나이를 확인하셨나요?"

"제가 둘째를 입양하려고 입양 기관에 문의했을 때, 한국으로부터 45세가 넘은 여성은 아이를 입양할 자격이 없다는 얘기를 들었기 때문입니다."

"첫딸은 입양 기관 절차를 통해 입양하셨지요?"

"그렇습니다."

"따라서 부인은 이번 입양이 허용되지 않는 절차라는 사실을 잘 알고 계셨지요?"

"저는 전문가가 알려준 절차를 따랐을 뿐입니다."

"SK의 친모를 직접 만나지 않았다고 하셨는데, 그렇다면 누가 아기를 전해줬나요?"

"미국에서부터 저를 도와준 김 목사와 미혼모 시설 원장이 병원에 같이 있었습니다."

"친모가 협조했다는 절차에도 사실 두 사람이 중간에서 많은 역할을 했겠네요."

"네, 하지만 어떤 일이었는지 자세히는 모릅니다."

"혹시 아기를 받는 대가를 지불했습니까?"

"한국에서는 아기를 낳으면 산모들이 산후조리원이라는 곳에서 머무르며 건강을 회복합니다. 그 비용은 제가 지불했지만, 대가라고 할 만한 수준은 아닙니다. 또한 김 목사나 미혼모 시설 원장에게도 제가 한국에 머무르며 든 비용 외에는 지불하지 않았습니다."

"하지만 미혼모 시설 원장은 부인의 가족이 미국에서 재력있다는 사실을 언급하면서, 나중에 좋은 후원자가 될 수 있을 거라고 말했는데요. 혹시 간접적으로라도 그런 의사를 전달하셨나요?"

"그건 그 사람의 일방적인 생각일 뿐이에요. 저는 대가를 지불하지 않았고 앞으로도 그럴 생각이 없습니다."

루셀의 변호사는 소아정신건강의학과 의사를 증인으로 신청했다.

"SK를 개인적으로 진료하거나 만나신 적이 있습니까?"

"아니요, 없습니다."

"국제입양 아동의 심리 치료와 상담을 전문적으로 하시지요?"

"네. 소아정신건강의학과 전문의이고, 국제입양 아동을 상담한 경험도 많습니다."

"현재 SK의 월령에 우리가 가장 중요하게 다룰 사안은 무엇일까요?"

"생후 5~6개월은 애착 형성 시기입니다. 자신을 돌봐주는 주 양육자를 알아보고 그에게 애착을 갖게 됩니다. 건강한 애착관계는 아동의 향후 발달과정에서도 주요 발판이 됩니다."

"루셀 가족과 SK의 사진입니다. 어떤 특징이 있을까요?"

"어머니와 딸이 같은 인종이라는 점이 특징적이네요. 일반적으로 국제입양은 인종 간에 이뤄집니다. 부모와 자녀의 인종이 다르면 아동의 발달이나 정체성 형성을 어렵게 만드는데요. 이 가정은 그 문제를 극복하는 데 이점이 있겠네요."

"만약 현시점에서 아동을 루셀 부부의 집에서 분리한다면 아동에게 어떤 문제가 일어날 거라 우려되십니까?"

"SK는 이미 친가정에서 분리됐고 지금은 루셀 가정에서 상당한 애착 형성이 진행되었습니다. 그런 상황에서 아동을 다시 분리한다면 당연히 아동에게 심각한 트라우마를 남길 것입니다. 이 트라우마가 향후 아동의 발달과정에 얼마나 큰 영향을 줄지 정확히 측정할 수는 없어도 심각할 것은 분명합니다."

실러는 일리노이주 사회복지사를 증인으로 신청했다.

"아동의 국제입양 사례를 직접 다루시나요?"

"대부분의 국제입양은 전문 입양 기관이 담당합니다. 입양 부모와 가족에 대한 조사 및 평가도 기관에서 진행합니다. 다만 주정부 사회복지사는 아동의 안전을 위해 필요 시 개입할 수 있습니다."

"아동 최선의 이익 원칙에 입각했을 때 입양 절차에서 가장 중요한 사안은 무엇이라고 생각하십니까?"

"입양이 아동을 제공하는 절차가 되어서는 절대 안 됩니다. 전적으로 아동의 입장에서 아동에게 필요한 조치를 판단해야 하며, 입양은 국내에서도 최후의 수단이어야만 합니다. 특히 국제입양은 자기 가정의 보호뿐 아니라, 국가의 보호도 받을 수 없는 상황까지 고려해야 합니다. 이는 아동의 권리에 대한 국제 규범뿐 아니라 우리 사회복지사들이 개별 사례를 다룰 때도 적용하는 기본 원칙입니다."

"아동이 자기가 태어난 나라에서 자라는 것이 왜 중요합니까?"

"저는 사회복지사입니다. 그런 철학적이고도 근본적인 질문에 답변하긴 어렵습니다. 다만 사회복지사는 보호가 필요한 아동에게 조치를 취할 때, 아동이 자기가 태어난 나라와 그 가족에게서 보호받는 것을 당연히 최우선 원칙으로 삼고 있습니다. 많은 사람이 더 부유하고 교육 수준이 높은 가정과 더 좋은 기회를 제공할 수 있는 나라에서 사는 게 좋지 않냐고 쉽게 말합니다. 그럴 때면 저도 이런 질문을 던질 수밖에 없습니다. 변호사님은 부모를 선택해서 태어나셨나요? 태어나고 싶은 나라를 선택하셨나요?"

"아니요. 누구도 그럴 수 없지요."

"그래서 우린 가족을 결정하는 일은 애초에 사람이 판단할 수 있는 일이 아니라고 생각합니다. 다만 태어난 가족의 보호를 받지 못하는 아이에게는 그다음으로 최선의 보호를 제공하기 위해 노력할 따름입니다."

이것으로 모든 증인 신문 과정은 끝났다.

이제 캘러헌 판사가 무엇이 아동 최선의 이익인지를 판단할 차례다.

"아동 최선의 이익에 대한
나의 판단을 철회합니다"

루셀의 변호사가 최종 변론을 시작한다.

"존경하는 캘러헌 판사님. 판사님께서 6개월 전 이 여성에게 SK에 대한 양육권을 부여하셨습니다. 루셀 부부의 가정은 객관적으로 봐도 아기를 인격적, 경제적, 사회적으로 훌륭하게 양육하는 데 손색이 없습니다. 또한 현재 SK와 루셀 부부는 출생으로 맺어진 관계만큼 강한 유대감을 가졌다고 할 수 있습니다. SK가 처음으로 안긴 사람도 루셀 부인이고, 지금까지 루셀 부인은 여러 어려움을 겪으면서도 한결같은 사랑으로 아기를 보살피고 있습니다.

미 국무부와 한국 정부는 루셀 부부가 SK의 입양 절차에서 법을 위반했다고 주장합니다. 그러나 그들이 말하는 대로 정말 심각하게 법을 위반했다면, 이미 한국에서 SK와 루셀 부인의 출국이 불가능했어야 합니다. 루셀 부인이 자문을 구한 변호사는 한국에서 합법적으로 활동하고 있으며 현재까지 그는 어떤 제재도 받지 않았습니다. 해당 변호사와 로펌으로부터 받은 답변을 제출합니다. 따라서 일부 법률 해석에 이견이 있는 것을 양국 정부가 과잉 대응하는 것으로 여겨집니다.

입양은 가정에 아동을 제공하는 게 아니라 가정을 필요로 하는 아동에게 가장 바람직한 곳을 마련해주는 절차라는 말씀에 전적으로 동의합니다. 아동의 친모는 루셀 부부가 그런 자격을 갖췄다고 판단하고 스스로 아기의 보호와 양육을 이 부부에게 전적으로 맡겼습니다. 친모보다 더 아기의 행복한 미래를 절실히 바라며 현명한 판단을 내릴 수 있는 사람이 있을까요? 지금까지 여러 어려움이 있었지만, 친모의 기대와 바람만큼은 제대로 실현되고 증명되었다고 생각합니다.

존경하는 재판장님. SK의 양육권을 루셀 가정에 부여하신 결정을 유지하셔서, 태어나자마자 새로운 가정을 찾아 긴 여행을 떠나야 했던 SK가 이제 안정된 삶을 사는 것이야말로 이 아동에게 최선의 이익이라고 판단해주시길 바랍니다."

실러 변호사가 나왔다.

"존경하는 재판장님. 6개월 전 루셀 부부에게 SK의 임시 양육권을 부여하실 때 그들에게 아동 양육의 결격사유가 없다고 판단하셨겠지만, 다른 한편으론 아기가 친가정으로부터 분리되는 절차가 적법했는지, 그 과정이 아동 최선의 이익에 부합했는지 판단하고자 충분하고도 객관적인 증거를 확보하려 노력하셨습니다. 그 결과 겉보기와 달리 아기가 이곳에 오기까지 한국과 미국 양국의 법이 심각하게 위반되었음이 드러났고 따라서 현재 양국 법원에서 현 사안은 심사 중입니다. 물론 저는 단지 법을 위반했다는 사실만으로 SK의 최선의 이익이 유린되었다고 주장하지는 않겠습니다. 국가의 체면을 위해 대변한다고 오해하실 수도 있기 때문입니다.

SK의 생모를 보호하던 시설은 출산 전부터 생모에게 아기를 포기하라고 종용하며 부당한 압력을 가했습니다. 우리 일리노이주는 이를 법적으로 유효한 동의라고 인정할 수 없으며 완전히 자유로운 의사에서 충분한 정보 제공에 의한 동의informed consent라고도 보기 어렵습니다. 생모가 처한 불리한 상황에서 SK는 출생 직후부터 여러 권리를 침해당했습니다. 아이가 생모의 품에 한번도 안겨보지 못했다는 사실은 친가정에서 자라날 권리라는 말이 얼마나 무색한 구호에 그쳤는지를 알려줍니다. SK와 생모를 둘러싼 많은 사람은 이 권리를 보호할 의무가 있었지만, 모두 루셀에게 아기를 넘기라고 종용했고, 이는 압력으로 느껴지기에 충분했습니다.

루셀이 아기를 입양할 의사를 확고히 가졌음에도 목적에 맞지 않는 비자 면제 프로그램으로 미국에 입국시키려 한 것은 가장 위험한 불법행위이자, 아기의 현재와 미래를 최악의 상황으로 몰고 갔으며, 아동의 권리를 심대하게 침해했습니다. 이미 한국에서 첫아이를 입양한 경험이 있는 루셀 부인이 이런 절차가 위법하다는 사실을 몰랐다는 것은 받아들이기 힘듭니다. 아기를 얻기 위해 무슨 짓이든 해보겠다는 마음이 이 사실을 외면하게 만들었다고 보는 게 타당합니다.

한국은 문명국이고 세계 10위 안에 드는 경제 대국입니다. SK는 그 나라의 국민이고, 보호받을 권리가 있으며, 삶의 무한한 가능성을 추구하기 위해 지원받을 수 있습니다. 그러나 루셸은 이 모든 권리를 원천적으로 삭제하고 차단했습니다. 무엇보다 설사 아기가 친가정에서 자라나지 못하더라도 한국 내에서 입양될 권리마저 침해했습니다.

태어난 나라에서 자기 문화와 정체성을 유지하면서 자라날 권리는 모든 사람의 근본적 인권이라는 사실이 이미 우리나라 판례에서도 여러 번 확인된 바 있습니다.

이러한 사실과 정황은 SK가 루셸 가정에 머무르며 그들의 보호를 받을수록 아동 최선의 이익을 회복할 기회와 가능성이 사라질 것임을 뜻합니다. 현재 우리가 SK의 권리 회복을 위해 할 수 있는 일은 아기를 하루빨리 한국으로 돌려보내고 새로운 가정을 찾도록 돕는 것입니다. 한국 정부는 이를 위해 만반의 준비를 해두었고, 한국 법원에서 SK의 보호를 위해 지정한 후견인이 미국에 와서 아기와 함께 귀국할 것입니다."

이제 판사의 최종 결정이 남았다.

캘러헌 판사는 이례적으로 루셸 부인을 직접 증인석으로 불러냈다.

"부인은 교양을 지닌 선량하고 모범적인 미국 시민으로 보입니다. 그런데 어떻게 한국처럼 민주주의와 인권을 위한 법제를 갖춘 나라의 아기를 적법한 절차와 제대로 된 서류도 없이 입양하겠다고 미국에 데려왔는지 솔직히 아직도 의문입니다."

"저는 변호사의 말을 믿었습니다. 그는 한국인이고, 한국의 대형 로펌에 소속되어 있었습니다. 미국에서 로스쿨을 나왔고 미국 변호사 자격도 갖추고 있습니다. 그가 말한 절차가 맞는지 몇 번이고 확인했지만 그는 이 절차를 다른 사람에게도 알려주었다고 자신 있게 말했습니다. SK는 태어나자마자 제가 품에 안았습니다. 그 순간 깨달았습니다. 이 아이는 제 아이가 될 운명이었다는 것을요. 이 아이를 지킬 사람은 세상에 저밖에 없다는 사실을요. 그리고 누구보다 더 이 아이를 사랑하고 잘 키울 수 있다고 느꼈습니다."

"루셀 부인, 저는 당신이 아이를 사랑하는 마음을 의심하거나 그것에 대해 묻는 게 아닙니다. 이 아이에게는 생모가 있어요. 일리노이주 입양법은 생모가 아이를 자발적으로 포기할 때 그 의사가 진정인지, 생모의 부모를 비롯해 외부 압력은 없었는지 모두 확인합니다. 나아가 아기를 포기하는 것의 법적인 의미를 잘 이해하고 있는지도요. 아기를 포기한다는 것은 처음부터 아기와의 관계가 존재하지 않았던 것처럼 법적으로 정리되는 효력이 있으니까요. 그리고 아이가 겪게 될 정신적이고도 심리적인 위기에 대해 전문 상담이 이루어지고 출산한 여성이 여러 호르몬과 신체적 변화로 느낄 심리적 불안정까지 해소되었을 만큼 시간이 흐른 뒤, 포기 의사를 판사가 직접 확인하게 되어 있습니다.

물론 이 생모의 의사 표시는 한국에서 이루어졌고, 한국법이 어떤지는 잘 모르겠지만, 나는 우리 미국의 법이 상식적이라고 생각합니다. 이런 규정은 미국 사회가 그동안 쌓아온 부모 자식 관계에 대한 신념과 가치를 내포하고 있으니까요. 이 관계에 대한 존중 없이 인류는 지속될 수 없습니다.

루셀 부인, 당신의 감정을 떠나 법정에서 많은 대화를 듣고 나니, 당신의 행동이 SK가 태어난 가정과 그 나라에서 자라날 기회를 너무 성급하게 제거해버렸다는 생각이 들지는 않나요?"

"존경하는 재판장님, 저는 압니다. SK에게 저와 미국에서 살아갈 삶이 최선의 선택이라는 점을요. 제 삶이 그 증거입니다. 저도 한국에서 태어났지만 해외로 입양되었습니다. 제가 한국에서 자랐다면 그간 누려왔던 삶의 기회는 없었을 겁니다. 제 딸 세라도 한국에서 입양했습니다. 제가 입양 보내졌던 그 기관을 통해서입니다. 한국은 그렇게 수십 년간 변함없이 자기 나라 아이들을 내보내고 있습니다. 그게 그 나라의 정책이었습니다. 한국은 SK와 같이 소중한 아기를 가질 자격이 없습니다. 저는 이 아이를 꼭 지켜야만 합니다."

법정에는 정적 속에서도 충격의 분위기가 흘러넘쳤다. 모든 심리가 끝났다. 캘러헌 판사가 최종 결정을 발표했다.

캘러헌 판사는 자신의 이전 결정을 모두 뒤집었다. 그는 SK의 최선의 이익을 위해 루셀 부부에게 부여했던 후견권을 무효화했다. SK에게는 이미 한국의 후견인이 있고, 미국 난민아동수용소의 권한도 있다. 루셀 부부의 후견권을 유지하는 것은 SK에게 더 큰 위험을 초래할 수 있다.

적법한 절차 없이 다른 사람의 아이를 자기 아이로 만들 수는 없다. 이로써 루셀 부부에겐 아동을 보호할 명분도 법적 권한도 모두 사라졌다.

당신네 나라 입양 기관의
독점적 이익을 보호하기 위해
이러고 있는 거라고요

루셸의 법정 증언은 충격적이었다. 그랬구나. 미 연방법원에서 증언하는 나를 지켜보던 그의 눈빛이 떠올랐다. 그때는 내가 몰랐던 결정적인 사실이 있었구나.

재판에서 이겼다. 미국 법정에서 이 나라의 언어와 법을 가지고 그들의 적법절차를 다 거쳤지만, SK의 후견권이 루셸에게 주어지는 것이 SK의 최선의 이익이 아니라는 결정이 내려졌다. 그러나 루셸 부부는 이 재판에서 졌다고 순순히 아이를 내어줄 생각이 없었다. 한국 정부든 미국 정부든 아기를 자신들로부터 떼어낼 수 없다고 굳게 믿었다. 재판의 결과는 새로운 전쟁의 서막에 불과했다.

재판이 끝난 지 며칠이 지났지만 미국에서는 어떤 소식이나 움직임도 없었다. 하루에도 몇 번씩 전화하던 제프마저 연락이 없었다. 어쩌다 전화하면 좀더 기다리라는 말만 되풀이했다.

시카고 총영사관 부총영사도 로런스와 오스월드에게 이제 루셸 부부의 후견권이 모두 무효화되었으니 빨리 난민아동수용소를 통해 SK를 한국에 인계해야 하지 않겠냐고 재촉했지만 여전히 묵묵부답이었다.

실러 변호사로서도 주 법원 소송에서 이겼으니 그의 임무는 끝났다. 한국 정부든 미국 정부든 다음 입장이 나와야 그가 또 어떤 역할을 할지 비로소 알 수 있다.

그루와도 통화했지만 뾰족한 수가 없었다.

"이제 뭘 해야 하는 거지?"

"내가 전대미문의 사건이라고 했지? 적법절차due process라는 건 정의를 외워서 답안지에 쓸 수 있는 게 아니야. '법적절차'가 아니라 '적법절차'라고 하는 이유가 있지 않겠어? 현실에서 일어나는 복잡다단한 사건들을 법이 전부 예측해서 조항에 담을 순 없어. 그래서 법치주의는 절차적 정의라는 길을 열어뒀지. 예기치 못한 사건이 발생해도 우선 법이 정해둔 절차를 따라가는 거야. 그렇게 절차를 따르다보면 궁극적으로 정의에 도달한다는 믿음이 적법절차의 의미이고, 그게 그 나라에서 일이 해결되는 방식이야. 그러니 시간이 걸리기 마련이지. 지금 그들도 무대의 한 막이 끝났지만 다음 페이지는 백지인 극본을 받아든 배우 같을 거야. 아마 지금쯤 이어질 대본을 쓰기 위해서 수십 명이 매일 회의하고 있을걸. 그들이 알아내면 알려주겠지."

"아니, 나를 자기네 법정 싸움에 끌어들였고, 심지어 나는 주 법원까지 가서 미국 말과 미국 법으로, 미국 판사 앞에서, 미국 법정에서 이겼잖아. 그럼 자기들이 할 일을 해야지."

"네 말이 맞아. 하지만 지금 아이는 한국 공무원 관할이 아닌 미국에 있잖아. 그들의 방식대로 해결되기를 기다려야지. 그 전까지 할 수 있는 일이 없네."

남아 있는 것은 일리노이 연방법원 사두르 판사의 법정이다. 루셀 vs. 나폴리타노. 루셀이 난민아동수용소로 아동을 옮기려는 국토안보부에 맞서 아기의 신병을 넘겨달라는 소송이다. 우선 일종의 가처분 판결로 아기는 루셀의 집에 있다. 이 결정의 근거는 주 법원의 후견권이었다. 이제 그 후견권이 없어졌다. 공은 다시 사두르의 법정으로 확실히 넘어갔다. 더 이상 주 법원의 결정을 핑계로 댈 수 없다.

연방법원에서도 아동과 관련된 소송은 아동 최선의 이익이 판단 기준이다. 한국이나 미국, 루셀 부부가 아닌, 아동에게 최선인 이익이 무엇인지 판단해야 한다. 사두르는 주 법원 판결 후에도 순순히 국토안보부와 한국 정부에 아동의 신병을 넘겨주는 기계적인 판결을 하지 않았다. 대신 자신의 판단을 보완할 법정의 후견인 Gardian Ad Litem을 초빙했다. 법학책에서나 읽던 바로 그 법정의 후견인을 실제로 보게 될 줄이야. 법정의 후견인은 부모, 후견인, 한국과 미국 정부 그 누구의 영향도 받지 않고, 오직 자신의 이익과 권리를 스스로 말할 수 없는 아동을 대리하여 아동 최선의 이익을 중립적으로 조사하고 판단하여 판사에게 조언한다. 판사는 자신의 지식과 판단을 보완하기 위해 관련 전문가를 초빙한다. 법정 후견인으로 시카고대학 로스쿨 교수이자 저명한 인권운동가가 등장한다.

그동안 루셀 부부는 새로운 변호인단을 꾸리고 한국과 미국에서 엄청난 창의력을 동원한 전면적인 소송전을 시작했다. 이렇게 다양한 재판이 가능할 줄은 미처 몰랐다.

한국에선 부장판사 출신 전관 변호사를 고용했다. 아동의 친모를 대리하여 가정법원이 친모의 친권을 정지하고 서울시 아동복지센터장을 후견인으로 지정한 가처분에 대해 이의 신청을 제기했으며, 본안 소송에도 정면으로 대응하는 준비를 했다. 또한 보건복지부가 아동을 요보호아동으로 간주하고 입양특례법상 입양 절차 대상으로 결정한 것을 행정처분이라 보고, 이 처분을 취소하라는 행정소송을 제기했다.

미국에서는 루셀 부부가 아이의 후견인이 아닌 부모가 되기 위한 입양 재판을 시작했다. 아동의 성을 루셀로 개명하고, 새로운 가족관계를 형성하는 재판으로 캘러헌이 아닌 다른 판사에게 소송을 신청했다. 그리고 이 입양 소송을 근거로 사두르 판사에게 아동의 보호 권한을 루셀 부부에게 유지해달라고 주장했다.

한국에서나 미국에서나 듣도 보도 못한 소송들이다. 한국 가정법원, 행정법원, 미국 주 법원과 연방법원 등 사방에서 소장이 날아들었다.

도대체 어떤 법원에서 내가 원고이고 피고인지, 또 어느 재판에서 내가 당사자인지 정신을 차릴 수 없을 지경에 이르렀을 때, 시카고 총영사관이 지급 전문으로 보낸 한 장의 사진이 결정적으로 물결의 흐름을 틀었다. 전문은 SK 사건에 대한 『시카고트리뷴』지 보도였다. 신문의 한 면을 통틀어 루셀 가족의 인터뷰와 르포가 실렸다.

드디어 제일 우려했던 문제가 발생했다. 소송전과 함께 미디어 전쟁이 시작된 것이다. 미국의 여론은 특히 아이 문제에 있어서는 상상을 초월할 정도로 폭발적이다. 아이 얼굴이 미디어에 나오면 어떤 일이 일어날지 알 수 없다.

『시카고트리뷴』에 실린 사진은 미국의 여론보다 내 마음을 먼저 강하게 흔들어놓았다. 거기에 SK의 얼굴이 있었다. 검은색 머리, 하얀 얼굴, 동그랗고 까만 눈동자, 작은 코, 그리고 발그레한 입술. 서류에서만 보던 이름이 실제의 얼굴과 몸으로 나타나자 감당이 되질 않았다.

네가 이 작은 아이의 인생에 대체 무슨 짓을 하고 있는지 알고는 있는가?

사진 속 두 눈이 내게 묻고 있었다.

사진은 루셀 집 안의 거실 전경이었다. 사진의 왼쪽 아래에 두 아이의 모습이 클로즈업되어 있다. 루셀의 큰딸이 SK를 안고 있는데, SK의 등을 자기 가슴에 맞댄 채 두 팔로 작은 아이의 허리를 감고 바닥에 앉아 있는 모습이었다. 큰딸의 턱이 SK의 머리 위로 포개져서 두 아이의 얼굴이 모두 생생하게 담겼다. 더없이 사랑스러운 자매였다. 둘은 카메라 너머 뭔가에 시선이 뺏겨 있었다. 무엇을 그리 열심히 보고 있었을까. 사진은 두 아이에게 포커스가 맞춰져 있고, 그 뒤편으로 루셀 부부가 아이들을 바라보며 미소를 짓고 있지만 그들의 눈엔 불안이 어려 있었다. 거실 바닥 여기저기 아기 장난감이 즐비했다. 이 사진 한 장으로 이들이 말하고자 하는 바는 명백했다. 왜 두 정부가 나서서 이 아름다운 가정을 파괴하려 하느냐. 입국 서류니 입양 절차니 법을 위반했다느니, 그런 형식주의 놀음이 이 아이들의 순수하고 진정한 사랑을 훼손하게 놔둘 순 없다.

SK의 얼굴만큼 내 마음을 무겁게 했던 건 한국인의 얼굴을 한 큰아이였다. 이 아이는 입양 기관을 통해 한국에서 미국으로 입양되었다. 이제는 동생을 얻었다. 자신과 엄마와 같은 얼굴을 한 동생. 엄마와 함께 아기를 안고 한국에서부터 미국까지의 여정을 감당한 아이다. 아기가 자기 동생이라는 점을 의심하지 않고, 둘이 그렇게 의지하며 평생을 살 거라고 생각하고 있을 것이었다. 자기를 내보냈던 나라가 왜 지금은 자기 동생을 데려가려고 이런 소동을 벌이는 것일까. 나는 앞으로도 이 아이에게만큼은 절대 이해받지도 용서받지도 못하겠구나 싶었다.

이 시점에서 나는 전의를 상실했다.

내가 전의를 상실한 것과는 상관없이 사건은 일파만파로 번져나갔다.

주 법원이든 연방법원이든 심리가 열리는 날이면 미국의 온갖 방송국 카메라들이 그 앞에 진을 치고 있었다. 한국 언론도 외신을 통해 연일 보도를 이어갔다. 내 주요 업무는 이제 재판이 아니라 언론 대응으로 바뀌어갔다. 기자실에서 브리핑을 마치고 사무실로 돌아와 어느 기자와 전화로 싸우고 있으면 바로 옆 테이블에서 또 다른 기자가 싸움을 지켜보며 기다리는 일이 계속되었다.

그루에게서 전화가 왔다.

"내가 아는 『월스트리트저널』 기자가 너를 만나고 싶다는데."

"그런 논조의 신문이 이 이슈를 어떻게 다룰지 뻔하잖아. 굳이 만나고 싶지 않아."

"이 기자가 좀 엉뚱한 데가 있어서 어디로 튈지 몰라. 어차피 요즘 외신 기자 전화를 다 받고 있다던데, 미국 주류 언론의 한국 특파원이면 한번 만나도 좋지 않을까."

결국 R 기자와 만났다. 백인 남성에 보수 경제 전문지 출신 기자였다. 첫 질문부터 날카로웠다.

"루셀이라는 여성은 한국의 입양 기관이 구할 수 있는 어떤 양부모보다 더 훌륭하다고 할 수 있지 않나요? 왜 이렇게까지 양국 정부가 나서서 이 아기를 여자에게서 떼어내려는 거죠?"

"이 사건은 한미 양국의 여러 법을 심각하게 위반한 범죄입니다. 입양이라는 말로 사건의 본질을 흐리지 마세요. 우리가 이 부부의 양부모 자격을 심사하고 있는 게 아니지 않습니까?"

"당신들이 범죄라고 단정한 행위도 결국 아이를 얻으려던 거잖아요. 루셀 부부의 행위와 한국 정부가 합법적이라고 부르는 절차와의 차이는 오로지 입양 기관을 통했느냐 아니냐밖에 없는 것 같은데요. 더구나 이 건은 돈도 결부되어 있지 않아요. 한국의 입양 기관들은 입양 보낸 아이당 외국의 입양 부모들로부터 수수료를 수만 달러씩 받는다고요. 그러면서 웃돈으로 기부금을 요구하기도 해요. 매년 아이가 입양된 시기에 맞춰 추가 기부를 하라는 연락도 한다더군요. 오히려 그런 기관을 통한 입양보다 더 윤리적이지 않나요?"

"이 부부도 중간에 브로커로 여겨지는 사람들에게 용도를 특정할 수 없는 상당액의 금품을 제공했어요."

"어쨌든 당신도 국제입양에 거액의 돈이 오가고 있다는 사실은 알고 있는 거네요. 아니, 한국 정부가 오히려 이에 대한 법적 근거를 마련해준 것 아닙니까? 당신네 보건복지부가 국제입양 사업 기관을 허가했고, 그 기관들이 외국인 양부모로부터 수수료를 받을 수 있도록 해주었죠. 허가권을 가진 기관은 네 곳에 불과하기 때문에 이들은 그 지위를 이용해서 비윤리적인 행위도 서슴지 않죠. 우리 언론사에도 한국에서 아이를 입양한 부모들이 있어요. 이들이 입양 기관으로부터 어떤 말도 안 되는 요구를 받는지 알고 있나요? 아이를 보내주고 나서는 마치 아이를 볼모로 삼는 듯한 말과 행동을 계속해요. 기관 관계자의 자녀가 미국에라도 가면 홈스테이와 뒷바라지를 부탁하기도 하죠. 심지어 어떤 입양 기관은 가족 소유 기업처럼 대를 이어 물려준다면서요. 어떤 면에서는 루셸 부부의 사례가 더 낫지 않나요? 아이는 적어도 자기 부모가 누군지 알 수 있잖아요. 아이가 커서 친부모를 만나고 싶다면 얼마든지 그렇게 할 수 있고요. 그런데 왜 한국 정부는 전에 없던 엄청난 행정력을 들이면서까지 이 아이를 한국으로 데려오려는 거죠? 지금도 매년 1000명이 넘는 아이를 외국으로 내보내면서, 왜 이 아이한테만 그렇게 유별나게 구는 겁니까? 도대체 그 정치적 목적이 뭡니까?"

이 사람이 한국의 입양 기관 내부 관행을 나보다 더 잘 알고 있는 것 같다. 빨리 대화를 끝내는 게 낫겠다는 생각이 들었다. 그래서 형식적인 모범 답안을 말해주었다.

"입양특례법이 입양 기관만 입양 절차를 진행하도록 하는 건 한국이 가지고 있는 나름의 아동보호 장치입니다. 앞으로 아동의 입양은 법원이 결정하게 되니 국가의 책임도 더 커질 겁니다."

이 대답에 그의 얼굴에 나타난 어이없고 경멸하는 듯한 표정을 잊을 수 없다.

"하! '아동보호를 위한 장치'요? 이것 봐요. 당신은 지금 이 아이를 보호하려는 게 아니라, 당신네 나라 입양 기관의 독점적 이익을 보호하기 위해 이러고 있는 거라고요."

머리를 망치로 한 대 얻어맞은 것 같았다. 입양 기관의 독점적 이익, 세계에서 제일 유명한 경제지의 분석답다.

그가 말한 대로 지금도 여전히 한 해에 1000여 명의 아이가 해외로 입양되는데, 기관은 아이당 수만 달러의 수수료를 받고 있다. 완전한 민간 사업체다. 국제입양 사업은 국가로부터 허가를 받아야 가능하다. 그 허가권을 가진 기관은 네 곳에 불과하다.

그의 논리대로 싸우다가는 내 신념에 심각한 분열이 초래될 것 같아서 그냥 자리를 박차고 나왔다. 그는 기사를 쓰지 않았다.

한국 입양아들은 미국이
인종 간 입양에 대한 터부에서
벗어나게 도와줬어요

이 사건은 대마가 되었다. 대마불사였다.

이렇게 커진 일들은 어떻게든 결론이 나고, 대체로 사람들이 용인할 만한 결론에 도달한다. 보는 눈이 많으면 관련된 사람들이 합리적으로 보이는 결론을 내도록 유인되기 때문이다.

미국 고위 인사들의 방한까지 이루어졌다. 미국 보건복지부의 차관급 인사와 이 이슈를 오랫동안 다뤄온 연방 상원의원이 한국 보건복지부를 방문했다.

이들과 동행한 미국의 입양 기관 홀트인터내셔널의 대외관계 담당 대표는 1960년대 한국에서 미국으로 입양된 사람이다. 한국에서 태어났으나 미국이 구원하여 성공적이고도 행복한 제2의 삶의 기회를 얻은 상징으로 통했다. 그는 이런 상징 덕분에 워싱턴 정가에서도 큰 영향력을 발휘하고 있었다. 미국 정부 대표단은 장관실에 들어서면서부터 미국인 특유의 상냥한 부산스러움을 사방에 뿌리며 양국의 유대감을 과시했다.

한국 장관에게 전하는 랜돌프 상원의원의 메시지는 이러했다.

"한국 입양아는 우리 미국 사회에 큰 역할을 해주었습니다. 우리가 인종 간 입양에 대한 터부를 극복하도록 도와준 것이죠. 앞으로도 한국에서 가정을 찾을 수 없는 아이들이 미국 가정에서 자라날 기회를 얻길 바랍니다. 따라서 이번 건 또한 적법절차대로 양국 간에 잘 처리되도록 최선을 다할 것입니다. 이번 일이 국제입양에 관한 한 한국과 미국의 깊은 관계에 나쁜 영향을 끼치지 않았으면 좋겠습니다."

이 외교적 언사를 번역하면 대체로 이렇게 이해할 수 있다.

미국은 다민족 사회다. 그러나 인종 간 입양은 다양성, 혹은 인종색맹colorblind이라는 말로 덮을 수 있는 일이 아니다. 입양에 대한 가장 오래된 로마법 원칙은 '입양은 자연을 모방한다'이다. 예를 들어 부모 자식 간의 나이 차이를 고려한다. 그리고 인종이 다른 부모 자식 관계는 자연을 모방하는 입양이라면 불가능하다. 그러나 국제입양은 인종 간 입양일 수밖에 없다. 국제입양은 제2차 세계대전 이후 시작됐고, 한국전쟁을 계기로 전 세계로 확대되면서 아시아, 남미, 아프리카 아동이 서유럽과 북미의 백인 중산층 가정의 자녀가 되었다. 전 세계적으로 입양 아동 규모는 학자마다 다르게 추산하나 50만 명 이상, 많게는 100만 명에 이른다고 알려져 있다.

부모와 나의 피부색과 인종이 다르다는 사실을 아이는 네 살 무렵부터 인지한다. 이는 평생에 걸쳐 입양인의 정체성에 지대한 영향을 미친다. 정체성 질문을 던질 필요가 없는 사람들은 부모와의 인종 차이에 따른 영향을 섣불리 진단하거나 간과해서는 안 된다. 수많은 입양인 당사자가 그로부터 영향을 받았고, 평생 그럴 것이라고 증언한다.

인종 간 입양은 미국의 어두운 역사를 반영한다. 미국뿐 아니라 호주와 캐나다에서도 동일한 역사가 있었다. 유럽 이주민들이 땅을 정복해나가면서 원주민의 언어, 역사, 문화를 단절하고 말살하기 위해 부모와 그 자녀를 분리시키는 정책을 펼쳤다. 강제로 원주민 아이를 기숙학교에 집단 수용하거나 백인 가정에 입양시켜 이른바 '문명화'라는 문화 동화 교육을 받게 했다. 아이를 빼앗긴 원주민 부모와 강제로 분리되고 수용된 아이들이 받은 학대 및 고통은 이루 말할 수 없다. 이런 비극의 역사로 인해 미국은 1978년 원주민 아동복지법Indian Child Welfare Act을 제정하기에 이른다. 원주민 아동을 다른 인종 가정이 입양할 수 없다는 연방법이 만들어진 것이다. 흑인 아동을 백인 가정에 입양 보내는 것 역시 미국 사회복지계에서는 논란이 된다. 자녀의 정체성 혼란뿐 아니라 사회에서 가해지는 인종차별을 부모와 가정조차 이해하지 못한다면 당사자에게 악영향을 줄 수밖에 없기 때문이다. 미국에서 인종 간 입양이 터부라는 말은 바로 이러한 사회적이고 역사적인 맥락에서 이해되어야 한다.

그렇다면 한국 입양아들이 이 터부를 극복하게 도와주었다는 말은 무슨 뜻일까? 한국에서 온 입양아들은 미국 국제입양의 시발점이었다. 한국전쟁 이후 해리 홀트에 의해 시작되었고, 이어서 국제입양의 흐름은 정착되고 확대되었다. 미국의 입양 기관은 한국인 입양아들을 백인에 가까운more white 아이들로 여겼고, 입양 부모에게도 그냥 백인처럼 키우면 된다고 했으며, 그런 인식이 지배적이었다. 한국의 입양아들은 백인 부모에게 잘 적응하고 잘 커줬다. 대체로 영리하고 순종적이었으며, 건강하고 예방접종도 되어 있어서 전염성 질환으로부터도 안전했다. 심지어 대학 진학률도 높다고 한다. 한국의 입양 기관 관계자들은 한국 아이가 미국의 입양 부모들 사이에서 인기가 많다고 아무렇지도 않게 말한다. 한국 입양아들의 이러한 높은 '성취도'는 미국에서 인종 간 입양이 부정적인 것만은 아니라는 인식을 갖게 해주었다는 의미다.

미국은 어느 나라보다 많은 아동을 100여 개 국가로부터 입양하는 세계 최대 국제입양 수령국이다. 미국에서 국제입양을 담당하는 정부 부처인 국무부에는 아동의 권리와 복지를 전담하는 특임대사가 있다. 이 대사는 정례적으로 한국을 포함한 아시아 국가를 순방한다. 특임대사의 임무는 각 나라의 아동복지 담당 부서에 가서, 그 나라가 보호할 수 없거나 고아원이 수용하고 있는 아이들을 미국 가정에 입양 보내라고 강력히 권하는 일이다.

미국에도 빈곤 아동은 많다. 부모의 보호에서 벗어나 국가보호 아동이 되어 대안 가정에서 자라는 아이도 많다. 심지어 미국의 유색인종 아동은 국내입양이 어려워 네덜란드로 국제입양을 보내기도 한다. 그런데 왜 미국은 한국 아동을 더 많이 원하는 것일까. 왜 특임대사나 상원의원이 한국을 방문해 기회가 있을 때마다 더 많은 아이를 보내달라고 하는 것일까.

그럼에도 SK는 돌려보내겠다는 판결을 받았다. 기존의 아동 이동 시스템, 즉 입양 기관끼리의 경로에서 벗어났기 때문이다. 미국에서 이 사안에 적용할 적법절차를 다 거쳐보니, SK는 한국으로 돌려보내는 게 맞다는 것이 그들의 결론이기도 했다.

과연 무엇이 합법이고 무엇이 불법일까? 입양 기관끼리의 아동 이동 시스템은 이러한 사법적 절차를 제대로 거쳐보기나 했을까? 그 수십만 명에 대해 SK에게 했던 만큼 적법절차를 적용한 적이 있을까?

법원의 시간

법원의 시간이 흐를수록 하나하나 결론이 났다.

한국 가정법원의 소송은 가사소송이 아니며, 그 절차를 준용한 공공기관의 아동보호 소송이다. 청구인은 서울시장, 피청구인은 SK의 생모다. SK의 생모가 아동의 복리에 심대한 위기를 초래했으므로 서울시 아동복지의 책임자인 서울시장이 개입해 생모의 SK에 대한 친권을 정지시키고, 서울시 아동복지센터장을 후견인으로 지정해달라는 소송이다. 민법과 아동복지법 규정에 의한 청구다.

한국 행정법원 소송은 청구인이 루셀, 피청구인은 보건복지부다. 보건복지부가 SK를 입양특례법 적용을 받아야 하는 요보호아동으로 본 처분이 잘못되었으니, 이를 취소 혹은 철회해달라는 소송이다. 이 소송은 제기만 되었을 뿐 진전이 없었다.

미국의 일리노이 주 법원의 입양 소송은 루셀이 SK의 부모가 되겠다는 청구로 상대방은 없다. 일리노이 주법에 따라 판사가 판단해야 하는 소송이다. 관건은 이전처럼 한국 정부가 참가신청을 할 것인가다.

미국 일리노이 연방법원 사두르 판사의 소송은 여전히 진행 중이다.

이 네 가지 소송에 SK 한 사람의 운명이 달려 있다. SK는 사건 본인으로 불릴 뿐 당사자로서 목소리를 내지 못한다. 루셀, 한국 보건복지부, 서울시장, 미국 국토안보부가 변호인을 선임해 이 재판의 당사자로서 목소리를 내고 있고, 미 연방법원은 법정 후견인을 선임했다. SK의 생모도 당사자이기는 하나, 루셀이 선임해준 변호사가 어떤 이익을 위해 변론할지는 충분히 예상할 수 있다.

결론적으로 여러 재판의 실마리는 한국 가정법원에서부터 풀리기 시작한다.

정 변호사는 엄청난 분량의 소장을 작성했다. SK의 생모는 아이를 학대하지 않았다. 아이를 매매하거나 유기하지도 않았다. 그렇기에 친권을 박탈하는 법적 논리와 근거를 제시해야 했다.

"그런데 친권을 꼭 박탈해야 할까요? 아이를 미국에서 데려올 때까지만 정지시키면 안 될까요?"

"아이를 보호하는 관점에서만 친권을 보면 그 의견도 일리가 있어요. 친권이 역기능을 할 우려가 있으니까, 공적 후견인인 국가가 아동보호 의무를 다할 때까지만 일단 정지시키고, 이후에 생모와 SK의 삶에 대해 더 깊이 생각해보는 게 맞는다고 할 수도 있죠. 하지만 우리 법에는 그런 규정이 없습니다. 그렇게 할 방법이 없어요."

이건 또 하나의 충격이었다. 친족상속법은 민법에 포함되어 있다. 부모 자식 관계는 '천륜'이다. 하늘이 맺어준 연을 인간이 끊을 순 없다. 윤리적 덕목일 뿐 아니라 법이 그렇게 되어 있다. 부모 자식 관계를 끊는 의사 표현이나 계약은 불가능하다. 친권은 법원의 결정으로 박탈될 수 있을지언정 스스로 포기할 수는 없다. 우리 법은 '친권의 자발적 포기'를 모른다. 결국 이 요소가 미국과 한국 가족법의 근본적인 차이였다. 친권을 자발적으로 포기하는 의사 표현이 법적으로 유효한가를 따지는 게 미국 입양 재판의 핵심인데, 우리 법으로는 그런 법적 효과를 낼 방법이 없다. 그래서 루셀은 자기가 낳은 아이를 품에 안아보지도 못하고 얼굴도 제대로 보지 못한 어린 엄마에게 그 조악한 문서를 얻어내는 게 중요했다. 미국 법정에서 판사에게 보여줘야 했기 때문이다. 아이를 낳고 몸도 정신도 제대로 추스르지 못한 엄마를 종용하여 미혼모 시설의 원장은 그 종이 한 장을 받아냈다. 한국에서 법적 효력을 내지 못하는 문서이니 어떤 형식과 내용, 절차가 적합한지 아는 바가 없다. 그래서 서울시의 사회복지사는 그 조악한 종이 한 장이 어떻게 약하고 어린 엄마에게 아기를 떼어내고 아기 인생을 바꾸는 근거가 될 수 있냐고 물은 것이다. 하지만 그 종이 한 장은 이 사건에서 논쟁의 촉매가 되었고, 우리 사회 어딘가에서 버젓이 위력을 발휘하고 있다.

정 변호사는 생모가 아기에게 한 일이 아니라 하지 않은 일, 다시 말해 아기를 지키기 위한 말은 하나도 못 하고 다른 사람들이 시키는 대로 따랐기 때문에 친권을 박탈당해야 했다는 논리로 소장을 쓸 수밖에 없었다. 소장에 쓰인 많은 부분을 아마 이 생모는 알지 못했을 것이다. 병원비와 산후조리비 등 아무도 생모에게 정확히 얼마가 어떤 명분으로 건네졌는지 알려주지 않았고, 생모도 묻지 않았을 것이다. 하지만 현장 조사부터 재판까지 입양 과정이 모두 드러났다. 브로커 역할을 했던 사람들에게 상당히 많은 금액이 현금으로 지불되었고, 국내에 반입된 현금은 신고 의무를 피하기 위해 나중에 별도로 송금받기도 했다. 지불 금액을 모두 루셀의 한국 체류 비용과 변호사 자문 비용으로 썼다고 주장했으나, 사용처를 제대로 소명하지 못했다. 하지만 아기를 대가로 돈을 받았다는 사람은 아무도 없고 증거도 없었다. 거액의 현금이 오간 정황에도 불구하고 모두 SK를 위한 것이었다고 말하면 '대가'가 아닌 걸까?

'돈'이 오간 정황과 함께 현재 미국에서 SK가 처한 위험에 대한 객관적 증거를 첨부했다. 미 국무부에서 제출한 아미쿠스 브리프와 미국 법원 기록도 모두 제출했다. 한국 정부가 SK를 보호하기 위한 의무를 다하려면 공적 후견인이 필요한데, 이 절차는 반드시 SK 생모의 친권에 대한 법적 조치가 수반되어야 한다. 그런데 우리 법은 친권의 정지 혹은 부분 박탈 규정이 없으므로 전적인 박탈 외에 다른 방법이 없다(이후 민법이 개정되었으나, 여전히 그 법의 진정한 의도와 목적을 위해 제대로 작동하고 있는지는 의문이다). 이런 절절한 내용을 건조하기 그지없는 소장에 담았다.

사건을 해결하는 과정에서 생모는 끝까지 가려두고자 했다. 루셀과 미혼모 시설 원장과 자문 변호사 등 관련된 사람들을 검찰에 고발할 때도 생모는 언급하지 않았다. 미국 법정에서도 국가의 아동보호 책임만을 주장했다. 나뿐 아니라 이 사건과 관련된 모든 사람이 그랬던 것 같다. 많은 재판이 있었지만, 변론 과정에서 생모에 대한 언급은 거의 없었다. 생모를 거론하는 것이 불리하다고 느꼈을 수도 있고, 보호하고 싶은 마음일 수도 있고, 혹은 그저 생모의 존재가 불편했는지도 모른다. 하지만 모든 일의 근원을 파고 들어가면, 생모와 SK의 천륜이 있었다. 이에 대해 결론을 내지 않으면 이 모든 송사가 다 헛소동이었다. 사건의 막바지에서 이 진실을 직시하지 않을 수 없었다.

가정법원은 SK 생모의 친권에 대한 본안 재판을 세 명의 판사가 판단하는 합의부에서 심리하기로 했다. 재판부는 생모가 직접 출석하도록 했고, 심리 당일 생모 하씨와 생모 및 정부 측 대리인 두 명이 참석했다. 나도 그 자리에 있었다. 나와 하씨는 서로 인사를 나누지 않았고 눈을 마주치지도 않았다. 나는 그녀가 누군지 알았으나, 하씨는 내가 누군지 몰랐을 것이다. 하씨는 재판 내내 누구와도 눈을 마주치지 않고 고개를 숙인 채 바짝 긴장해 있었다. 박 사무관의 말대로 어리고 작고 마른 모습이었다.

생모를 벌주려는 게 아니라
아기의 안전을
보장하려는 겁니다

하씨의 대리인으로 부장판사 출신 전관 변호사가 선임됐다. 변호사 비용은 루셀 부부가 지불한다. 그 변호사는 재판 과정에서 그 사실을 굳이 숨기지 않고 밝혔다. 심리 내내 생모의 변호사는 자신이 대리하는 사람에게 눈길 한번 제대로 주지 않았다. 주된 변론 내용은 루셀 부부가 훌륭한 양부모의 자질을 지녔으며, 아이를 잘 키울 수 있다는 것이었다. 한국 정부가 쓸데없이 '사적' 영역에 개입해서 이들을 괴롭히고 있고, 사법 시스템을 남용하고 있다며 비난했다.

이 변호사는 하씨가 SK의 친권을 상실하지 않도록 변호해야 했다. 그래야 하씨가 루셀에게 SK를 넘긴 마음이 진심이었고, 그 결정을 존중한다면 궁극적으로 SK는 루셀 부부에게 맡겨져야 한다고 결론지을 수 있기 때문이다. 결국 변호사가 친모의 친권을 변호하는 것은 루셀 부부의 이익을 위해서였다.

재판부는 변호사의 변론을 다 들었다. 정부 측은 워낙 많은 자료를 제출했기에 구술 변론은 길게 하지 않았다. 정 변호사는 두고 두고 생모에게 상처가 될 내용을 길게 얘기해봐야 재판부도 불편하게 여겼을 것이라고 말했다. 옳은 판단이었다. 한국 재판은 구술보다 서면으로 진행된다. 재판부는 이미 소장과 자료를 다 파악했기에 생모의 의견을 직접 묻고 싶었고, 그게 재판의 핵심이었다.

아이를 낳을 당시 생모는 만 19세가 되지 않았다. 아기와 엄마가 모두 보호받아야 하는 상황이었다. 생모는 아기를 신체적으로나 정서적으로 학대하지 않았다. 아기가 태어나자마자 한번 안아보지도 못한 채 얼굴도 모르는 한 미국인 여성에게 넘겨주었다. 이 여성의 친권을 박탈해야 할 사유를 어떻게 찾을 수 있을까. 한국 법원에서는 아동을 보호하기 위해 부모의 친권을 박탈하고 공적인 후견인이 그 의무를 대신하게 하는 결정이 낯설다. 이런 사건을 누가 법원으로 가져왔겠는가. 부모도 가족도 돌보지 않는 아이를 대신해 법원에 호소해줄 사람이 없었다. 법은 지방자치단체장, 시장, 구청장, 도지사, 군수들이 그렇게 할 의무가 있다고 명시하지만, 일선에서 아이들은 고아원이나 입양 기관으로 보내지는 게 다였다. 아마도 이번 건은 또 하나의 이례적이고 역사적인 판결이 될 만하다.

재판부와 생모의 대화가 시작됐다.

"아이 아빠도 아이를 미국인 여성에게 보내자고 함께 결정했나요?"

"아이 아빠도 알고 있기는 했지만, 그쪽 부모님도 아이 양육을 도와주실 형편은 안 돼서요. 제가 시설에 있으니까 원장님이 말씀

하시는 대로 따르기로 했어요."

"하씨의 아이 입양 사실을 하씨의 부모님은 알고 계셨나요?"

"엄마는 안 계시고, 아버지는 멀리 배 타고 나가셔서 연락이 안
됐어요."

"원장님은 뭐라고 설명하시던가요?"

"미국에 사는 김 목사님을 잘 아는데, 그분 소개로 미국에서 사
업을 크게 하는 사모님이 아기를 데려가 잘 키우고 좋은 교육을 받
게 해주실 거라고 했어요."

"아기가 태어나자마자 바로 보내자는 결정은 누가 했나요?"

"원장님이 병원에서 아기가 태어나는 대로 바로 보내는 게 좋다
고 했어요. 제가 아기를 보면 마음이 약해질 거고, 아기가 엄마 손
을 타면 떨어질 때 불안해한다면서요. 아기를 키울 사람을 친엄마
로 여기며 자라는 게 좋다고……"

"대가를 받았나요?"

"아니요. 산후조리 비용을 그분이 부담했다는 얘기는 나중에 들
었습니다."

"미혼모 시설에 그 미국 여성이 지원한 바가 있나요?"

"그런 얘기는 못 들었습니다."

"아기 여권과 비자 신청은 직접 하셨나요?"

"네. 원장님이 알려주신 대로 서류 작성해서 원장님께 드렸습니
다."

"그 비자가 어떤 비자인지는 아나요?"

이 질문에 그 어린 여성은 고개를 떨구고 좌우로 흔들 뿐 어떤 대답도 하지 못했다.

"아기가 미국에서 어떤 상황에 처했는지 알고 있나요?"

"원장님이 미국 대사관에 가서 제가 입양동의서를 쓰고 지장을 찍었다고 얘기하라고 하셔서 한 번 간 적은 있는데, 아기가 어떻다는 얘기는 아직 자세히 못 들었습니다. 아기는 안전한가요? 잘 있지요?"

판사는 그렇다고 대답했다.

오른쪽에 앉아 있는 배석판사는 젊은 여성이었다. 그녀가 질문했다.

"입양동의서를 쓰는 게 어떤 의미인지 알고 있었나요? 설명해준 사람이 있었나요?"

"아기를 이미 보내고, 여권이랑 비자 신청도 다 하고 나서, 원장님이 그 서류가 필요하다고 얘기했어요. 아기가 미국에 잘 입양되려면 써야 한다고 했어요. 그래서 시키는 대로 받아쓰고 지장을 찍었어요. 저도 아기가 미국 부잣집에서 좋은 분과 잘 살면 좋겠다고 생각해서 그렇게 썼습니다."

"그러면서 아기를 데려간 여성의 얼굴을 한 번도 본 적 없다는 말이죠?"

"네, 저는 그분을 못 봤어요. 그냥 원장님 얘기를 믿었어요."

자신의 부모도, 아이 아빠나 그의 부모도 어린 엄마를 도와줄 수 없었다. 적어도 이 여성은 그렇게 생각하고 지레 포기했다. 그리고 어린 엄마가 지내던 시설 원장이 미국 여성 및 브로커와 결탁했다. 당시 시설이 이 여성을 절대적으로 지배하고 있었는데 그녀가 그들의 요청을 뿌리칠 수 있었을까? 궁금한 것이 있어도 제대로 물어보지 못했을 것이다. 그리고 마침내 시키는 대로 하는 게 아이를 위한 것이라는 믿음을 가졌을 것이다.

아무도 설명해주지 않아 정확히 알 수 없는 상황에서, 시키는 대로 했더니 결국 아기는 심각한 위험에 빠졌다. 이 여자를 가해자라고 할 수 있을까. 외교부 공무원의 말대로 '걔네 엄마가 아이를 그런 위험에 빠뜨렸다면서요'라며 책임을 이 여성에게 뒤집어씌우면 모두가 편안해질까? 친모의 친권을 일부 혹은 한시적으로 정지시키고 국가가 친권을 대리해 아동의 안전을 확보한 후, 아이가 엄마와 사는 제2의 기회를 생각해볼 수는 없을까?

당시 한국 법으로는 불가능했다. 친권은 온전하거나 박탈당하는 수밖에 없다. 국가가 아기의 후견인으로서 미국에서의 절차를 대신하려면 이 여성의 친권은 영구히 박탈되어야 했다.

조 판사는 마지막으로 이 여성에게 물었다.

"하○○씨, 만약 아기를 한국으로 데려오면 직접 키울 수 있나요? 그러기를 원하세요?"

이 질문을 듣자 내 마음도 덜컥 내려앉았는데 생모의 마음은 어땠을까. 말이 없다. 고개는 숙여졌다. 이 질문을 좀더 일찍 물었다면, 아니, 처음부터 그게 당연한 듯이 일이 이루어졌다면 어땠을까.

법정에 잠시 침묵이 흐르고 다시 조 판사의 나지막한 목소리가 들렸다.

"법원이 친권을 박탈하는 이유는 하씨를 벌주기 위함이 아니라, 아기의 안전을 보장하려는 겁니다. 아기가 국가의 보호 아래 있어야 한국으로 안전하게 돌아올 수 있어요. 아기를 데려오기 위해 반드시 필요한 조치라서 이런 결정을 내리는 겁니다."

말없이 고개를 떨군 채 법정에 앉아만 있던 이 여성에게 이 모든 일이 과연 어떤 의미일지 가늠이 되지 않는다. 이 여성을 변호하기로 되어 있던 변호사는 법정 문밖으로 나오자 아무에게도 눈길 한번 주지 않고 혼자 엘리베이터를 타고 떠났다. 나와 우리 측 변호사와 생모는 함께 다음 엘리베이터를 탔다. 정적이 흘렀다. 1층에 도착하자 하씨는 우리를 쳐다보지 않은 채로 살짝 목례만 하고 떠났다. 그 모습에 나는 좀 안도가 되었다. 아기를 안전히 잘 부탁한다는 그런 의미 아니었을까? 그리고 우리를 믿고 싶다는 마음 아니었을까?

가정법원의 결정이 나오자 행정법원의 소송은 심리 한번 없이 흐지부지 끝났다. 각하였는지, 루셀 측에서 관련 소송을 모두 취하했는지 잘 기억나지 않는다.

미국에서의 입양 소송도 허무할 정도로 간단하게 결론이 났다.

SK는 입양 대상 아동이 될 수 없다. 난민아동수용소의 보호하에 있고 한국에 후견인이 있다. 다른 사람의 아이를 자기 아이로 입양할 수 없다. 아동의 입양 적격이 성립하지 않으면 입양 재판은 없다. 간결하고 단순하고 명확한 원칙이다.

이제 사두르 판사의 연방법원 재판만 남았다.

아동 신병에 대한 결정 권한은 난민아동수용소에 있다. 사두르는 이미 난민아동수용소로 공을 넘겼다.

이제야 전면에 등장한 미 보건복지부 산하 난민아동수용소는 국경에서 보호자 없이 발견된 18세 미만의 아동을 보호하는 정부 조직이다. 남부 국경 지역에서 발견된 남미 국가 아동이 대다수이며, 수용 시설이 몹시 열악해서 미국 내뿐 아니라 전 세계 언론의 주목과 비판을 받아왔다. 시설과 프로그램을 개선하고 있다고는 하나, 아동 난민은 이중 삼중으로 취약하고 위험한 위치에 놓인다. 부모와 자신이 태어난 나라의 보호에서 벗어났으며, 어린 나이에 난민 신분에 처해 있다.

난민아동수용소는 이미 한번 아동을 루셀의 집에서 분리하려고 시도했다가 소송을 당하고 되돌려준 바 있다. 이제 다시 같은 방법으로 아이를 강제 분리했다가는 집 앞에 진을 치고 있는 수많은 카메라에 자지러지는 아이와 울며 매달리는 루셀 부인의 모습이 찍히고 전 세계에 생중계될 판이다.

이제는 정말 미국 정부가 움직여야 할 때이지만 여러 정치적 상황을 살피느라 요지부동이었다. 아침마다 전화로 제프를 닦달해봐야 소용없었다. 그래도 나는 매일 아침 그에게 전화를 걸었다.

그렇게 다시 며칠이 흐른 뒤 제프에게 전화가 왔다.

"루셀 부부가 모든 걸 포기하고 한국 정부에 아이를 넘겨주겠다고 합니다."

이들도 아무리 버틴대도 결국 아기를 갖지 못할 것이라는 현실을 인지했던 것 같다.

"아이를 넘겨줄 절차를 협의하자고 하네요."

한편으로는 기가 막혔다. 자신의 무모한 행위로 두 나라가 이렇게 많은 대가를 치렀는데 협의를 하자니…….

"미국 정부는 동의하기로 했어요."

"처벌은 없나요? 그들은 미국 법도 분명히 어겼잖아요?"

"미국 정부는 형사 소추는 안 하기로 했습니다. 이미 루셀 부부는 가장 소중한 것을 잃었고, 처벌보다 더 큰 고통을 감내해야 하니까요."

"그렇군요."

대답은 했으나, 나에게는 어리고 작고 마른 SK의 생모가 떠올랐다. 루셀이 가장 소중한 것을 잃었다면 이 생모는 무엇을 잃었다고 할 수 있을까.

가장 덜
해로운 방법으로

아이를 넘겨주는 절차는 이미 사두르 판사의 법정 후견인 자문에 의해서 오래전에 진단과 결론이 나와 있었다. 법정 후견인의 결론은 이렇다.

SK의 월령을 고려해볼 때 이미 루셀 가족과 상당한 애착관계가 형성되었을 것이다. 그러나 장기적으로 SK의 최선의 이익은 자기가 태어난 나라 한국에서 새로운 가정에 입양되어 자라는 것이다. 다만 SK가 겪을 분리 트라우마를 최소화하기 위해 루셀 가정에서 새로운 가정으로 바로 입양되어야 하며, 위탁가정이나 보호시설에서 불안한 시간을 보내서는 안 된다.

루셀은 언론 플레이를 시작할 때부터 한국 정부가 아이를 데려가면 분명 고아원에 수용할 것이라고 말해왔다. 그게 한국이 이런 아동을 보호하는 방법이라고 알려졌다. 연방법원이나 미 보건복지부에서도 한국이 아동을 데려가면 바로 입양이 예정된 가정에서 긴급 보호할 수 있도록 조치를 취해달라고 요청했다.

결국 한국 정부는 이들의 기준에 맞추기 위해 우리가 해본 적 없는 일을 해야 했다. 정부가 직접 아동을 위해 입양 가정을 찾는 일이었다.

이것은 오롯이 보건복지부의 일이다.

이럴 때 보건복지부는 시설 대표들을 불러 모은다. 입양이 정부의 아동보호정책이기는 해도 실제로 이 일은 모두 민간 기관에서 행해진다. 아이들을 보호하는 시설이나 양육하는 인력 모두 민간 기관의 소관이다. 아이들을 보호하는 절차와 형식도 이들의 관행을 따르며 입양 부모를 구하고 교육해서 아이와 부모를 연결해주는 것도 이들이 담당한다. 물론 관련 법규가 있지만 실제로 어떻게 적용되는지 정부는 알지 못한다. 알아야 하는 게 원칙이지만 현실은 다르다. 정부는 직접 아기들을 보호할 시설도 인력도 노하우도 없다.

내가 끝까지 하고 싶지 않았던 일, 4대 입양 기관장들을 불러 모으고 정부가 할 수 없는 일을 이들에게 부탁하는 것을 피해갈 수 없었다.

4명이 모두 모였다. 이들은 벼르고 왔다. 이전의 어떤 과장도 자신들을 이렇게 취급하지 않았다는 불만을 힘껏 표출했다.

지난 회의에서 나는 이들에게 각각 숫자가 적힌 봉투를 전달해야 했다. 이른바 쿼터제였다. 한국 정부는 국제입양을 창피하게 여겼다. 여러 해 전부터 매년 전년 대비 전체 국제입양 아동 수를 10퍼센트씩 줄이겠다고 발표해왔다. 그 정책을 시행하기 위해 보건복지부는 기관들을 제어할 유일하고도 가장 강력한 수단으로 국제입양 대상 아동이 비자를 받기 위한 필수 서류인 '해외이주허가서'의 발급 수량을 조정한다. 따라서 다음 해 국제입양을 보낼 수 있는 아동의 숫자는 이미 전년 대비 10퍼센트 축소된 것으로 정해져있다. 그 수량을 입양 기관별로 나눠주는데, 그 기준은 각 기관의 지난해 국내입양 실적이다. 아동복지과장으로서 담당자에게 이 제도의 설명을 들으면서 치욕스러웠다. 정부가 전지전능하지는 않다. 그렇더라도 이 정도는 아니어야 하지 않나. 그리고 수십 년 동안 이런 정책을 좀더 낫게 고칠 기회는 얼마든지 있었을 것이다. 이 자리에 있었던 공무원 대부분은 제도를 고치는 대신 도망을 택했다. 나도 결국 별수 없을 것이다.

숫자가 적힌 종이를 편지 봉투에 넣어서 담당자가 내게 전해줬다. 내가 입양기관장들을 불러서 국내입양 실적을 당부하고 봉투를 나눠줘야 한다고 했다. 나 역시 그 '정책'을 고칠 수는 없었다.

숫자를 받아든 한 입양기관장이 거칠게 불만을 드러냈다.

"우리 아니면 그 애들 다 길거리에 버려질지도 모릅니다. 우리 돈 들여서 분유 먹이고, 기저귀 사고, 예방접종 시키고, 위탁모에게 맡겨 키웁니다. 그 아이들 다 우리 건데 왜 정부가 나서서 애를 입양 보내라 마라, 몇 명을 보내라 이러는지 모르겠네요. 외국에는 아이들을 원하는 부모가 얼마든지 있어서 우리는 더 보낼 수 있어요. 국내에서 입양시키는 게 얼마나 어려운지 아세요? 그 부모들한테 우리가 사정사정해야 됩니다."

그렇게 회의를 끝내고 헤어졌던 사람들을 다시 불러 모아야 했다.

한국에서 SK를 바로 입양할 가족을 찾아야 한다고 상황을 설명했다. 각 입양 기관에 가정 조사와 입양 부모 교육을 마친 분들이 계실 테니 좋은 가정을 추천해달라고 얘기했다.

먼저 루셀의 입양 신청을 거절했던 기관의 장이 말을 시작했다.

"그 미국 여성이 입양 절차를 위반한 잘못은 있지만, 미국까지 간 아이를 굳이 다시 데려올 필요가 있었는지 모르겠습니다. 거기서 잘 살 수 있도록 미국 정부하고 협의를 했다면 더 좋았을 텐데……."

다른 사람이 옆에서 거든다.

"그러게요. 일이 터졌을 때부터 우리하고 상의했으면 우리가 미국 입양사회에도 알려서 방법을 찾을 수 있었는지도 모릅니다."

이미 그런 논의를 할 시기는 지났고 입양 가정을 찾는 게 시급하다고 하니 이런 답변이 돌아왔다.

"우리는 협조할 수 없습니다."

사전에 사보타주를 결의하고 온 모양이다.

"우리가 맡기로 한 아이도 아닌데 우리가 입양 보낼 수는 없잖아요."

귀를 의심했다. 이해도 되지 않았다. 이게 무슨 말이지?

아이 부모가 어떤 사람이고, 어떤 처지였으며, 자기네 기관에서 아이를 받을 만한지, 입양 부모들에게는 뭐라고 설명할지 등등 기관에서 전권을 쥐고 있어야 한다는 의미였다. 게다가 언론에 다 알려진 '유명'한 아기를 입양할 부모는 없다고도 했다.

기관의 관리 감독 권한과 책임이 있는 공무원 앞에서 이렇게 거리낌 없이 내부 비즈니스 모델을 말한다는 건 이미 오래전부터 기관과 정부가 한 몸이라는 뜻이다.

『월스트리트저널』 기자의 말이 다시금 떠올랐다.

'당신은 당신 나라 입양 기관들의 독점적 이익을 지키기 위해서 이러고 있는 거라고요.'

기관장들은 돌아갔다.

뭘 어떻게 해야 할지 한 치 앞도 보이지 않던 때에 준비된 입양 부모가 나타났다. 공적인 기관에서 입양 부모 자격 심사와 교육까지 다 마치고, 오랫동안 아이를 간절히 기다리던 부부가 예비 양부모로 선정됐다. 기적 같은 일이었다.

이렇게 모든 절차에 대한 협의가 끝나자 일은 물 흐르듯 자연스럽게 진행됐다. 후견인인 서울시 아동복지센터장이 루셀 가족의 집으로 가서 미국의 난민아동수용소가 지켜보는 가운데 아이를 데리고 나왔다. 예비 양부모가 인천공항에서 바로 집으로 데리고 가서 양육하기로 절차가 합의되었고 그대로 이행되었다. 가장 해가 적은 방법the least detrimental alternative이 실제로 작동됐다.

어떻게 알았는지 시카고 공항과 인천공항에 수많은 카메라 기자가 진을 치고 있었지만, 이 아이는 양국 정부에서 특별히 마련한 경로로 누구의 눈에도 띄지 않고 빠져나올 수 있었다. 아기가 한국을 떠난 지 8개월 만에, 그를 둘러싸고 7월부터 이듬해 2월까지 미국의 주 법원과 연방법원, 한국의 가정법원과 행정법원에서 수많은 소송전을 벌이고 나서야 이 사건은 끝이 났다. 아기는 적어도 내가 아는 바로는 안전하다.

보건복지부에서도 몇 개월에 걸친 대장정의 마지막을 보기 위해 몇 사람이 공항으로 나갔다. 하지만 정작 나는 가지 못했다. 아이의 얼굴을 볼 용기가 나지 않았기 때문이다.

아이가 비행기를 탔다는 소식을 듣고 제프에게 전화를 걸었다.

"자, 이제 우리는 뭘 해야 하죠?"

"지금 SK가 탄 비행기를 실시간 트래킹하고 있어요."

"그게 가능해요?"

"네, 웹사이트가 있어요. 그 비행기가 서울로 잘 돌아오는지 모니터링하는 중이에요."

"왜요?"

"혹시라도 비행기가 평양으로 가면 안 되잖아요."

이걸 미국식 유머라고 봐야 하나. 실없이 웃으면서 서로 고생했다는 인사를 전하며 전화를 끊었다.

그날 점심은 그루와 함께하기로 했다. 다른 생각이 나지 않았다.

프랑스 식당에서 생선 요리를 시켰다. 말없이 부드러운 생선 살을 먹는데 갑자기 어금니 하나가 깨지듯이 아팠다. 난생처음 느껴보는 고통이었다. 바로 광화문에 있는 치과로 향했다.

의사가 이를 보더니, 어금니 하나가 네 조각으로 쪼개졌다고 한

다. 수분이 하나도 없이 마치 과자가 바스러지듯이 부서졌다고 한
다. 이를 뽑고 임플란트를 해야 하는데, 바스러진 이를 한 번에 뽑을
수가 없어서 정으로 이를 조각내서 흡입기로 빨아들여야 한단다.

이 하나를 SK의 귀환과 맞바꾼 셈이다.

다시 공항

마취를 하고, 이를 긁어내고, 사무실로 돌아와 앉았다. 약 기운 때문인지 이빨을 빼느라 긴장했던 온몸의 힘이 풀려서인지 의자에 그대로 앉아 까무러치듯 잠시 정신을 잃었다.

눈앞이 온통 하얗다. 하얀 건지 투명한 건지 잘 모르겠다. 그 시작과 끝을 알 수 없는 공간이 펼쳐져 있다. 발밑을 받치는 공간도 모두 하얘서 발을 내디디면 떨어지는 건 아닌지 알 수 없는 곳에 나 홀로 서 있었다. 공간에 조금씩 눈이 익숙해지니 위로는 유리로 된 돔이 있는 듯하다. 확실치는 않다. 옆면도 온통 투명한 창인 듯하다. 창밖으로 게이트와 비행기를 연결하는 트랙 같은 물체가 보인다. 아, 여기는 공항인가보다. 비행기를 타기 직전에 거치는 게이트 앞 대합실인 것 같다.

하얀 의자에 한 아이가 앉아 있다.

끝이 보이지 않는 공간에서 눈에 띄는 존재라고는 그 아이밖에 없다.

아이를 향해 조심스럽게 걸어가본다. 거리가 가까워진다. 가까워질수록 참으로 작은 아이라는 걸 알 수 있다.

아이가 앉아 있는 의자 앞에 무릎을 굽히고 앉았다. 너무 어리고 작다. 왜 이런 곳에 혼자 앉아 있는 것일까? 아이의 눈빛은 그저 어린아이의 반사작용이 아니라 심오한 사고를 담고 있었다.

안녕, 너는 누구니?

나는 당신을 알고 있어요. 당신도 나를 알죠?

이 아이가 SK구나. 하지만 그 말은 내 입속에서만 맴돌았다.

그래 누군지 알겠다. 내가 너에게 참 엄청난 일을 했어. 내가 한 일이 올바른 걸까?

다른 말이 떠오르지 않았다.

SK의 대답인 것 같은 말이 내 머릿속에 들려왔다.

네. 참 엄청난 일이 있었어요. 하지만 당신은 당신이 해야 할 일을 했을 뿐이에요. 나를 위한 일도 아니고, 누구를 해하기 위한 것도 아니었지요. 그저 그 자리에 당신이 있었고, 그 일을 누군가는 해야 했어요.

미안하다.

뭐가 미안하죠?

네 엄마의 일.

많은 사람이 많은 결정을 했어요. 모두 나에 대한 일인데 다른 사람들이 결정해버렸죠. 사람이 태어나면 자연스럽게 벌어지는 일들이 왜 나에게는 이렇게 다르게 펼쳐졌을까요. 엄마 몸에서 태어나 엄마 품에 안겨 자라는 게…… 그렇게 많은 사람에게 너무나 당연한 일이 나에게는 일어나지 않았죠. 자기가 할 수 없는 일을 자기 책임으로 돌리지는 마세요. 나에게 제2의 삶의 기회, 더 좋은 삶을 주었다고도 생각하지 마세요. 그렇다고 나를 궁지로 몰아넣은 것도 아니죠. 당신은 당신의 삶을 계속 살고, 저는 제 삶을 계속 살게요. 나도 크면 스스로 결정할 수 있을 때가 오겠죠. 그러면 좋겠어요.

그래, 그러면 좋겠다.

속으로 억누르려던 질문이 터져나왔다.

한국으로 다시 돌아오는 게 너에게 잘된 일일까?

잘된 일이라는 게 어떤 뜻이죠? 그게 앞으로 내 인생에 더 나을지를 묻는 건가요? 이 부모가 더 나을까, 저 부모가 더 나을까, 이 나라가 더 좋을까, 저 나라가 더 좋을까. 그런 의미인가요?

어떤 부모가 좋을지, 어떤 나라가 좋을지, 그걸 당신이 알 수 있다고 정말 생각해요? 세상의 누가 그런 판단을 할 수 있나요? 아무도 할 수 없는 일을 자신은 할 수 있었다고 생각하지 마세요.

나는 물건이 아니에요. 하지만 내 힘으로 단 한 발짝도 옮길 수 없죠. 그래서 누군가에게 안겨 나가고 다시 누군가에게 안겨 돌아왔어요. 하지만 나도 당신과 똑같은 권리를 가진 인간이에요. 적어도 당신은 그걸 알고 있었던 것 같아요. 나를 동정의 대상으로만 대하지는 않았잖아요. 자기 마음대로 이게 제일 좋은 거라고 혼자서 결정하지는 않았잖아요. 그렇지만 고맙다고는 말하지 않을게요. 당신은 당신 자리에서 마땅히 해야 할 일을 했을 뿐이니까요.

나는 너를 네 친엄마에게 되돌려놓지 못했어.

맞아요. 그건 내가 평생 안고 가야 할 질문이겠죠. 왜 내 엄마는 나를 키우지 못했을까. 하지만 나는 적어도 나에게 무슨 일이 있었는지조차 모르고 살아가고 싶지는 않아요. 내 인생이니까요. 나는 왜 내 엄마에게 살아가는 힘이 되지 못했을까 하는 질문의 해답은 평생 찾아야겠죠. 죽을 때까지 답을 찾을 수 없을지도 모르지만요.

이 만남이 실제일까? 아니면 내 머릿속에서 마음대로 만들어낸 것일까? 속으로 생각했다.

SK는 내 머릿속에서 일어난 질문을 알아챈 것 같다.

물론 이건 당신의 머릿속에서만 일어난 일이에요. 하지만 왜 머릿속에서 일어나는 일은 진실이 아니라고 생각하나요? 현실에서 일어날 수 없는 일이기에 더 진실할 수도 있어요. 우리 대화를 잊지 마세요. 하지만 내가 커서 이 대화를 당신과 실제로 할 수 있는 날이 돼도 나를 찾으려고는 하지 마요. 각자 인생의 짐을 지고 걸어가고 있을 테니. 편안히 가세요. 안녕.

눈을 떴다. 정신이 들었다. 어딘가 멀리 갔다 온 것처럼 싸한 기분이다.

이 일은 끝났다. 믿을 수 없을 만큼 깨끗하게.

아무도 이 이야기를 더는 하지 않는다. 아무도…….

마치 기억삭제 마법에라도 걸린 듯 이 일은 우리 모두에게서 그냥 사라졌다. 이 일이 실제로 일어났다는 증거는 내가 마지막으로 서명한 실러 변호사에 대한 비용 청구 지불 서류였다.

아기가 태어났던 미혼모 시설은 일부 제재를 받았으나, 그 원장의 딸 혹은 며느리가 계속 맡아 한다는 얘기가 들려왔다.

이 모든 일을 촉발한, 거짓 입양 절차를 알려준 한국인 미국 변호사와 그 로펌 역시 어떠한 제재도 받지 않았다.

인천공항의 출입국 절차에서도 아동에 대한 특별 조치는 취해지지 않았다. 인천공항은 세계적으로 인정받는 효율성 1위 공항의 위상을 지키기 위해 속도를 늦추는 일은 하지 않겠다는 의지가 확고했다.

아기 엄마는 친권을 박탈당하고 아기는 한국에서 다른 가정의 자녀가 되었다. 한국 법제사상 처음으로 도입된 가정법원이 아동의 입양을 결정하는 절차에 따라, SK는 새로운 부모와 가정과 신분을 갖게 되었고 그의 이름은 더 이상 SK가 아니다.

사건과 관련된 그 누구의 일상에도 아기와 엄마 두 사람의 인생에 일어난 타격 및 변화에 견줄 일은 일어나지 않았다. 그래서 우리는 안전하게 이 일을 기억에서 삭제할 수 있었다.

2부

아
기

슈
퍼
마
켓

아기를 살 수 있는
슈퍼마켓

마치 아무 일도 없었다는 듯이 세상은 돌아갔다. 이제 모두가 제자리로 돌아가 편안한 삶을 영위해도 될 줄 알았다. 이렇게 공무원으로 계속 '건승'하리라 생각했다. 바로 그날까지는.

나는 더 이상 이 나라 모든 아동의 복지를 책임지는 공직자가 아니었다. 일반적인 기준으로 보면 더 좋은 자리로 옮겼다. 자리를 따라오는 유무형의 크고 작은 이익에도 잘 적응해가고 있었다.

어느 화창한 날 서울시내 고급 호텔에서 열리는 한 국제 행사에 참석했다. 통창으로 광화문, 경복궁, 청와대, 북악산, 저 멀리 북한산까지 보였다. 내부의 화려한 장식도 놀라웠고 넘지 못할 지위에 오른 사람들이 보여준 특권도 대단해 보였다. 내외빈 소개와 축사로 시작된 행사가 이어졌다. 기념사진을 찍고 행사가 마무리될 즈음 한 젊은 남성이 내게 다가와 명함을 내밀었다. 겉모습은 동양인이었다. 그런데 유럽이나 서구 쪽 조상을 둔 사람의 성이다. 보통 이런 외양의 사람은 국적이 미국이나 유럽의 어떤 나라더라도, 성은 김·이·왕·응우옌·스즈키 등일 때가 많다. 여성이라면 결혼해서 남편 성을 따랐나보다 생각할 수 있지만, 남성은 다르다. 그렇다면 아시아에서 태어나 서양 국가로 입양된 사람일 가능성이 높다. 이런저런 자기소개 끝에 그는 나에게 SK 사례를 담당한 사람이냐고 묻는다. 내 얼굴에 당황한 표정이 역력했을 것이다. 그 이슈가 나올 자리가 아니었기 때문이다. 그러고는 내게 개인적으로 할 말이 있다고 했다.

행사장을 빠져나와 로비에 자리를 잡고 앉았다. 그가 나에게 하려던 이야기는 SK 사례가 일회성으로 끝난 이례적인 일이 아니라는 것이었다. 그리고 얼마 전 미국 대사관에서 실제로 일어난 일이라면서 또 다른 이야기를 들려주었다.

한 한국계 미국인 여성이 한국에서 아기를 낳았다며 광화문에 있는 미국 대사관에 아기 출생신고를 하러 왔다. 외국 땅에서 태어난 미국인은 대사관에서 출생신고를 받게 되어 있다. 미국 입국 서류를 받기 위해서도 반드시 필요하다. 그런데 대사관 직원이 이상한 점을 발견했다. 병원에서 발급한 서류에는 분명 제왕절개수술로 출산했다고 적혀 있는데, 출산한 지 며칠 되지 않은 여성의 거동이 너무 멀쩡한 게 의심스러웠다. 여성 직원은 신고자를 다른 방으로 데리고 가서 수술 자국을 확인해보고자 했다. 여성의 몸에는 수술 흔적이 없어 대사관은 바로 경찰에 신고했다. 상황을 확인한 바로는 이 미국인 여성이 임신한 한국 여성과 합의해서 자기 이름으로 임산부를 병원에 입원시키고 아이를 낳게 했다. 한국의 병원은 개인이 운영하는 사업체이기 때문에 건강보험을 사용하지 않고 외국인이 현금으로 병원비를 지불하면 이런 일이 가능하다. 미국인 여성은 병원에서 자기 이름으로 아기의 출생증빙서류를 받을 수 있었다. 이대로 미 대사관에 신고가 접수됐다면 아기의 완벽한 신분 세탁과 국적 세탁이 가능했을 것이다. 만약 제왕절개가 아닌 자연분만이었다면, 대사관 직원이 확인하지 않았다면, 이 여성이 좀더 치밀했다면 계획이 달성됐을지도 모른다.

제프의 말이 떠오른다. 그는 '미국인들이 한국을 아기 사러 가는 슈퍼마켓으로 여기지 않았으면 좋겠다'고 했다. 그때는 과장이 심하다고 생각했지만 이제 더는 그렇게 느끼지 않는다. 내가 모르는 사건이 얼마나 많을까. 동남아시아 국가에서 미국 영사직을 수행한 외교관들은 아동 불법 이송 혹은 불법 입양에 얽힌 기이한 경험담을 무수히 갖고 있다고 한다.

그 아기는 어떻게 되었냐고 물었다. 남성은 거기까지는 잘 모르겠다고 했다. 하지만 그 일로 처벌받은 사람은 없는 것 같다고 했다. 이번에도 아기에게만 모든 걸 뒤집어씌우고 다들 아무 일도 없었다는 듯이 일상으로 돌아갔을까. 아기는 고아원으로 보내졌을지도 모른다. 대화는 그렇게 끝났다. 아무도 그 아기가 지금 어디에 있는지 묻지 않는다. 어쩌다 죄책감이 좀 들면 TV에서 광고하는 자선단체 중 하나에 후원금을 보낸다.

보건복지부에서 나는 겉으로 보이는 게 다가 아니라는 사실을 매일매일 깨달았다. 하지만 자리를 옮기면서 알게 된 것을 외면하고 싶었다. 몰랐거나 외면하며 지냈던 안락한 일상이 더 좋았다고 생각했다. 이미 수십 년간 이 조직에서 많은 사람이 같은 일을 해왔지만 아무도 관행을 바꾸지 않았다. 바꾸라고 요구하지도 않았다. 그리고 아무도 책임을 묻거나 지지도 않았다. 그저 가만히 있어도 다들 무사했다. 그런데 왜 외부에서 이 조직으로 뚝 떨어진 내가 책임감을 느껴야 하나.

사무실로 돌아가는 차 안에서 문득 내가 계속 이 문제로 소환되고 있다는 생각이 들었다. 다른 직무로 옮겨도 마찬가지고 도망가도 소용없다. 세상에서 이 일을 완성된 퍼즐의 전체 그림처럼 꿰고 있는 사람은 나밖에 없다고, 해야 할 일이 있다고 무언가가 나를 계속 끌어당기는 느낌이었다. 나 말고는 아무도 이 일을 모른다는 사실이 엄청난 중압감을 준다. 세상에 빚을 진 느낌이다. 온 세상이 빚을 갚으라고 나를 밀어붙인다. 선각은 때로 굴레가 되기도 하지만 진실의 문을 열었다는 느낌은 삶을 바꾸기도 한다.

두 가지 경력이
한 점에서 만나다

정확히 20년 동안 공직에 몸담은 뒤 그곳을 떠나 서울대 법학대학원의 전업 연구자가 되었다. 개인사로 볼 때 코페르니쿠스적 전환이라 할 만도 했고, 일반직 공무원이 잘 선택하지 않는 길이었기에 주변 사람들도 의아하게 생각했다. 저 사람이 무슨 사고를 친 건 아닌가 하는 의심의 눈초리를 보내기도 했다.

공무원으로 지낼 때도 대부분 국제법 연구를 병행했다. 미국에서 국제법 석사학위를 따고 바로 서울대 박사과정에 들어갔다. 일하고 가정도 돌보면서 공부까지 하겠다는 것은 지나친 욕심일 수 있다. 하지만 나는 살려고 공부했다. 공부라도 해야 숨이 쉬어졌다. 공부가 없었더라면 매일 아침 출근하는 공무원 생활을 이렇게 오랫동안 해낼 수 없었을 것이다.

학위를 염두에 두진 않았다. 그저 수업을 듣고 책을 읽고 교수님, 교우들과 좋은 곳에서 토론하는 분과 세미나가 좋았고, 토요일마다 학술지 논문들을 강독하는 게 즐거웠다. 그렇게 10년 넘게 박사과정에만 있었다. 수료하고도 논문 쓸 생각을 않는 내게 지도교수님은 '내가 정년 퇴임하기 전에는 써라'라는 말씀을 달고 사셨다. '교수님, 제 이마에 논문이라고 쓰여 있기라도 한가요?'라며 농담도 했지만, 내가 논문을 쓰게끔 밀어붙여주신 분이다. 게다가 논문을 영어로 출간하고 아마존에 올려서 전 세계 전문가들이 인정할 만한 수준이 되도록 강하게 키워주셨다. 무엇보다 논문 주제의 가치를 알아보고 지지해주셨다. 국제통상, 국제보건 같은 주제도 흥미로워 보였지만 일과 공부가 평행으로 달리던 중 마침내 만나는 지점이 생겼다. 바로 국제입양과 아동의 권리였다.

중앙부처 공무원으로서 옮겨다니며 풀어야 하는 과제를 마주치면 그 자리를 거쳐간 사람들이 쌓아놓은 전문가 목록에서 큰 도움을 받는다. 전화기만 들면 대한민국 최고의 전문가들과 연결되고 의문이 풀릴 때까지 대화할 수 있다. 하지만 그렇지 못한 분야도 있다. 사회가 경시하고 소외시킨 분야여서 공부해봐야 돈도 명예도 기회도 주어지지 않는 주제들이다. 내 경험으로는 보건복지부 아동복지과장 자리에서 맡은 업무가 가장 심했다. 심지어 사회복지 전공 교수들조차 "아동 입양은 잘 몰라서요"라고 했다. "그 문제는 그냥 입양 기관에 물어보시죠"라는 게 그들의 답이었다. 전문가라고 할 만한 집단이 존재하지 않았다. 한미관계, 북한의 핵 문제, 언론 또는 경제나 무역에 대해 물어봤더라면 이런 대답이 돌아왔을까? 한동안 트럼프가 북한을 워싱턴 정가의 최대 이슈로 띄워놓았을 때, 워싱턴 DC 근처 한인타운 애넌데일에서 비빔밥 한번 먹어본 사람들도 북한과 북핵 전문가처럼 떠들고 다닌다고 했다.

70년간 20만 명의 영유아가 이 나라를 떠나갔다. 불과 네 곳의 민간 기관이 한 일이라기에는 엄청나다. 그런데 그 세월 동안 숫자와 통계 외에는 법, 정책, 역사, 개별 사례 등 어느 하나 제대로 연구된 것이 없다.

헤이그국제사법회의라는 전문 국제기구를 방문한 적이 있다. 여기서 아동 송출국 중 주요 국가의 연도별 입양 아동 수를 정리한 표를 보여줬다.

주요 송출국으로 중국, 한국, 인도 그리고 남미와 아프리카의 몇몇 국가가 눈에 띈다. 전체 송출국은 수십 개에 달한다. 이상한 점은 한국만 연도별 수치가 두 줄로 적혀 있다는 것이다. 숫자는 조금씩 차이가 났다. 이유를 물으니 로라 마르티네스 모라 법률국장의 이런 답변이 돌아왔다.

"헤이그국제사법회의가 국제입양아동 통계를 내는 방식 때문입니다. 아동 수령국은 미국과 서유럽, 호주 등 23개국인데, 이들 국가의 이민 당국은 국제입양으로 입국한 아동의 수를 매년 보고합니다. 이민정책이 매우 엄격하게 관리되기에 송출국별 입양 아동의 통계를 정확하고 상세하게 얻을 수 있습니다. 하지만 송출국은 이렇게 통계를 내기 힘들고, 통계가 있다고 해도 대외적으로 발표하기를 꺼립니다. 따라서 우리는 수령국의 정확한 통계를 송출국별로 다시 분류하는 방식으로 통계를 내왔습니다. 한국의 입양 아동

[표 1] 23개 수령국으로 가장 많은 아동을 입양 보내는 주요 15개 송출국

	2003-11	2003	2004	2005	2006	2007	2008	2009	2010	2011
중국	79,577	11,226	13,409	14,493	10,744	8,748	5,975	5,084	5,480	4,418
러시아	51,142	7,743	9,379	7,480	6,765	4,880	4,140	4,033	3,395	3,327
에티오피아	25,708	858	1,527	1,778	2,172	3,033	3,905	4,564	4,404	3,456
과테말라	24,138	2,676	3,424	3,872	4,232	4,851	4,186	799	58	40
대한민국	14,653	2,308	2,241	2,121	1,815	1,223	1,392	1,438	1,153	961
대한민국*		2,287	2,258	2,101	1,899	1,264	1,250	1,125	1,013	916
콜롬비아	14,631	1,750	1,734	1,466	1,639	1,635	1,617	1,415	1,798	1,577
우크라이나	13,984	2,052	2,019	1,987	1,046	1,614	1,577	1,517	1,094	1,073
베트남	10,927	936	488	1,198	1,370	1,695	1,739	1,518	1,279	704
아이티	10,457	1,056	1,159	958	1,096	783	1,368	1,241	2,601	195
인도	7,708	1,173	1,083	873	847	1,003	759	727	615	628
카자흐스탄	6,145	863	888	843	714	779	732	659	518	149
필리핀	4,591	418	414	503	476	569	600	583	516	509
브라질	4,106	472	478	473	518	485	490	462	380	348
태국	3,613	490	501	465	419	440	384	339	314	261
폴란드	3,371	347	406	409	395	381	408	402	325	298
총계	324,641	41,535	45,299	43,710	39,460	37,249	34,785	29,867	29,127	23,609

설명: 연도별 상위 5개국은 굵은 글씨로 표시하고 송출국별 최고 수치에는 밑줄을 그었다. 23개 수령국의 이민 통계를 참고했으며 대한민국 보건복지부가 직접 발표한 수치는 고딕으로 표시했다. 독일의 ISS 추정치와 미국의 1090개 인도주의 비자를 포함한다.
출처: 헤이그국제사법회의

통계가 두 줄인 이유는 통계 출처가 두 곳이기 때문입니다. 하나는 다른 송출국들과 마찬가지로 수령국 이민 통계에서 얻은 숫자이고, 다른 하나는 한국 정부가 자체적으로 발표하는 연도별 국외입양 숫자입니다."

한국은 송출국 중 유일하게 매년 자국이 내보낸 아이들 수치를 충실하게 발표하는 나라다. 로라가 왜 한국은 이런 통계를 매년 발표하냐고 묻진 않았지만 나 스스로 질문을 던져보았다. 왜 한국은 입양 아동 통계를 발표해왔을까? 어쩌면 이 책은 그 질문에 대한 답을 찾아가는 여정이기도 했다.

누구도 제대로 된 질문을 던져본 적이 없다. 다들 아이만 떠나보내고 나면 아무 일 없었다는 듯이 살아왔다. 전형적인 사회적 배제였다. 입양 기관과 행정기관들이 이 나라에서 태어난 국민 중 단지 운이 나쁜(운이 좋다고 믿는 사람이 더 많을지 모르겠지만) 사람들을 지극히 관료적인 서류 작업으로 타고난 신분을 세탁한 뒤 전혀 다른 인생을 살도록 결정해버렸다. 자신들의 이익과 편의만을 고려한 채.

내 논문의 제목은 '국제입양에 있어서 아동 권리의 국제법적 보호'다. 국제법은 이 주제를 연구하기 위해 적격인 학문 분야였다. 내 인생에서 두 주제가 만난 게 과연 우연일지 가끔 생각한다. 지도교수님은 이런 말씀을 하신 적이 있다.

'다학제간 연구는 절대적으로 필요하고 중요하다. 그런데 이 방법으로 연구하면 할수록 회의가 든다. 예를 들어 독도 연구를 위해 역사학자, 국제법학자, 해양학자 등이 모여서 얘기한다. 그런데 각기 다른 지식을 가진 사람들이 모였다고 다학제간 연구를 할 수 있는 게 아니더라. 이 연구는 각기 다른 지식이 한 사람 안에 쌓여야 가능하더라.'

내 논문 심사 회의가 열릴 때마다 나와 심사위원들 간에 긴 논쟁이 벌어지면, 심사위원들은 나더러 나가 있으라고 한 뒤 자기들끼리 다시 긴 시간 치열하게 싸웠다. 이분들은 대한민국에서 국제법, 국제사법, 민법 분야 최고의 전문가들이었으나 내 논문에 실린 내용은 그들에게도 생소했다. 한국에서는 아무도 이 주제를 국제인권 이슈로 다루거나 관련 법을 연구하지 않았기에, 내 연구는 독보적이라는 평가를 얻었음에도 더 많은 검증을 받아야 했다. 결과적으로 논문 심사위원들은 놀라워하거나 의심도 하며 열띤 토론을 했다. 나는 300쪽 분량의 논문에 600개가 넘는 각주를 달아서 심사위원들의 의심과 검증에 답했다.

한국에선 이 주제가 낯설지만 구글 스칼러에 영어로 검색하면 얘기가 달라진다. 전 세계적으로 국제입양인은 50만 명에서 100만 명으로 추정된다. 국제입양 송출국은 아시아, 남미, 동유럽, 아프리카 등에 걸쳐 80여 개국이나 되지만, 그중에서도 눈에 띄는 송출국이 있다. 한국은 70년간 20만 명을 입양 보내며 그 어느 나라보다 더 많은 아동을 내보낸 단연 최대 최장 송출국이다. 국제입양은 국제연합, 유럽연합, 미주, 아프리카 지역 기구에서 허다한 국제협약이 만들어질 정도로 논란이 거센 인권 이슈다. 그 기간 내내 몸통은 한국이었다. 한국 바깥의 새로운 나라와 가정에서 살아내야 했던 사람, 그를 키운 부모, 부모를 지원한 의사, 사회복지사, 변호사, 아동의 입양을 최종 결론 냈던 법원의 판사들……. 수많은 사람이 다양한 연구를 했다. 소아정신의학, 아동발달학, 사회복지학, 가족법,

이주민 연구 등 관련 분야에서 연구 결과가 쏟아진다. 논문의 초입은 대개 국제입양 현상의 개요를 다루고 대부분 '한국전쟁 이후 한국 아동의 입양이 이 현상의 시초였고 급속히 확대되었다'는 묘사가 빠지지 않는다. 한국 안에서만 눈감고 귀 막은 채 그 긴 세월을 뻣뻣하게 버텼다.

심사위원들의 논쟁이 절정에 이르자 그들 중 가장 원칙주의자인 지도교수가 이런 제안을 하셨다.

'이 논문의 최대 장점은 하려는 말이 명확하고 이를 분명하게 증명했다는 점이다. 전업 연구자의 길을 걷지 않은 사람의 글이라 일부 표현과 서술 방식에 어색한 부분이 있는 것은 사실이다. 하지만 그 점은 우리가 보완해줄 수 있다. 이 논문의 독창적 아이디어는 연구자의 공무원 실무 경험에서 나올 수 있었다고 생각한다.'

이렇게 많은 사람의 지원으로 나는 서울대 법대에서 이 주제를 다룬 최초의 박사학위 논문을 발표할 수 있었다. 2017년 논문을 마무리하고, 2020년까지 국내 언론과 학회에서 인터뷰도 하고 발표도 했으며, 공저로 쓴 책 『아이들 파는 나라』도 출간했다. 2020년 코로나19로 인한 보건 위기 상황이 세상을 바꾸었다. 국경을 넘을 수는 없었지만 온라인에서 새로운 길이 열렸다. 나도 이 시기에 연구 결과를 영어로 발표하기 시작했다. 강연, 세미나를 유튜브와 줌으로 진행했고 『코리아타임스』에 '입양인과의 대화Dialogues with Adoptees'라는 칼럼을 연재했다. 논문은 「전 지구적 '고아' 입양 제도: 그 기원과 발전에 대한 한국의 영향력The Global 'Orphan' Adoption

System: South Korea's Impact on Its Origin and Development」이라는 제목으로 아마존을 비롯한 유럽의 주요 온라인 서점에서 팔렸다. 스웨덴, 덴마크, 네덜란드에서 현지 북토크도 진행했다. 유력 저널에서 논문 게재 요청도 받고, 유럽의 유명 법대 교수들과 책을 함께 쓰자는 요청도 받았다. 쉽지는 않았으나 모두 해냈다. 나는 국제입양 이슈에 있어서 송출국의 시각으로 지속적인 연구 결과를 발표하는 연구자로 꽤 알려졌다. 서유럽의 여러 국가에서 2022년부터 과거 국제입양 관행의 불법과 인권 침해에 대한 조사가 강화되면서, 여러 나라 정부로부터 법적 자문을 요청받았고 캐나다 국영방송 및 미국 PBS와 인터뷰도 했다.

세계적인 전문가들은 내가 국제입양을 가능케 한 송출국과 수령국의 법제를 예리하게 파헤쳐 병의 근원을 밝혔고, 놀랍도록 차분하며 냉정하게 이슈의 핵심에 접근했다고 평가했다. 나는 70년도 더 된 법제 변화를 마치 화석을 발굴하듯이 캐내기도 하고, 국제입양을 결정하던 DNA가 화석이 되어 갇혀 있는 것이 아니라, 아직도 살아서 이 땅에 태어나는 사람들의 운명을 바꾸고 있다는 점을 밝히기도 했다.

한국은 미국 사람들이 건강하고 아름다운 두 살 미만의 아기를 손쉽게 구할 수 있는 공급처 역할을 해왔다. 불편하고 외면하고 싶지만 이것은 팩트다. 나는 이를 건조하고 고고한 법률 용어로 증명해냈다. 국제법 이론과 용어는 정부의 책임을 밝히는 목적과 기능으로는 유용했지만, 사람의 삶을 설명하는 데는 무뎠다. 국제법 연구자와 각국의 책임자들은 이해가 빨랐지만, 대중은 설득하지 못한 채 높은 곳에 서서 우아한 척하고 있었다.

이제는 해야 하는 줄 알면서도 그동안 묻어두고 망설여왔던 질문, 왠지 국제법 논문에 끼워넣을 어젠다로 적절치 않다고 생각해 의도적으로 연구 목록에서 빠뜨려왔던 그 질문을 직시할 때다.

아이의 엄마는
어디에 있나?

현수는 2010년 한국에서 태어났다. SK와 비슷한 시기에 한국에서 태어난 남자아이다.

2013년 10월 H 입양 기관을 통해 미국으로 입양되었다. 현수를 입양한 오캘러헌 부부에게는 아들이 하나 있다. 아버지는 해군이었다가 국가 안보 기관의 공무원이 되었고 파견된 이라크에서도 공을 세운 베테랑이다. 어머니는 전문직 여성이다. 모두 백인이고 안정된 중산층 이상의 가정이다. 아버지인 브라이언 오캘러헌은 미국의 국가 안보에 이바지한 사람이었으나, 그로 인한 외상후 스트레스 장애PTSD로 정신과 치료를 받고 있었다. 부부는 이런 사실이 입양 부모 자격 심사에 불리하게 작용할 것을 알고 약 복용을 중단하는 등 의도적으로 남편의 병력을 숨기고 한국 아동 입양을 신청했다.

현수의 미국 이름은 매독 현수 오캘러헌이다. 2014년 1월 말 메릴랜드주 병원 응급실로 이송된 현수는 몸 여기저기서 피가 났고,

뼈가 부러져 있었다. 또한 뇌가 크게 손상돼 출혈이 있었으며 뇌수가 몸 밖으로 흘러나와 있었다. 현수는 입양된 지 100일 만에 아버지에게 폭행당해 사망했다. 브라이언 오캘러헌은 일급 살인으로 기소되었다.

재판 과정에서 이 가족은 워싱턴 DC 연방 검사 출신에 형사재판에서 형량을 줄이는 데 탁월한 능력을 발휘하는 변호사를 선임했다. 이 변호사는 '이 사건은 끔찍한 비극이긴 하지만 범죄라고 부를 수는 없다'고 주장하며, 브라이언 오캘러헌의 정신병력과 전투에서 공을 세운 대가로 얻은 PTSD 진단서를 제출했다.

오캘러헌의 가족은 오히려 비극적인 일을 당한 불쌍한 모습으로 부각됐다. 그들은 아이를 벽과 바닥에 던졌다고 시인하면서 오열했다. 미국에서 이들의 입양을 중개했던 기관도 법정에 직접 출석했다. 현수는 뇌에 장애가 있고 키우기 힘든 아동이었다는 증언이 나왔다. 현수의 장애가 구체적으로 무엇인지에 대한 공식적인 자료는 없었다. 단지 아픈 아이, 특별한 조건이 있는 아이라는 말만 떠돌았다.

검사는 오캘러헌이 입양 신청 서류에서 의도적으로 정신병력을 누락하여 현수를 입양한 것은 불법이라고 주장했으나, 이 사실을 형사재판에서 특별히 고려하지는 않았다. 현수는 이미 죽었는데, 오히려 이 사실이 일급 살인으로 기소된 피의자에게 유리하게 작용할 수 있었다.

2013년 한국은 70여 년 법제 역사상 처음으로 아동의 입양을 가정법원의 판단으로 결정하도록 입양특례법을 개정했다. 현수의 입양은 서울가정법원에서 결정되었고 오캘러헌 가족은 한국 법에 따라 한국 법원에서 현수를 입양해 미국으로 데리고 갔다.

입양 절차를 전담한 한국과 미국의 입양 기관 어디에서도 이 사건으로 처벌받은 사람은 없다. 한국에서 관련 대책 회의가 열렸을 때 한 관계자는 '친부모에게 맞아 죽는 아이도 많다'고 말했다. 죽은 현수를 위해 양국의 정부 기관이나 입양 기관에 책임을 묻자는 시도조차 없었다.

현수의 유해를 처리할 권리는 법적으로 그의 유일한 가족인 오캘러헌 가족에게 있었다. 현수는 입양 어머니에 의해 미국 땅에 묻혔다. 묘비에는 '잘 웃고, 행복하고, 가족을 사랑하는 아들이자 동생이었고, 자신의 개를 사랑했다'고 적혔다.

현수는 짧은 생을 살았다. 그중에서도 불과 100일을 지냈던 오캘러헌 가족과 미국을 현수는 자신의 가족이고 나라라고 생각했을까? 현수는 3년 동안 한국에서 살았고 그를 돌본 한국의 가정이 있었다. 한국말도 했다. 현수는 자신이 왜 그렇게 옮겨져야 했는지, 왜 말도 안 통하는 낯선 사람들과 살아야 했는지, 왜 무자비한 폭력을 당하고 죽어야 했는지 아무것도 이해하지 못한 채로 고통받고 죽었으리라. 이 재판을 담당한 판사는 부검 보고서를 보고 "참으로 끔찍한 고통이었겠다. 부디 아이가 그 고통을 느꼈던 시간이 짧았기를 바란다"고 했다. 미국의 법정이 현수에게 더 이상 무슨 말을 할 수 있었을까.

2016년 재판이 끝났다. 브라이언 오캘러헌에게 검찰은 20년을 구형했고, 판사는 12년을 선고했다. 일정 기간 형기를 마치면 가석방이 가능하다. 가해자에게는 유능한 변호사가 있었지만, 피해자인 현수를 위해 말해주는 사람은 아무도 없었다. 그를 입양한 어머니이자 그를 살해한 사람의 아내인 오캘러헌 부인은 남편의 재판을 유리하게 이끄는 데 모든 노력을 다했다.

한국과 미국의 수많은 언론이 이 사건을 보도했으나, 이상하게 아무도 현수의 엄마에 대해서 말하지 않고 묻지도 않는다. 마치 처음부터 존재하지 않았던 사람이라는 듯이. 이 이야기를 읽었다면 그게 누구라도 '현수를 낳은 엄마는……'부터 떠올리지 않을까? 하지만 그 말은 누구의 입 밖으로도 나오지 않았다.

나도 그랬다. SK 사례를 다루면서 '엄마'는 애써 피하려고 했다. 아니, 고발 대상에서도, 재판 대상에서도, 조사 대상에서도 빼놓으려고 했다. 하지만 결국 그녀는 그 일의 시작이었고, SK 사례는 그녀 없이 마무리할 수 없었다. SK가 그 몸에서 태어난 이상 엄마를 빼놓고는 미국 법원도 정부도 그 어떤 법적이고 공식적인 절차를 진전시킬 수 없었다.

나는 SK의 엄마를 언급하거나 노출하지 않고 감추는 것이 그녀를 지키는 일이라고 생각했다. 한국과 미국의 언론이 현수의 엄마를 취재하지 않고, 언급조차 하지 않는 묵시적 담합도 같은 생각에서 비롯되었다고 본다.

현수의 엄마와 SK의 엄마. 미혼모, 결혼하지 않고 아이를 낳은 여자다. 가난한 나라에서도 가장 취약한 사람들이다. 하지만 한국은 더 이상 가난하지도 않고 미혼모라고 해서 무조건 아이를 키울 수 없다고 단정하지도 않는다.

'한국의 국제입양 아동 대부분은 미혼모의 아이들'이라는 증명되지 않은 슬로건은 국제입양 산업을 70년간 떠받쳐온 굳건한 신화다. 이 신화가 힘을 발휘하는 메커니즘을 자세히 들여다볼 필요가 있다. 핵심은 이것이다. 궁극적으로 국제입양은 누구에게 이익이 되는가? 과연 국제입양이 미혼모를 보호하고 지켜주기 위한 것인가, 아니면 그들을 보호한다는 구실을 방패 삼아 그 뒤에 숨어서 불법을 정당화하고 이익을 추구해왔는가?

미혼모
신화와 대상화

2012년 아니면 2013년, D 입양 기관 회의실의 긴 테이블 양쪽에 의자가 네 개씩 놓였다.

한쪽에는 서울가정법원 판사들이, 맞은편에는 입양 기관 회장과 상담실장 그리고 한 젊은 여성이 앉았다. 2012년 한국의 아동 입양 절차는 큰 변화를 앞두고 있었다. 개정된 민법과 입양특례법이 시행되면 전국의 가정법원에서 아동의 입양 재판이 열린다. 가정법원 판사들이 이를 결정해야 한다. 한국 법제사에 한 번도 없었던 일이다. 이 나라의 판사와 법률가들은 아동의 입양을 어떻게 결정해야 하는지 배워본 적도, 경험해본 적도 없다.

법 시행은 코앞에 닥쳤지만 법원은 아직 준비되지 않았다. 첫 번째 과제로 재판 규칙을 마련해야 했다. 어떤 절차로 무슨 서류를 갖추어야 재판을 신청할 수 있는지, 재판 신청이 유효하다면 판사는 어떤 요소들을 어떤 기준으로 고려하고 검토해서 판단할지, 그리고 누가 법정에 직접 나와야 하는지 정해진 바가 없었다. 또한 사안을 증명하려면 어떤 서류를 어디에 내야 하며 그 서류는 어디서 발행하는지, 판사가 직권으로 조사해야 하는 사안이 발생했을 때 조사원은 어떻게 조사를 진행할지, 그리고 최종 판결은 어떻게 집행할지 등 가능한 일들을 검토하고 예상해서 규칙을 세워야 했다. 물론 그렇게 한들 예상치 못한 일이 일어날 수 있지만, 당시 시점에서 할 수 있는 한 최선을 다해 준비해야 했다. 이 때문에 가정법원 판사들은 지난 70여 년간 이 일을 해온, 대한민국에 네 개밖에 없는 기관 중 하나를 직접 찾아왔다.

처음 나온 질문은 한 해에 생겨나는 대략적인 업무량이었다.

"한 해에 몇 건의 입양이 발생합니까."

"매해 줄어드는 추세입니다. 매우 걱정스럽죠. 입양되어야 할 아이는 아직 많은데 국내에서 입양 부모 찾기가 점점 더 힘들어집니다. 또 몇 해 전까지만 해도 국제입양이 2000건이었다면, 매년 10퍼센트씩 줄어들어 이제는 1000건 이하입니다."

듣는 판사들의 얼굴에 놀라는 기색이 역력하다.

국내입양은 전국의 가정법원으로 흩어질 수 있지만, 국제입양 사업은 서울에 위치한 세 곳의 대형 입양 기관에만 허가되어 있기에 모두 서울가정법원의 업무다.

입양특례법에서는 외국 사람이 한국 아이를 입양하고자 할 때, 이를 대리할 수 있는 입양 기관을 지정하고 이 기관을 통해서만 아이를 데리고 갈 수 있도록 규제한다. 따라서 국내 법원에서 판사가 최종 결정을 한다고 해도 여전히 대부분의 절차는 입양 기관의 손에 맡겨져 있다.

회의 말미에 입양 기관들이 끝까지 포기하지 않은 두 가지 '민원'이 등장했다.

D 입양 기관 회장은 우선 입양 대상 아동의 출생신고에 대해 얘기를 꺼냈다.

"얼마 전 법 시행령이 확정되었는데, 입양 재판에 제출해야 하는 서류 1순위가 아동의 출생증빙서류입니다. 그런데 미혼모가 출생신고를 하면 미혼모의 가족관계등록부에 혼인 외 출생 자녀가 등록됩니다. 이게 미혼모에게는 가장 큰 피해입니다. 앞길이 창창한 사람들의 호적에 지울 수 없는 흠이 생기면 어떡하겠어요. 그래서 저희는 지금까지 출생신고를 하지 않은 채로 아이들을 인수받아왔어요. 그리고 국내에서 입양 부모를 찾을 수 있으면 아예 그분들의 아이로 출생신고를 해버렸죠. 그렇게 하면 부모들이 밝히지 않는 이상 서류상으로는 입양한 아이라는 표시가 나지 않아요. 부모들도 그걸 선호하고, 아이들에게도 그게 좋지 않겠어요? 입양에 대해 한국 사회의 인식이 워낙 안 좋으니까요. 보증인 2명만 세우면 가능해요. 그리고 국제입양을 보낼 때는 출국 절차에서 출생증빙서류가 필요하니까 고아 단독 호적을 만들었습니다. 이미 수십 년 동안 구청과 협력해온 역사가 있어서 이 절차는 별로 어렵지 않습니다.

이렇게 입양 기관이 지금까지는 알아서 처리할 수 있었던 일을 이제는 재판을 거쳐야 하니까요. 다른 절차는 법원에서 정하시는 대로 따를 수 있겠는데, 이 출생증빙서류를 가족관계등록부 말고 다른 서류로 대체할 수 없을까요? 미혼모들에게 호적에 아이를 올리라고 하는 것은 너무 가혹하지 않나요? 수녀님들이 운영하는 기관도 있는데 다들 걱정이 많으세요. 지금까지는 아이를 낳기만 하면 수녀님들이 감쪽같이, 아무 일도 없었던 것처럼 해결해준다고 안심시켜왔는데요. 이제 미혼모랑 상담 전화를 하면 아기 출생신고를 하고 오라고 해야 돼요. 그럼 그 미혼모가 어떤 일을 할지 모르죠. 입양특례법이 개정되고 나서 베이비박스에 애들이 엄청 몰렸다는 뉴스는 이미 많이 나오고 있잖아요."

듣는 내내 불편했다. 불법을 이렇게 자세히 설명한다고? 내부 비즈니스 모델을 이렇게까지 솔직하게 털어놓는 것을 보니, 이제 법원과 입양 기관이 한배를 탔다고 생각하나보다. 법원에서 최대한 그간의 관행에 맞춰달라는 압박이 아니고 무엇이겠는가.

또 한 가지 민원이 있었다.

"지금까지는 입양 부모들이 한국에 오지 않아도 우리가 아이들을 가장 가까운 공항까지 데려다주는 서비스를 해왔습니다. 입양 절차에 시간이 얼마나 걸릴지 알 수 없는데, 먼 곳까지 오면 숙소도 마땅치 않고요. 번거로운 일이 한두 가지가 아닙니다. 그럼 외국의 양부모들이 한국 아이를 기피할 수도 있고요. 그러니까 외국인 입양 부모가 한국 법정에 반드시 참석해야 하는지 판사님들께서 잘 고려해주셨으면 합니다."

이어서 상담실장이 자기 옆에 앉아 있는 젊은 여성에 대해 말하기 시작했다.

"○○씨는 대학생인데, 애인과의 사이에서 아기가 생겼어요. 건강한 아기를 용감하게 잘 낳았습니다. 아기를 낳기 전부터 입양 보내기로 결정했고요. 저희가 양부모를 찾았고 오랫동안 아이를 기다리던 좋은 집에 보냈습니다. 대대로 큰 부잣집인데, 아들이 없어서 마음고생이 심하셨던 분들이에요. 이번에 머리 좋고 건강하고 담배한번 안 피운 산모가 낳은 아기라며 고맙다면서 데려가셨어요. 그 집에서 잘 키울 겁니다. 어떤 집으로 어떻게 갔는지는 저희가 절대 밝힐 수 없는 부분이고 아기 엄마도 그건 모릅니다. 아마 그 아이도 자신이 입양된 사실을 모르고 그 집에서 태어난 것으로 여기며 살아갈 수 있을 겁니다. ○○씨도 우리를 믿고 아이를 이렇게 잘 보냈으니까, 걱정 없이 자신의 미래를 준비할 수 있을 겁니다."

젊은 여성은 고개를 숙이고 말없이 듣다가 울기 시작했다. 그 흐느낌은 오래 계속되었다. 상담실장이 계속해서 그녀를 쓰다듬었다. 상담실장의 말대로 이 젊은 여성은 아기를 위해 고귀한 결정을 내렸고, 자신의 창창한 삶도 보장받는 그런 원원의 선택을 한 것일까?

판사들은 말을 아꼈다. 필요한 정보를 묻고 답을 들었다. 민원과 젊은 여성의 이야기도 들었다. 민원에 대해 답하진 않았다.

대법원은 아동의 입양 재판 규칙으로 아동의 출생은 가족관계등록부로 증빙하고, 양부모는 법정에 직접 출석하도록 정했다. 다른 방법은 없다. 사인私人 간에 이루어졌던 일이 공적 영역으로 들어왔다. 마치 오래된 카펫을 들어올린 것처럼 수십 년간 그 아래로 쓸어넣고 덮어둔 것들에 밝은 햇빛이 드는 일이었다. 다시 덮어버리고 싶은 마음이 굴뚝같아도 그럴 수 없다. 세상이 바뀌었기 때문이다.

하지만 이 법이 그 카펫 전체를 완전히 들어올려서 치워버린 건 아니었다. 그냥 카펫 한쪽을 들어 그 아래만 대강 치울 뿐이었다. 여전히 넓은 바닥이 카펫 밑에 있다. 그 밑에 어떤 일들이 감춰져 있는지 알 길은 없다.

이 법은 여전히 아이를 낳은 여성에 대해서는 입을 닫고 있다. 엄마와 아기가 떨어지는 순간에 어떤 조치도 취하지 않으며 출생신고를 하라는 말밖에 없다. 어떻게 해야 아이와 엄마가 떨어지지 않을 수 있는지, 여성들이 자기 아이를 키울 권리 혹은 유엔아동권리협약에서 말하는 대로 사람이 자기가 태어난 가정에서 자라날 권리에 대해서는 침묵한다.

아이의 첫 번째 보호자인 여성들 앞에 이 사회가 긴 세월 동안 제시했던 선택지는 모든 어려움을 감수하고 직접 아이를 키우거나, 시설에 넘기는 것이었다. 시설은 '감쪽같이 아무 일도 없었던 것처럼' 해주겠다고 했다. 물론 공적으로는 불가능하다. 그래서 사적인 영역에 막대한 권한을 주어 그 안에서 이루어지는 불법과 탈법에 눈감고 용인하는 방법을 택했다. 정책 수립을 위해 실태를 조사하려 해도, 과연 이 '미혼모'들의 상황이 어떤지 알 방법이 없다. 공적인 서류에서는 투명 인간처럼 존재하지 않기 때문이다.

미혼모 정책을 만든다며 정부에서는 통계를 찾는다. 투명 인간

취급을 당해온 사람들의 통계가 있을 리 만무하다. 한국 사람이 등록되는 공부公簿인 가족관계등록에 따르면 '혼인 외 출생'으로 기록된 수가 미혼모 수와 가장 유사하다고 볼 수 있다. 하지만 혼인 외 출생자 수는 아이를 입양 보내기로 선택한 미혼모의 숫자가 아니다. 아이 아버지가 아이를 인지하면 아이는 그의 가족관계등록부에 올라간다. 아이가 어머니 책임이면 출생신고를 피하기 위해 아이를 호적에 등록하지 않은 채 입양 기관으로 넘기거나 혹은 고아원으로 보냈을 수도 있다. 그 외에 어떤 일이 일어났는지 정부는 알지 못한다. 그래서 한국의 혼인 외 출생 비율은 매년 1~2퍼센트를 유지하는 기이한 현상이 벌어졌다.

'한국의 국제입양 아동 대부분은 미혼모의 아이들'이라는 말도 입양 기관의 주장일 뿐이다. 아무도 근거 자료의 실체는 본 적이 없고 주장의 신빙성을 검증해본 적도 없다. 그런데도 그들의 말을 믿어야 할까? 그들이 주도해온 절차가 이렇게 불법과 탈법으로 엉겨붙어 있는데도?

입양 절차 문제가 불거질 때마다 이들은 미혼모를 들이대고 앞세운 채 그 뒤에 숨었다. 문제를 제기하려던 사람들에게 '미혼모와 아이를 당신네가 책임질 거냐'고 따지며 입을 막았다. 이렇게 아이를 인생에서 감쪽같이 치워주는 게 미혼모에게 가장 좋은 혜택이며 그들의 인생을 망치지 않을 유일한 구원이라는 신화가 구축된다.

그러면 미혼모들이 알아서 아이 출생신고를 하고 키우도록 놔두란 말인가. 미혼모와 그 아이들은 이 사회의 낙인을 어떻게 견디며, 그렇게 자란 아이들이 결국 문제아가 되고 사회의 짐이 되는 것 아니냐, 결국 사회복지로 먹여 살려야 하는 것 아니냐는 말은 누가 대놓고 하지 않아도 기저에 깔린 논리다.

미혼모 신화가 만들어지고 불법과 탈법은 그 신화를 먹고 자란다. 그리고 그 결과는 우리 모두에게 영향을 미치고 있다. 우리가 그들을 대해왔던 방식이 사회의 영혼을 병들게 했다.

우리는 여성들을 투명 인간으로 만들고, 아이를 그들 인생의 걸림돌이라 우기면서 이를 치워주겠다고 했다. 여성들이 좋은 집안으로 시집가서 팔자를 고치는 것이 최선의 선택지로 보이게 만들었다. 이것이 그들과 아이들을 진정으로 위하는 길이라고 세뇌했다. 좋은 엄마라면 아이와 이별하는 고통도 견디라고 강요했다. 엄마와 아기를 제외한 모든 사람은 이 말이 옳다고 우겼다.

정부와 공무원은 눈만 딱 감으면 미혼모와 아동에 대한 보호 의무를 질 필요가 없다. 민간 기관이 다 알아서 처리할 것이다. 대신 민간 기관이 이 사업을 통해 재정적 이익을 얻을 수 있는 구조를 만들어주었다. 그렇게 간편한 방법을 선택한 결과, 지금 우리가 어떤 대가를 치르고 있는지는 알 길이 없다.

아동의 권리를 지키는 첫 단계는 여성에게 돈과 힘을 주는 것이다.

1970~1980년대 서구 사회가 이른바 복지국가로 발전하면서 변화시킨 제도가 있다. 국가는 사생활이라고 여겨지던 영역에 약자 보호라는 공익을 명분 삼아 간섭할 수 있도록 법적 근거와 절차를

마련했다. 복지국가는 국가가 개인에게 돈을 준다는 의미가 아니라, 국가가 사적 영역에 간섭하고 책임을 나눈다는 개념이다. 가정은 대표적인 사적 영역이다. 개인의 신념과 의지에 따라 결혼하고 출산하고 자녀를 양육할 자유는 사생활권의 핵심이다. 그리고 사생활을 침해당하지 않을 권리는 주요 인권이다. 그러나 그 가족 구성원 중 약자, 주로 여성과 아동의 안전 및 권리를 침해하는 일이 발생하면 공권력이 사적 영역에 개입할 수 있다. 이는 민주주의 국가의 의무다. 유럽인권협약 제4조 프라이버시 자유 보장 조항은 개인의 자유 보장과 함께 국가의 개입 의무를 강조한다.

아동기를 건너뛰고 성인으로 태어날 수 있는 인간은 없다. 모든 인류 구성원은 아동기를 피해갈 수 없으며, 그 시기에 인간은 절대적으로 취약하다. 생존 자체를 타인의 손에 의지할 수밖에 없다. 그래서 이 시기 인간의 권리 보장은 국가의 주요 책무다. 아동을 보호하는 주체는 여러 겹이다. 가장 안쪽에 부모, 가정, 친척이 있고 그 다음 사회, 가장 바깥에는 국가가 있다. 가정의 역할은 국가의 역할보다 우선되어야 한다. 국가가 최후의 보루라면 최전방은? 바로 어머니다. 그래서 서구의 복지국가들은 어머니들에게 돈과 권력을 주는 정책을 개발해왔다. 여성인권운동 덕분이든 전반적인 근대화와 정책 발전 덕분이든, 여성이 강해지면서 서구의 엄마들은 더 이상 아이를 내놓지 않았고, 입양할 수 있는 아이를 찾기는 어려워졌다.

2012년 네덜란드 법무부 담당자들을 만났을 때, 네덜란드에서는 한 해 동안 몇 명의 입양 대상 아동이 발생하는지 물었다. 그들은 잠시 네덜란드어로 대화를 주고받더니, 지난해에 4명쯤 있었다고 대답했다. 불과 며칠 전 나는 파리에서 한국은 이제 1년에 2000명 정도의 아기들이 새로운 가정을 찾아야 하고, 그중 절반은 국내가정에 입양되며, 나머지 절반은 해외로 보내진다고 얘기했다. 그렇게 말하면서도 그 숫자가 무슨 의미를 담고 있는지는 전혀 몰랐다. 입양 기관의 사업 '실적'을 직원들이 보고하는 대로 읽었다. 그리고 네덜란드 회의실에서 깨달았다. 많아도 너무 많구나. 이건 재난적 상황이구나.

왜 미국 사람들은
자기 자녀가 아닌
아이들을 키우나요?

국제입양과 관련해서 가장 중요한 국제법인 헤이그국제아동입양협약은 만들어진 지 100년이 넘은 국제기구 헤이그국제사법회의에서 제정했다. 이 기구는 오랫동안 유럽 국가들에나 알려져 있었다. 사법private law 영역에서 이루어지는 국경을 넘는 비즈니스에 대한 규범을 다루고 협약을 만들던 곳이라 우리에게 국제연합처럼 익숙한 곳은 아니다. 1993년 헤이그국제아동입양협약이 성립되었고, 100여 개국이 가입했다. 2008년 한국은 기구에 가입했지만 여전히 협약은 거부하고 있다. 2016년 협약 발효 20년을 기념해서 헤이그에서 대규모 콘퍼런스가 열렸다. 수십 년간 국제입양 통계라는 한 우물만 파고 있는 영국의 독보적인 연구자 피터 셀먼이 이 협약이 전 세계에 미친 영향을 발표했다.

발표 자료 중 한 도표는 지난 70년간 전 세계 국제입양 지형에서 유독 눈에 띄는 두 개의 우뚝한 산맥을 보여주었다. 1990년을

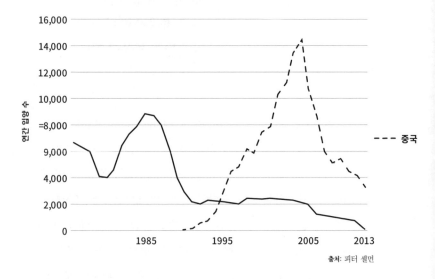

[도표 1] 한국과 중국의 국제입양 추이
한국(1976~2013) & 중국(1990~2013)

출처: 피터 셀먼

기준으로 이전엔 한국이 있고 이후엔 중국이 있었다. 전 세계 국제
입양 시장에 아동을 공급해온 두 나라다.

　중국 출신 입양인들은 이제 성인이 되었다. 이들은 국제입양 연
구에서도 두각을 나타낸다. 한 중국 출신 입양인이 자신이 태어난
나라의 고아원에서 연구를 진행하던 중, 그곳에서 아이들을 돌보던
직원에게 질문을 받는다.

　"왜 미국 사람들은 자신의 자녀가 아닌 아이들을 이 먼 나라까
지 와서 데려가 키우나요?"

순수한 의문이다. 자기비하도 동경도 선입견도 없이 그저 궁금했을 뿐이다. 연구자가 뭐라고 대답했는지는 모른다. 다만 이 질문에서 한국 사회의 이야기를 시작할 수 있다. 한국은 미혼모를 누군가의 필요에 따라 정형화하고 대상화하는 데 길든 대표적인 송출국이다. 결국은 여자들에 대한 이야기다. 서로 다른 세상에서 다른 수준의 돈과 힘을 가진 여자들의 이야기. 이 격차가 한쪽에서는 아이를 내놓게 만들고 다른 한쪽에서는 아이를 데려가게 만든다. 아이를 갖기 위해 수단과 방법을 가리지 않는 강한 욕구와 그 욕구를 채울 수만 있다면 충분히 내놓을 재원을 가진 수령국 가정의 힘이 결국 70여 년간 50만 명에서 100만 명으로 추정되는 입양 아동의 운명을 가른 핵심 추진력이다. 그중 20만 명이 한국에서 태어나 우리와 동등하게 이 땅에서 살아갈 권리를 누려야 했던 사람들이었다.

그들은 왜 아이를 원하는가.

이 질문은 우리 사회에서 수십 년간 반복됐다. 그 세월 동안 국제입양 문제를 다룬 언론 보도만 봐도 알 수 있다. 우리는 한 발짝도 나가지 못한 채 똑같은 소리만 고장 난 레코드판처럼 되뇌고 있다.

주로 입양 기관들이 메시지를 퍼뜨린다. 그들이 입양 부모를 접하고 대리하며 또 하나의 신화를 만들어낸다. 바로 서구의 백인 입양 부모에 대한 신화다. 잔디밭과 수영장이 있는 이층집에 살면서 인류애적인 사랑과 헌신으로 버려진 동양 아이를 기꺼이 가족으로 받아들여 좋은 대학 교육을 받게 하고 성공한 사회인으로 키워내는 구원자. 이런 신화와 미담이 봇물 터지듯 나오고 있기에 한두 건의 비극적 보도는 그냥 개인의 불운으로 치부된다. 이미 미국에서 '굿 올드 데이스good old days' 취급을 받는 교외에 사는 백인 중산층에 대한 빛바랜 신화가 한국에서는 여전히 굳건하다.

반면 한국 사람들은 이렇게 묘사된다. 한국인은 핏줄에 집착하기 때문에 다른 사람의 아이를 키우지 않는다. 아이를 키우는 기쁨을 얻기 위해 입양을 한대도 재산 상속이나 제사 문제 때문에 남자아이보다는 여자아이를 선호한다. 대를 잇기 위한 최후의 수단으로 입양을 하면서도 혈액형, 생김새, 쌍꺼풀까지 다 따져서 자기 아이라고 눈속임할 수 있는 아이를 세심히 고른다.

논문을 쓰면서 국내외 자료를 가능한 한 많이 뒤졌다. 수많은 문헌에서 송출국에는 입양 대상 아이가 넘쳐나고 수령국에는 입양할 수 있는 아이가 없어서, 입양 부모들이 외국으로 눈을 돌리며 손을 뻗치고 있다는 현상을 동일하게 짚는다. 문제는 그 원인에 대한 진단이다. 너무나 천편일률적으로 단정적이고 단순하다. "송출국에서는 높은 출산율, 빈곤, 재난, 미혼모 양육에 대한 낙인으로 고아 아닌 고아들이 발생하고 있고, 수령국에서는 여성들의 사회 진출로 난임과 불임이 많아지고, 그 나라 안에서는 더 이상 입양할 수 있는 아이들을 찾아보기 어렵다. 이 때문에 아시아, 남미, 동유럽, 아프리카의 아이들이 유럽과 미국의 중산층 백인 가정의 자녀가 된다." 이 이상의 설명은 없다. 더 이상한 점은 더 깊게 파고들어

질문하는 사람도 없다는 것이다.

국제입양은 아동복지정책도 자선사업도 아니다. 그냥 글로벌 비즈니스다. 미국의 홀트인터내셔널 홈페이지는 얼마 전까지만 해도 나라별 입양 수수료를 게시해놓았다. 한국 아이 입양 한 건을 중개하는 데 수수료만 6만 달러 이상을 책정해놓고 있었다(지금도 그 게시물을 찾아볼 수 있는지는 확실치 않다. 웹사이트 화면이 언론에 보도되고부터 이들은 자주 게시물을 변경한다). 비용의 정확한 규모는 외부로 알려진 바가 없으나, 중개 기관 네트워크 안에서 돈의 흐름은 분명하다. 돈은 전적으로 수령국 입양 부모에게서 나온다. 이들이 수수료를 지불하면, 그 돈을 수령국의 입양 기관이 받고 그중 일부가 연결된 송출국 입양 기관으로 들어간다. 1980년대 초에는 한국 입양 기관으로 들어오는 금액이 일률적으로 아동 1인당 3000달러였다는 증언이 법정에서 나왔고, 70여 년간 항상 한국의 1인당 GDP를 웃도는 수준을 유지했다. 1988년 미국의 한 탐사 언론지는 미국에서 국제입양에 지불하는 비용이 아이당 5000달러에 달한다고 보도했다.

비즈니스를 돌아가게 만드는 추진력은 경제적 이익을 추구하는 힘과 다를 바 없으며, 그 원동력은 수령국 입양 부모들로부터 나온다. 따라서 중국 고아원의 직원이 던졌던 질문, 우리도 오랫동안 품어왔으나 제대로 묻지 못한 질문을 해야 한다. 그리고 이 산업을 더 공고하게 하는 신화를 만들어냈던 질문에 대한 답변을 제대로 들어야 한다.

왜 서구의 가정, 더 정확히는 서구의 여성들은 다른 나라에서 아이를 데려가 키우는가.

수령국 부모, 특히 여성에 대한 질문이니 당사자와 가장 비슷한 사람에게 물어봐야 더 정확한 답을 들을 수 있지 않을까? 한국의 미디어는 그동안 이 사업으로 이익을 얻는 기관이 대강 만들어낸 신화를 앵무새처럼 받아쓰기해왔고, 결국 한국 사회는 이를 맹목적으로 믿어왔다. 이제부터 엘비라 로이블에게 답을 들어보겠다.

로이블은 오스트리아 출신의 금발 백인 여성이다. 입양인은 아니다(첫 만남에서 이 점을 서로 확인했다. 그도 나도 입양인은 아니다. 이 주제에 대해서 연구하는 사람들은 이 질문을 많이 받는다. 그 이유는 뒤에서 설명하겠다). 아시아에는 아직 가본 적이 없다. 네덜란드 마스트리흐트대학 법학대학에서 범죄학과 국제형사법을 가르치는 교수다. 빈 대학에서 수학했고 마스트리흐트대학에서 박사학위를 받았다. 2019년 발표한 박사학위 논문 제목은 '국경을 넘는 불법 입양 시장: 독일과 네덜란드 입양 제도에 대한 형법적 연구The Transnational Illegal Adoption Market: A Criminological Study of the German and Dutch Intercountry Adoption Systems'다. 엘비라는 10여 명의 필자가 참여하는 『과거를 직면하기Facing the Past: Policies and Good Practices for Responses to Illegal Intercountry Adoptions』라는 책의 편집을 맡고 있다며, 내게도 한 챕터를 써주지 않겠냐고 제안했다. 기꺼이 참여했고, 이 책은 2024년 5월 네덜란드에서 영어판으로 발간되었다.

엘비라의 책을 읽으면서 지구 반대편에서 나와 똑같은 생각을 하고 있는 사람이 있다는 사실에 감동했다. 영화 「반지의 제왕」 시리즈 마지막 편에서 반지 원정대가 각기 다른 장소에서 다른 방식으로 사우론의 본거지로 쳐들어간다. 그들은 서로가 어떤 작전을 가지고 있는지 몰랐고, 서로의 행동을 조율할 수도 없었다. 하지만 딱 알맞은 시점에 전혀 다른 장소에서 서로를 정확히 돕는 각자의 전투를 벌인다. 그 전투들이 모여 전체 전쟁에서 승리한다. 가치를 공유하면서 같은 목표를 향해 가는 사람들이 만들어내는 힘이다. 연구를 하면서 세계 곳곳에서 나도 몰랐던 나의 원정대 멤버들을 발견하곤 했다. 엘비라는 막강한 지원군이었다. 그의 책에서 내게 의문으로 남았던 퍼즐의 빠진 조각들을 찾을 수 있었다. 그중 하나가 서구 수령국에서 아이들을 데려가는 여성들에 대한 설명이었다. 동시대를 사는 서구 여성의 시각에서 다양한 측면을 분석해놓았다.

아이를 원하는
원초적이고도
강력한 욕구

자녀가 가정에서 어떤 기능을 하는지는 인류학, 사회학, 역사학에서 많은 설명을 내놓았다. 과거 가부장제 사회에서 자녀를 생산하는 이는 여성이지만, 그 쓸모는 남성 가부장을 위한 것이었다. 자녀는 주로 노동력을 제공하며 경제적인 기능을 했다. 가부장의 후계자가 되면 제사와 가계의 지속성을 책임지는 역할, 가산을 소유하고 대가족의 구성원을 부양하며 지배하는 역할을 했다. 왕 혹은 지배자의 힘이 영토 구석구석까지 미치지 못하던 시대에 가족은 사회적 지배체계의 한 축을 담당했다. 가부장은 왕을 대신하여 가족 구성원을 보호하는 동시에 지배했다. 당시 가족은 현대와 같은 개인과 핵가족 중심의 애정 및 감정적 지지에 기반한 사적인 영역이 아니었다. 가부장제에서 사적 영역이란 왕이나 정부의 간섭 없이 가부장이 지배하는 영역이라는 의미에 가깝다.

현대 핵가족 사회에서 가정은 애정, 사랑, 보호, 돌봄의 기능을 한다. 부모됨parenthood은 이제 경제적·사회적 의미보다 개인의 욕구 차원에서 중요해졌다. 특히 여성에게 절대적으로 중요하다(이는 우리 사회에 대한 나의 설명이 아니라, 서구 여성 학자들에 의한 서구 사회, 주로 서유럽 사회에 대한 설명이라는 점을 염두에 두길 바란다).

현대 개인주의 사회에서 아동의 가치, 가정에서 자녀의 효용은 '애정'을 충족하는 기능이다. 부부관계가 무너지는 것을 방지할 뿐 아니라 부부가 함께 애정을 줄 수 있는 대상이다. 노후에 처할 외로움을 방지하는 가장 좋은 방책도 자녀다. 아이는 어떠한 것으로도, 파트너조차 대체 불가하며 최후까지 남는 사랑할 대상이다. 현대 사회 전반에서 출생율이 낮아지고 있다는 사실을 아이에 대한 사랑이 약해지고 있다는 의미로 해석할 수는 없다.

서구의 근대화는 정치적으로는 계급사회에서 민주사회로의 변화다. 이를 개인적 관점에서 말하자면 태어난 계급이 아니라 개인의 성취에 따라 보상받고 인정받는 '개인주의' 사회로의 전환이다. 여성의 시각에서 이 '성취accomplishment'에 기반한 개인주의는 자녀, 부모됨, 결혼, 가정을 포함한다.

서구의 개인주의 사회에서 사는 커플에게 자녀는 사회적·문화적으로도 중요한 자산이다. 점점 더 부모됨, 자녀를 가진 커플상이 그 사회에서 가치 있는 시민의 자격을 결정짓는 요소가 되고 있다. 온전한 사회인으로서의 모습은 자녀를 가짐으로써 완성된다. 이러한 욕구는 이성 부부뿐 아니라 동성 부부에게도 커지고 있다. 미국의 드라마 「모던 패밀리」에서 볼 수 있듯이 동성 부부가 아시아 출신 국제입양 자녀를 두거나, 유명인들이 대리모 혹은 정자 기증을 통해 아이를 갖고 이를 법적으로 인정하는 절차는 점점 더 확산되고 있다.

사회적으로 성공한 남성이 둔 화려한 외모의 부인에 대해 '트로피 와이프'라고 부르기도 한다. 아동기와 청소년기의 자녀는 서구 사회에서 단연 자랑스러운 트로피다. 모든 것을 갖추어도 자녀가 없으면 불완전한 가정이라고 생각한다.

아이를 갖는 것, 자녀를 출산하는 것은 오직 여성만이 할 수 있다. 과거 가부장제 사회에서 여성이 남성 위주의 대가족을 위해 출산했다면, 현대 개인주의 사회에서는 여성의 정체성의 증표로서 아이를 낳고 그 아이의 엄마가 되길 원한다. 또한 과거에는 가부장제에 결함이 생기는 것을 방지하기 위해 후계를 세우는 입양 제도가 활용되었다면, 현재의 국제입양 추진은 단연 여성이 결정권을 가진다.

물론 자발적으로 아이를 낳지 않는 여성과 부부도 많다. 그럼에도 아이를 원하지만 갖지 못하는 사람이 이를테면 독일에만 100만 명이 넘는다. 그런데 자기 아이들을 내놓으면서 왜 아이를 원하느냐고 묻고, 왜 아이를 데려가느냐고 묻는 나라가 이상한가, 그 아이들을 기꺼이 데려가고자 하는 나라가 이상한가?

현대 자본주의 사회, 더구나 글로벌하게 연결된 세상에서 아이를 갖고 싶다는 욕구는 시장에 의해 돌파구를 찾을 수 있다. 시험관 시술과 같은 난임 치료, 입양, 대리모 등 아이를 얻을 수 있는 방법은 비자발적 무자녀 여성과 가족에게 선택지로 주어진다. 엘비라는 유럽의 입양 부모들을 직접 인터뷰하거나 이들이 쓴 글을 토대로 연구했다. 아이를 원하지만 갖지 못하는 부모, 여성들이 고통스러운 심경을 토로한 글이다. 대체로 임신을 위해 여러 의학적·기술적 방법을 오랫동안 시도한다. 그리고 마지막 방법으로 국제입양을 선택한다. 보통 국제입양을 첫 선택지로 하지 않는 이유는 리스크가 너무 많기 때문이다. 아이에게 어떤 유전적 문제가 있을지, 임신 중 문제가 있지는 않았는지, 친부모가 어떤 상황이었는지, 만약 영유아기를 고아원 같은 시설에서 보냈다면 거기서 야기되는 심리·발달상의 문제는 없는지 등 자신의 아기로 키우고 싶지만 부모로서 알 수 없는 일이 너무 많기 때문이다. 또한 세상 어느 나라도 인종차별로부터 자유롭지 못하다. 가정에서 아이를 받아들인다고 해도 사회가 그 아이를 어떻게 다룰지 알 수 없다. 더구나 입양 부모 중에는 백인이 많아 그들은 인종차별을 직접 겪어보지 못했다. 따라서 적절히 대처하거나 교육하기 어려워한다.

국내입양을 고려해보기도 한다. 하지만 국내입양은 서구 유럽의 아동보호체계 안에서 이루어지는 정부 차원의 정책이기 때문에 복잡다단한 절차와 검증을 거쳐야 할 뿐 아니라, 자기 아이를 원하는 가정에서 바라는 '이상적인' 조건의 아이, 즉 2세 미만의 건강한 영유아를 배정받을 가능성은 희박하다. 대책 없이 기다리는 동안 입양할 수 있는 나이의 제한선을 넘길 수도 있다. 따라서 공무원들의 관료주의에 휘둘리기보다는 자신의 욕구를 충족해줄 국제입양 중개 기관을 찾아 기꺼이 수수료를 지불한다.

'아이를 사온다'는 말은 누구도 원치 않는다. 주요 수령국인 서구 국가들은 모두 '인권'을 국가 정책이자 외교정책으로 삼고 있다. 미 국무부는 매년 전 세계 국가들에 대한 인권 보고서를 발간하고 심지어 등급을 매기기까지 한다. 한국에 있는 유럽연합 주요국 대사관의 외교관들은 한국의 인권 실태를 조사하고, 사형제 폐지, 양심적 병역 거부자에 대한 대체복무 허용, 낙태죄 폐지, LGBTi 권리 옹호 등 정부를 비판하고 시정을 요구하는 목소리를 직접 내기도 한다. 이런 나라들이기에 국제입양은 인신매매의 위험이 큰 사안임을 잘 알고 있고, 아이를 사오는 나라라는 혐의를 극구 부인한다.

그러면서도 아이를 원하는 자국민의 강렬한 요구를 외면하기는 쉽지 않다. 자기 나라 안에서는 아동 보호를 위해 민간 기관이 주도권을 갖는 상황을 용인하지 않는다. 하지만 국제입양은 민간이 주도하는 '시장'이다. 심지어 브로커까지 등장한다. 그런데도 수령국 정부는 국내입양과 국제입양 사이에 눈에 훤히 보이는 이중 잣대를 용인한다. 사적 기관이 중개하는 국제입양 관행을 '정당화'하는 방법으로 두 가지 상징 기제가 작동해왔다. 하나는 '아이를 구하기 saving a child' 위해 불가피하다는 것과 또 하나는 '내게 오기로 운명 지어진 아이'라는 서사다.

다른 나라까지 가서 아이를 데려오는 관행을 정당화하고 더 나아가 인류애와 긴급 구호의 의미까지 담기 위해서는 그에 맞는 상황이 만들어져야 한다. 1950년대 한국전쟁이 그랬고, 이후에 베트

남전쟁이 있었다. 또 1990년대 중국의 한자녀 정책으로 인해 고아원에 버려진 여아들이 넘쳐났고, 베를린 장벽의 붕괴로부터 시작된 동유럽 사회주의 정권의 몰락으로 서구 언론에 루마니아 고아원의 참상이 드러났다.

전 세계에 이렇듯 가정에서 자라기를 간절히 기다리는 아이가 많은데, 내가 나의 유전자를 가진 아이를 낳겠다고 현대 의학에 기대어 돈을 쓰는 일이 과연 바람직할까. 저런 아이들을 내 아이로 삼아서 비참한 환경으로부터 구원해주는 게 훨씬 더 가치 있는 일 아닐까. 이런 생각이 '전 지구적 엄마 되기global motherhood'라는 신념이 되었다. 하지만 악마는 디테일에 있다. 아무리 신성한 레토릭을 내세워도 이를 실제 세상에서 구현하는 일은 절대 쉽게 일어나지 않는다.

『뉴욕타임스』가 루마니아에서 실제로 무슨 일이 일어났는지를 탐사보도한 '루마니아의 아기 시장'을 내놓았다. 니콜라에 차우셰스쿠는 루마니아의 악명 높은 공산주의 독재자였다. 인구를 늘리기 위해 피임과 낙태를 금지하고 한 여성이 4명 이상의 자녀를 낳도록 했다. 차우셰스쿠 정권의 몰락으로 루마니아 고아원의 실태가 전 세계 언론의 카메라 앞에 드러났다. 학대, 방임, 밀집 수용, 예산 부족으로 아이들이 겪는 신체적·정신적 참상은 세계를 충격에 빠뜨렸다. 이 아이들을 구하겠다는 사람들이 루마니아로 몰려들었다. 당시 루마니아로부터 연간 수천 명의 아동이 미국과 서유럽으로 입양되었다. 루마니아 내 고아원에 수용된 3세 미만의 아동은 8000명에 달했다. 그러나 해외로 입양된 아동들은 고아원 아동이 아니었다. 정서 발달장애, B형 간염, 에이즈 감염 등의 우려가 있는 고아원 수용 아동들은 서구의 양부모들에게 외면당했다. 루마니아의 입양 브로커들은 외국 양부모들을 고아원이 아닌 시골로 데리고 갔다. 그 지역 병원은 질병 검사에서 예방접종까지 한 번에 해결할 수 있는 편리한 중개소가 되었다. 가난한 시골 농부, 집시, 미혼모들은 단돈 300달러나 자동차를 대가로 받고 양호한 환경에서 태어난 건강한 아기들을 넘겼다. 중개 비용은 2500달러에서 1만 5000달러 수준에서 형성되었고, 5000달러 이하의 단체 입양 '투어' 프로그램도 있었다.

상징 신화의 다른 한 축은 양부모들의 개인적이고 감동적인 스토리다. '아이와 눈을 맞춘 순간, 아이를 품에 안는 순간 이 아이는 내 아이임을 바로 알 수 있었다' '신이 우리 만남을 탄생의 순간부터 예비하고 계셨다는 사실을 알 수 있었다' '많은 아이 중 하나가 아니라, 오직 나를 위해 준비된 단 한 명의 아이였다'라는 증언이 등장한다. 모두 아름다운 이야기다. 양부모들의 입양인에 대한 사랑은 진실하다고 나는 믿는다. 그동안 많은 입양인과 입양 부모를 직간접적으로 만났다. 입양이란 가족관계를 이루는 하나의 방식임을 가까이에서 지켜보기도 했다. 그렇다고 해서 이런 개인의 아름답고 선한 인생 스토리가 그 관행이 일어나는 법과 제도 전반을 뒤덮고 있는 불의를 정당화하지는 못한다.

이러한 상징 기제를 모티브로 한 스토리는 소설, 영화, 자서전

등의 픽션과 논픽션으로 넘쳐난다. 주로 서구인들이 내놓는 이야기 이다보니 이들이 제3세계 국가에서 아이를 구해내기 위한 투쟁으로 그려지기도 한다. 대체로 그런 스토리 구조에서 주인공을 제외한 다른 주체들은 손쉽게 대상화된다. 이들이 대상화되는 공식에는 수 세기 동안 전 세계를 지배해왔고 아직도 끝나지 않은 제국주의가 여전히 위력을 떨치고 있다.

탈식민주의? 탈제국주의?
그리고 여성

엘비라가 서구 입양 부모들을 기술한 챕터는 글로벌 국제입양 시장의 지형 가운데 '수요' 부분에 등장한다. 국제입양은 아동이 홀로 국경을 넘는 '이민'의 일종이다. 따라서 수령국 정부가 허가하지 않으면, 보내는 나라에서 아무리 원해도 아이는 국경을 넘을 수 없다. 어리고 작고 자기 힘으로는 아무것도 못 하지만 물건이 아닌 사람이기 때문이다. 아이들은 대체로 부모나 가족과 함께 이민을 간다. 국제입양은 매우 예외적으로 아기들이 홀로 '이민'을 간다. 아이의 비자를 신청하는 사람은 아이를 입양하고자 하는 수령국의 예비부모, 즉 수요자다.

국제입양 '시장'은 '수요'가 지배한다. 1950년대 한국에서 발생한 이래로 '수요'는 항상 '공급'을 크게 웃돌았다. 국제입양 시장은 수요와 공급의 그래프가 만나는 지점에서 가격이 형성되는 시장 원리에 맞게 작동한다. 이 주제를 연구하는 법학, 사회학, 경제학자들은 이를 시장이라고 부르는 데 대체로 동의하고, 이 용어를 쓴다.

시야를 넓혀보면 이 관행은 아이를 원하는 부모의(특히 여성의) 요구를 충족시키기 위한 여러 수단 중 하나다. 이외에도 시험관 시술, 정자 기증, 대리모 등이 아이를 갖는 대표적인 방법이다. 정자 기증자(남성)에 대한 규제가 낮은 나라로는 덴마크가 두드러진다. 동유럽과 아시아 몇몇 나라에서는 대리모를 통한 출산이 합법화되어 있다. 이를 위해 사람들은 기꺼이 국경을 넘는다. 이뿐만 아니라 여성이 담당하던 가정과 사회의 여러 기능인 가사, 돌봄, 애정, 출산, 성관계를 글로벌 시장에서 아웃소싱하고자 하는 수요가 증가함에 따라, 이에 부응하는 광범위한 시장 메커니즘이 작동하고 있다.

2004년 미국의 저널리스트이자 사회운동가인 바버라 에런라이크와 앨리 러셀 혹실드는 『글로벌 우먼*Global Woman: Nannies, Maids, and Sex Workers in the New Economy*』이라는 책을 냈다. 제목이 나타내듯이 필리핀, 스리랑카, 멕시코, 태국에서 와 미국의 가정이나 병원, 요양원, 일본의 성매매 업소에서 '여성'의 자리를 메우고 있는 사람들의 이야기다.

오랫동안 사람들은 '여성'의 일을 구분지었다. 여성의 권리를 대표하는 법률가이자 운동가인 루스 베이더 긴즈버그의 커리어 시발점에 '모리츠 대 국세청장' 사건이 있었다. 성별에 기반한 차별이 미국 헌법의 위반임을 다툰 사건이다. 원고인 모리츠는 비혼 남성이다. 아픈 홀어머니를 요양원이 아니라 집에서 돌보았고 간병인도 썼다. 이 비용에 대한 세금 공제를 요청했다가 거부당했다. 미국 세법 상 가족의 돌봄과 간호에 대한 세금 공제를 요청할 수 있는 사람은 여성에 한정되어 있었다. 여성, 배우자와 사별한 여성, 또는 부인이 있으나 돌봄을 할 수 없는 처지의 남성 등이 해당됐다. 따라서 국세청은 모리츠가 남성이고 결혼한 적도 없어서 이 세금 공제를 신청할 자격이 없다고 답변했다. 모리츠와 긴즈버그는 이 세법 규정이 미국 헌법의 평등보호조항 위반이라며 연방법원에 제소했다.

영화 「세상을 바꾼 변호인」이 모리츠 대 국세청장 논쟁을 묘사한다. 1970년대 초 미 연방법원에서 국세청을 대리한 연방 검사 보자스는 남자가 밖에서 일하며 가족을 부양하고, 여자는 집안을 돌보면서 가정을 지키는 것으로 역할을 나눴다. 그리고 남자의 일과 여자의 일을 구분하는 것은 전통적으로 이 사회의 미덕이며, 이러한 가정 형태를 보호하는 게 법의 목적이라고 주장했다. 가정에서 돌봄은 여성의 일이므로, 여성이 그 돌봄에 들어가는 비용보다 더 많은 돈을 벌 수 있다면 그 일을 하게끔 하고 돌봄에 들어가는 비용은 세금 공제를 받는 것이 정당하다고 주장했다.

보자스는 사건 소장에 비슷한 생각을 가진 보수적인 법률가들을 동원하여 당시 미국 법에서 이런 식으로 성별에 따른 역할 구분을 담은 조항들을 찾아 부록으로 붙였다. 그는 만약 이 세법 조항을 위헌으로 판단하면 부록에 포함된 모든 조항 역시 위헌이라는 도전을 받을 것이라고 주장하며, 이 점이 연방법원 재판부에 위협이 될 것이라고 생각했던 모양이다. 하지만 이는 정반대 효과를 불러왔다. 세상이 이미 변했는데 되돌아가겠다고 저항해봐야 소용없다. 모리츠와 긴즈버그는 재판에서 이기고 해당 세법은 위헌으로 판결됐다. 부록은 이후 여성운동의 자료로 활용되었다.

하지만 현실에서 여성의 노동과 몸의 공백은 여전히 과제로 남는다. 현대 미국 여성들이 사회 진출 때문이든 또 다른 이유에서든 그 역할을 할 수 없다고 해도 빈틈을 그대로 둘 순 없었다. 어떻게든 메워져야 했다. 빈틈을 메우거나 대체하는 방식은 나라나 문화마다 달랐다. 국가별 선택의 차이를 보이기도 했다. 자본주의의 본좌인 미국은 이때도 그 본질을 벗어나지 않았다.

현대 글로벌 경제에서 빈틈을 메워주는 시장이 나타났다. 여기에 동원되는 여성을 글로벌 우먼global woman이라고 표현한다. 서구의 가정 혹은 서구 여성들의 수요를 충족하기 위해 일자리를 찾아 나선 제3세계 여성들의 자리는 마찬가지로 그 나라에서 공백을 만들어낸다. 미국의 전문직 부부의 세 살짜리 아들은 필리핀 출신 보모에게 하루 종일 헌신적인 사랑과 돌봄을 받을 수 있으나 필리핀 여성의 아이는 필리핀에서 할머니와 또 다른 보모가 키운다. 2000년대 초, 워싱턴 DC 인근에서 외국인 입주 보모는 한 달에 750달러 정도를 받을 수 있었고, 필리핀에서 이 금액으로는 아이를 교육하고 가족을 부양하며 한 명의 보모를 고용하는 비용을 충당할 수 있었다. 하지만 그 나라에 남아 있는 아이들에게 엄마의 존재와 사랑은 결핍된다. 이 여성을 보낸 나라가 잃은 것은 단순히 여성 한 명의 노동력이었을까? 그 돈으로 아이들이 교육받고 조금이라도 더 나은 생활을 할 수 있는데, 더구나 할머니가 잘 키우는데 뭐가 문제냐, 결국은 장기적으로 다 좋은 일이다, 라는 주장이 힘을 얻을 것이다. 하지만 그게 이 현상의 전체적이고도 실체적인 진실일까?

2021년 전 세계적으로 코로나19가 종식된 뒤 미국의 간호사 단체가 통계를 발표했다. 미국에서도 간호사는 힘든 직업으로, 필리핀 출신 간호사가 많은 역할을 담당해왔다. 캘리포니아는 전체 간호사 중 5분의 1이 필리핀 출신이라고 한다. 팬데믹 때 미국 의료진 중 필리핀 출신 간호사들의 사망률이 두드러졌다. 미국 전체 간호사의 4퍼센트만이 필리핀 출신인데 사망한 간호사의 비중에서는 25퍼센트를 차지했다. 특히 이들은 응급 상황에서 가장 위중한 환자를 담당해왔다고 한다. 이처럼 취약한 집단은 위기 상황에서 드러나기 마련이다.

20세기 초까지도 제국주의는 나쁜 말이 아니었다. 넷플릭스가 공들여 만든 「더 크라운」은 나에게 역사·문화적으로 좋은 학습 자료였다. 1947년 엘리자베스 2세가 21세 생일을 맞아 영연방 투어를 하며 남아프리카공화국에서 대국민 라디오 연설을 하는 모습이 그려졌다. '영국 제국이 인류를 구했으며, 길든 짧든 내 인생을 우리 제국의 가족을 위해 바치겠다.'

그녀가 제국주의를 삼가야 하는 말이라고 생각했다면 이런 발언을 했을 리 없다. 물론 이후 세상은 바뀌었다. 영국 왕족이라고 해도 더 이상 이 단어를 자유롭게 쓰지 못한다. 나도 영국인들 면

전에서 '제국주의자들의 후손'이라는 표현을 쓰지 않는다. 하지만 이 글에서만큼은 제국주의라는 용어를 중립적으로 사용해보려 한다. 식민 지배를 받은 경험이 있는 나라의 국민으로서 내가 제국주의나 식민주의라는 말을 과연 중립적으로 쓸 수 있을지는 모르겠다. 다만 여기서 이 용어를 쓰는 것은 그저 비난하기 위함만은 아니라는 점을 강조하고 싶다.

제국주의는 역사이고 사실이다. 지난 수 세기에 걸쳐 국제 질서를 만들어온 가장 강력한 이데올로기인 동시에 테크놀로지였다. 이데올로기로서의 힘이 약해졌다고 해서 기술의 힘도 같이 약해지지는 않는다. 기술은 중립적이라고 여겨지기에 더 오래 강력하게 살아남는다. 그리고 한번 성공하고 살아남은 기술은 경로의존성을 만들어낸다. 강력하고 효과적인 기술을 만드는 것은 어려운 일이기에 일단 성공한 쓰임새는 계속 유지된다. 현재 우리가 보편적으로 인정하는 국제기구, 인권협약, 세계 질서를 만들어낸 방법론과 기술은 사실 18, 19세기 제국주의와 식민주의를 만들어낸 방법 및 기술이 발전한 것이다. 그런 의미에서 나는 제국주의가 끝나지 않았고, 식민주의 또한 끝나지 않았으며, 제2차 세계대전 이후의 국제 질서를 그 이전 질서의 연장선에서 냉철하고도 객관적으로 봐야 한다고 생각한다.

세계 구석구석에서 국제입양이라는 주제를 오랫동안 심도 있게 연구해온 사람들과 얘기를 하다보면 결국 같은 문제에 봉착해 있다는 것을 알 수 있다. 탈제국주의라 부르든 탈식민주의라 부르든

이 구도를 빼놓고는 글로벌 현상을 설명하기 어렵다. 또한 인종주의를 빠뜨릴 수 없다. 인종주의는 여러 국가와 문화권에서 서로 다르게 나타나는데, 특히 한국에서는 백인 우월주의를 뛰어넘는 백인 구원자주의가 나타난다. 역사·문화·인류학적 해석까지 동원해야 비로소 이 현상을 설명하기 위한 제일 큰 퍼즐이 맞춰진다.

'글로벌 우먼'과 국제입양이라는 현상을 바라보는 서구 학자들의 공통된 견해는 '여성'과 '아동'은 그들의 출신국인 제3세계 국가의 가장 가치 있는 자원인데, 이를 서구 사회의 효용에 따라 이동시키는 게 문제라는 것이다. 따라서 이 자원의 이동이 제3세계 국가에 끼치는 결핍과 악영향에 주목해야 한다. 과거 제국주의 시대에는 무력으로 피지배 지역의 자원을 지배국으로 이전했다면, 이제는 시장이 그런 역할을 주도한다. 물건은 수출과 수입을 하지만, 사람은 '이주migration'한다. 이주는 경제적 동기에서 나온다. 더 많은 돈, 더 큰 삶의 기회, 더 나은 미래에 대한 희망을 품고 익숙한 곳을 떠나 불확실성과 두려움을 무릅써서라도 미지의 세계로 향한다. 이주 과정은 또 다른 위험을 초래하기도 한다. 나라 간 법적 규제가 복잡다단하게 얽혀 있어, 이로 인한 위험을 줄이기 위해 브로커나 전문 중개 업체를 통하곤 한다. 그 과정에서 인간은 이윤 추구를 위한 물건처럼 취급된다. 이런 까닭에 엘비라 같은 국제형사법 학자들은 이주라는 명목으로 자행되는 인신매매 범죄를 연구한다. 최근 국제입양 절차도 인신매매 범죄를 구성할 수 있는 현상으로 보는 연구자가 늘고 있다.

이들의 글을 읽으면서 내가 품은 의문은 송출국, 특히 한국에서도 아동과 여성이 국내에서 가장 가치 있는 자원이라는 데 동의할 것인지였다(사실 사람은 자원이 아니라 그 나라가 존재하는 목적이어야 하지만, 우선은 가장 가치 있는 자원까지만 생각하자). 만약 그렇게 생각했다면 이런 일이 가능했을까?

1960년대 한국에서 국제입양을 위해 만들어진 고아입양특례법은 계속해서 개정되고 정비되었다. 이 시기 국회 회의록에 관련 기록이 남아 있다. 한국의 디지털 기술은 대단하며, 기술과 기록은 중립성을 띠지만, 다른 한편 스스로 남긴 기록들이 결국은 범죄 자술서가 되는 경우도 흔하다.

외국인들이 한국의 고아를 입양할 수 있는 근거 법을 마련해주고, 이를 입양 기관들이 대리할 수 있도록 해주니, 한 아동당 150달러 정도의 수수료를 입양 부모로부터 받습니다. 헌데 수수료를 받을 수 있도록 하는 법적 근거가 미비하니, 이 규정을 법에 명문화할 필요가 있습니다. 한 아동당 이 정도의 외화가 들어오고, 동시에 고아원에서 아이를 먹이고 키우는 비용이 절약되니 일석이조라고 할 수 있습니다.

과거 보건사회부 고위 관료의 국회 발언이다. 우리 사회도 겉보기엔 많이 바뀌었겠지만 과연 근본적인 생각까지 바뀌었을까? 넬슨 만델라는 "한 사회의 영혼을 가장 잘 보여주는 척도는 그 사회가 어린아이를 어떻게 대우하는가다"라고 말했다. 『가치를 매길 수 없는 아이의 가격 정하기: 아동의 사회적 가치의 변화*Pricing the Priceless Child: The Changing Social Value of Children*』의 저자 비비아나 셀리세르 예일대학 로스쿨 교수는 "아동 송출국의 문제는 물질적 부가 있고 없고의 여부가 아니다. 이 나라들은 문명화되지 않았고, 정서적으로 성숙하지 못했으며, 사회적 자본도 가지지 못했다"라고 진단했다. 세계를 문명화된 지역과 그렇지 못한 지역으로 나누고, 비문명 지역을 문명화한다는 구실로 제국주의 점령과 지배를 정당화해온 서구 지식인의 편견이라고 치부하고 싶겠지만, 셀리세르의 책은 서구 사회가 19세기 말부터 20세기 초에 걸쳐 어떻게 '아동'의 실존에 대한 지식과 이해를 진전시키고, 각종 법규와 제도를 변화시켜왔는지에 대한 방대한 연구 성과다. 따라서 그녀가 송출국 상황을 이렇듯 냉혹하게 규정한 데에는 합당한 이유가 있고 충분한 근거도 있다. 만델라와 셀리세르의 견해를 연결하면 사회에서 아동의 지위가 그 사회 문명화의 척도라는 결론에 닿을 수 있지 않을까?

아동은
동등한 인간인가?

인간 사회 문명화의 시작점에는 연대가 있었다. 연대는 단순한 시혜나 동정이 아니다. 연대의 동기는 '휴머니티'다. 인간은 같은 인간에게 감정을 깊이 이입할 수 있다. 타인에게 정말 필요하며 가장 좋은 것을 헤아리고, 그것을 대가 없이 주려 하며, 함께 있으려 한다. 이전에 한 친구도 기꺼이 내 곁을 지켜주었다. 낯선 외국에서 내 아들이 당장 응급실에 가야 할 만큼 위독했다. 한밤중이었지만 현지 친구에게 전화를 거는 것 말고는 할 수 있는 일이 없었다. "아들이 아파. 응급실에 가야 해." 이 한마디에 친구는 두말없이 차를 가지고 와서 우리를 가장 좋은 종합병원 응급실에 데려다주었다. 몇 년이 지나 그때 얘기를 나누며 "너는 우리 생명의 은인이야"라고 말하자, 돌아온 대답은 "너라도 똑같이 했을 거야"였다.

　나는 국제인권법 연구자이기에 '도대체 인권이 뭐예요?'라는 질문을 종종 받는다. 인권은 언젠가부터 전문가들의 영역이 되었다.

1948년 국제연합의 세계인권선언 이래 국제인권협약이 수없이 쏟아졌고, 전 세계에서 변호사, 운동가, 글로벌 NGO, 싱크탱크 들이 인권을 범접하기 어려운 '전문적'인 영역으로 만들고 있다. 인권이 이론의 영역인지 행동의 영역인지를 두고 논쟁하는 식이다. 인권 전문가는 변호사인가 학자인가 운동가인가? 이런 상황에서 나는 다소 도발적으로 대답한다. '인권은 단지 당신이 인간이라는 이유만으로 절대적으로 보장되어야 할 권리입니다.' 모든 권리를 인권이라고 부르지는 않는다. 인권human rights의 핵심에는 인간됨humanity에 대한 보편적 동의가 있다. 이 대답이 뜬구름 잡는 소리로 끝나지 않을 수 있는 것은 '인권을 보장하는 책임'을 '국가'가 지기 때문이다.

제2차 세계대전 이후 세상은 천지개벽해왔다. 국제연합도 엄청난 변화의 흐름에서 등장했다. 나는 국제연합의 의의를 크게 두 가지로 본다. 하나는 침략 전쟁을 원칙적으로 불법이라고 규정한 것이다. 그 이전까지 전쟁은 무섭고 나쁜 것이었으나 요건만 갖추면 불법은 아니었다. 또 하나는 자기 영토 내 인간의 인권 보장을 '국가'와 '정부'의 책무로 만든 것이다. 국가가 지배 권한을 가질 수 있는 건 근원적으로 국가가 인권을 보호한다는 명분이 있기 때문이다. 그래서 헌법에는 나름의 '권리장전'이 포함된다.

이 원칙이 18세 미만의 사람에게도 동일하게 적용되는지 생각하다보면 결국 '아동도 인간인가?'라는 질문을 맞닥뜨린다.

연대가 문명의 시작이었다면, 연대할 대상을 넓혀가는 것은 문명 발전에 중요한 전환점이 된다. 그리고 이를 위해서는 타인이 자신과 동등한 인간이라는 사실부터 전제해야 한다. 처음에는 연대의 대상을 자신과 비슷하게 생기고, 말이 통하고, 가진 것도 있는 사람들에게 국한했을 수 있다. 고대 로마의 시민권은 재산이 있는 남자들에게 먼저 주어졌다. 16세기 남미에 기독교를 퍼뜨리고자 했던 스페인 사람들은 우선 남미 사람들이 과연 인류에 포함되는지, 피부색부터 언어와 풍습에 이르기까지 모든 게 자기와 달라 보이는 사람들을 인간으로 인정할지부터 결론지어야 했다. 19세기 중반 미국의 남북전쟁과 링컨 대통령을 21세기에도 여전히 중요하게 여기는 이유는 결국 미국 수정헌법 제13조 노예제 폐지 조항 때문이다. 더 이상 사람을 사고팔 수 없고, 강제로 노동을 시킬 수 없다는 점이 헌법에 명시됐다. 피부색이 다르다는 이유로 사람을 물건처럼 대해서는 안 된다는 사실이 법이 되었다. 여성 시민권의 핵심인 참정권은 20세기 초에야 법제화되기 시작한다.

인권은 단지 내가 인간이기 때문에 갖는 권리이지만, 사실상 이 권리가 유효하려면 '법 앞'의 인간이 되어야 한다.

'법은 20세기가 되어서야 아동을 발견했다'라고 한다. 사람들이 부조리를 느끼고 사회가 그것을 인식하기 시작해도 법제화까지 이르는 데는 수 세기가 걸리기도 한다. 작은 인간, 어린 사람도 성인과 동등한 취급을 받아야 한다는 인식의 변화는 쉽게 오지 않았다. 편견과 차별이 인간의 본성에 더 가깝기 때문이다. 그러므로 한 나라의 문명화 혹은 진보의 진정한 성취는 여기에서 드러난다.

아동기에 대한 연구 논문이나 저서에 빠지지 않고 등장하는 참고문헌으로 필리프 아리에스가 쓴 『아동의 탄생』이 있다. 원제는 '구체제 시기의 아동과 가족의 생활'이다. 저자의 생뚱맞은 (혹은 창의적인) 호기심 그리고 독보적인 연구 방식은 『총 균 쇠』에 비견될 만하다. 마치 오랫동안 닫혀 있던 문을 여는 열쇠처럼 새로운 곳으로 눈을 뜨게 만드는 책이다.

아리에스가 전형적인 학자의 길을 걸어온 사람은 아니어서 그를 한 분야의 전문가로 소개하기는 어렵다. 이 때문에 그를 '일요일의 연구자' 카테고리에 넣는다. 연구자 외의 직업이 있으며 주말이나 자유시간에 혼자 연구했다는 의미이고, 그래서 정석과 정통에서는 벗어난다. 지식의 돌파구는 이런 사람들에 의해 열리곤 한다.

이 책은 '아동' 혹은 '아동기 인간'에 대한 인류의 인식과 그 시대별 변화를 다룬다. 그의 연구는 서유럽 국가들에 넘쳐나던 성화聖畫에서 시작했다. 문헌이나 책이 아니라 그림이다. 과거에는 아이들에게 주목하지 않았기 때문에 아이들에 대한 책도 없었고 연구도 부족했다. 그런데 그림으로 눈을 돌리니 실마리가 보였다. 유럽의 미술관을 가봤다면 그곳 그림들을 떠올려보자. 중세부터 유럽의 화가들은 성경 이야기를 참 많이도 그려냈다. 종교의 지배력이 커지려면 많은 사람이 성경을 이해해야 하는데, 글을 읽을 수 있는 사람이 많지 않으니 그림이 필요했다. 유럽의 성당은 그림과 조각으로 쓴 성경이다.

중세부터 19세기 전반까지의 화가들은 아기 천사와 예수를 즐겨 그렸고, 그 때문에 그림에 아동의 신체가 수없이 등장한다. 아리에스는 그림들에서 대략 17세기를 기준 삼아 어린아이의 신체를 묘사하는 방법이 달라진 것을 발견한다. 이전에는 아기를 어른의 축소판으로 그렸다. 머리와 몸과 다리의 비율이나 얼굴 생김새, 걸친 옷 모두 성인과 같으면서 오로지 크기만 작았다. 천사는 대체로 벌거벗은 아기의 모습이었는데 배와 팔, 허벅지 근육이 로마 시대 조각상의 성인 남성 근육과 다르지 않았다. 그나마 수염은 그리지 않았으니 다행이랄까.

아기 몸의 부드러운 곡선, 전체적으로 두루뭉술한 선, 얼굴이 크고 팔다리가 짧은 신체 비율, 아직 완전히 자리 잡히지 않은 이목구비, 숱이 적고 가느다란 머리카락 등은 이후에야 그려진다. 아리에스는 이 시기를 서구 사회가 영유아기 인간도 '인간'이라는 점을 인지하고, 그들만의 특징을 이해하며, 가정생활 방식도 이들에게 맞춰 바꿔갔던 때로 본다. 기록으로 남겨지지 않은 아이들의 삶을 그림에서 추정하고, 아동에 대한 인류의 인식 변화를 제시한 것은 아리에스 연구의 핵심 성과다.

아동기 인간은 성인보다 작고 약하고 어리석다. 성인이 해내는 일을 할 수 없고 시킬 수도 없다. 영유아들은 누군가가 먹이고 재우며 기본적인 생존 조건을 채워줘야 한다. 아이가 제대로 걷고 혼자 먹고 성인과 의사소통하기까지는 여러 해가 걸리며, 일정 수준의 노동력을 제공하기까지는 10년 이상이 소요된다. 그렇다면 이 존재를 성인과 동등하게 대해야 할까, 능력이 부족한 만큼 차별해야 할까? 이렇듯 아동의 실존은 물건이나 누군가의 소유물로 취급될 위험에 쉽게 처한다.

남 얘기가 아니다. 아동기를 건너뛰고 성인으로 태어난 사람은 없다. 지금 당신이 성인이라면, 자기 삶에서 가장 취약하고 쉽게 위험에 처할 수 있는 시기를 무사히 넘겼다는 의미다. 이 같은 생존은 당연하지 않으며 누군가 아동기의 나를 돌봤기에 가능했다. 인간은 모두 어머니의 몸에서 태어난다. 그 관계는 자연의 섭리로 주어지는 것이지, 인간의 법이 만들 수 있는 게 아니다. 따라서 가족법은 그 관계를 있는 그대로 인정하고 보호하는 역할을 한다. 나를 낳은 부모와 그 가족으로부터 보호받고 양육되는 것을 '자연스러운' 것으로 만든다.

마거릿 미드의 '대퇴골' 비유●를 한번 다르게 적용해보자. 부모와 가족에게 문제가 생기면 어린아이에게는 어떤 일이 벌어질까? 정글의 법칙이 적용된다면 아이는 생존하기 어려울 것이다. 문명화는 사회와 국가가 아동기 인간을 얼마나 효과적으로 보호하는지를 보면 알 수 있다. 국제연합에서도 1989년에야 '아동의 권리에 관한 협약'을 정립했다. 아동기 인간의 권리를 성인과 동등하게 보호하겠다는 말이 수사에 그치지 않으려면 아동의 법적 권리가 실질적으로 작동하는 국가 시스템이 있어야 한다. 또한 그 시스템은 인류

● 문화인류학자 미드는 한 강연에서 "인간 문명의 첫 증거는 부러졌다가 붙은 대퇴골이다"라는 발언을 했다. 골절됐던 대퇴골이 치유됐다는 사실은 누군가 그를 회복될 때까지 돌봐줬다는 증거로, 어려움에 처한 사람을 돕는 데서 문명이 시작된다고 본 것이다.

가 이전에는 알지 못했던 고도의 법 논리와 제도 및 행정 이행 시스템이 뒷받침해줘야 한다. 아동보호체계Child Protection System는 서구에서도 1970~1980년대에 이르러서야 본격적으로 발전하기 시작했다. 이 체계가 소방이나 경찰체계처럼 작동해야 효과적으로 굴러간다고 말할 수 있다. 현대 국가 중에도 아동보호체계를 제대로 갖춘 나라는 많지 않다.

우리나라에는 있을까? 답을 밖에서 찾지 말고 안에서 생각하자. 대한민국에 사는 사람들이 이곳을 제일 잘 안다. 아동보호체계가 소방과 경찰체계처럼 움직인다고 느끼는가? 만약 아니라고 여겨진다면, 그게 사실이다.

사인의
절대적 지배하에 있는
인간의 실존

오래전 한국 미국 대사관에 근무하던 미국인 외교관 친구와 점심을 먹는데 한국 정치인 얘기가 나왔다.

"부인이 미국 시민권자라서 아이들이 복수 국적이야. 그런데 아이들이 미국에 입국할 때 미국 여권 없이 한국 여권에 미국 비자만 붙여도 되냐고 묻더라고. 한국 사회가 정치인 자녀의 국적 문제에 민감하잖아. 아이들이 미국 여권을 가지고 있는 게 마음에 걸렸나 봐."

"그래서 뭐라고 했는데?"

"뻔하지, 뭐. 미국이 자국 시민권자에게 비자를 발급할 수는 없다고 했지."

비자는 입국 허가증이다. 자기 나라 시민권자가 입국하는 걸 '허가'한다는 것은 모순이다. 한국과 미국의 복수 국적자는 한국에서는 한국인, 미국에서는 미국인이다. 한국에서 미국으로 여행한다면 두 가지 여권이 다 필요하다. 한국에서 출국할 때는 한국 여권을, 미국에 입국할 때는 미국 여권을 제시해야 한다. 마찬가지로 미국에서 출국할 때는 미국 여권을, 한국으로 입국할 때는 한국 여권을 사용하면 된다.

"그랬더니 그럼 자녀의 미국 국적을 포기할 수 있냐고 묻더라고."

"그래서?"

"미국 국적은 자녀가 가진 권리고, 부모라고 해서 이를 마음대로 결정할 수는 없습니다. 자녀가 미성년자라서 스스로 법적 효력을 띤 결정을 내릴 수 없다면, 미국 법은 자녀가 성인이 될 때까지 기다리도록 규정하고 있습니다.' 법이 기다려준다고 말했지."

그렇게 우리 대화는 끝났다. 하지만 여기서 내 질문은 한 단계 더 나아갔다. 그런데 만약 이 사람이 부모로서 자녀의 한국 국적을 포기하고 싶었다면 어땠을까?

이미 우리는 여러 뉴스 보도로 유명 스포츠맨 혹은 정치인의 자녀가 성인이 되기 전에 한국 국적을 포기했다는 소식을 종종 들어왔다. 미국 법으로는 안 되지만 우리 법은 허용한다. 부모가 어린 자녀의 국적까지 대신 포기할 수 있는 것이다.

부모가 자녀 대신 결정할 수 있는 게 국적뿐일까?

의사가 환자의 생명과 건강을 위태롭게 만드는 의료 행위를 할 수 있을까? 예를 들어 연명치료 기구를 떼어낸다거나, 기증이 목적이든 치료가 목적이든 살아 있는 신체에서 장기를 제거하는 행위는 불법이고 범죄가 될 수 있다. 그러나 불법을 합법으로 바꿔주는 길이 있다. 바로 당사자의 동의다. 이에 대한 논쟁은 드라마나 뉴스에서 종종 볼 수 있다.

당사자의 동의는 이렇게나 힘이 세다. 중요한 법률적 결정과 행위가 당사자의 동의에 기대어 이루어진다. 따라서 당사자의 동의는 함부로 대행되어선 안 된다. 이 때문에 정말 중요한 동의는 아무리 부모라고 할지라도 사인私人이 아니라 국가와 정부가 진의를 정확하게 확인할 책무를 진다.

수혈을 절대 금지하는 종교가 있다. 종교의 자유는 헌법에서 보장해주는 권리다. 의료인은 환자 본인이 거부하는 치료 행위를 할 수 없다. 따라서 성인이라면 스스로 수혈을 거부함에 따라 사망할 수 있다. 그런데 만약 아동이라면 어떨까?

아동에 대한 의료 행위는 보호자(대부분 부모)의 동의로 가능하다. 부모는 아이의 치료를 위해 이 세상 누구보다 더 진심으로 헌신할 거라 믿어진다. 만약 신생아가 수혈이 필요한 수술을 급히 받아야 하는데 부모가 자신들의 종교적 신념 때문에 자녀에게 수술을 받지 못하게 한다면 어떨까? 부모가 동의하지 않으면 아기는 치료받을 수 없고 결국 사망한다.

특정 종교 가정에서 이런 사건이 다수 발생해왔다. 전 세계에서 공통적으로 맞닥뜨릴 수 있는 사안이다. 이미 오래전부터 서구 국가에서는 정부가 개입해서 부모의 동의권을 정지시켰다. 의사가 합법적으로 소아 환자를 수술할 수 있도록 동의하는 권한은 '법원'으로 옮겨간다. 에마 톰프슨이 판사 역할을 맡은 영화 「칠드런 액트」

(이언 매큐언의 동명의 책을 바탕으로 만들었다)는 이 법이 현실에서 어떻게 작동하는지를 잘 그려냈다. 영국에서는 특정 종교를 믿는 부모가 수혈을 거부해도 법원이 병원의 치료 행위를 허가하는 판결을 내리는 게 일상이다. 한데 이 작품은 또 다른 질문을 던진다. 만약 그 '아동'이 아주 어리진 않고 스스로 의사 결정을 할 수 있는 만 18세에 가까운 나이라면? 그가 직접 수혈 거부 의사를 표현한다면? 사실 이런 논쟁은 우리 현실과는 큰 관련이 없다. 우리나라 법제는 여기까지 나아가지 못했고, 논란을 벌여봤자 실익이 없다.

한국에서는 여전히 부모로부터 동의를 얻지 못해서 적절한 치료를 받지 못하고 퇴원하거나 다른 병원들을 전전하다가 아기들이 죽는다. 한국 법은 이 문제에 있어서 무력하다.

출생등록birth registration은 어떨까? 출생 즉시 등록될 권리는 국제연합의 여러 인권협약에 명시된 핵심 인권이다. 출생등록은 국적과 직결되며, 법 앞의 인간으로 인정받는 시작점이다. 등록될 권리는 '권리를 가질 권리'라고도 한다. 우선 인간이 돼야 인권도 있지 않겠는가. 국제법과 인권 규범은 출생'등록'이라는 용어를 통해 국가의 적극적 책무를 강조한다.

우리 법은 출생'신고'다. 나는 birth report라고 번역한다. 혹자는 우리 법 용어가 출생신고라도, 국제적으로 사용되는 출생등록과 같은 의미이니 birth registration이라고 번역하려 한다. 안 될 말이다. 이 둘은 근본적으로 다른 제도다.

출생등록 제도를 시행하는 미국의 매사추세츠주에서 절차가 어떻게 진행되는지 직접 봤다. 먼저 출산을 위해 입원한 임신부에게 팔찌를 채운다. 병동의 출입구를 지나면 경보가 울린다. 아기가 태어나면 퇴원하기 전에 출생등록을 담당하는 병원 직원이 아기 이름, 정확한 출생 날짜와 시간, 담당 의사, 쌍생아 여부 등 등록 사항을 부모의 인적 사항과 함께 조사해간다. 부모의 결혼 여부, 국적 등은 상관없다. 아기가 중심이다. 미국 땅에서 태어났으면 미국 국적을 부여하는 매우 독특한 제도도 영향을 미쳤을 것이다. 그리고 아이의 출생은 부모가 관청에 가서 신고하지 않고 국가 기관이 직접 등록하며, 부모는 출생등록 관할 당국이 발행한 아이의 '출생증명서birth certificate'를 아이가 클 때까지 보관하면 된다. 출생증명서는 오직 그 사람에 대한 것이자 그만을 위한 것이고, 국가와 관계 맺었음을 증명한다. 따라서 출생증명서는 존재에 대한 기본적이고 공적인 최초의 문서이며, 그의 부모와 국적의 증빙이다. 국가는 출생으로 발생한 가족관계와 국적이 온전하고 진실하게 기록되고 보존되도록 책임진다.

출생신고 제도를 시행하는 한국의 현실은 어떨까?

한국은 민법과 가족관계등록에 관한 법에서 출생신고 규정을 다룬다. 원래는 호적법이었다가 2005년 호주제가 폐지되면서 가족관계등록에 관한 법이 그 자리에 대신 만들어졌다. 이 법에 따르면 사람이 태어나면 그 부모가 출생신고의 책임을 진다. 담당 기관은 대법원의 법원행정처다. 어떤 부처가 출생신고를 관할해야 하는지 일반적인 법칙은 따로 없다. 외국의 사례를 보아도 제각각이다. 다만 이 정책을 효과적이고 효율적으로 책임질 수 있는 기관에 그 임무를 부여하고, 여기에 필요한 각종 인적·물적 자원을 배치하는 것이 상식적이다. 왜 우리나라에서는 법원행정처가 이 임무를 맡게 되었는지 사실 잘 모르겠다.

다시 출생신고 의무로 돌아와 개인적 경험을 꺼내보면, 나는 서울의 중심부 서대문구에서 태어났고, 아버지가 동사무소에서 출생신고를 했다고 호적에 기록되어 있다. 내 아이들은 남편과 내 동생이 각각 구청에 가서 신고했다. 한국은 병원 출산 비율이 99퍼센트에 육박하고, 비용은 국민의료보험으로 감당된다. 따라서 병원에서 소정의 증빙 서류를 부모나 보호자에게 발급하면, 이들이 순조롭게 아기의 출생을 신고할 수 있다. 대부분 비슷한 경험을 했을 것이며 이 절차를 당연하게 여길 만하다.

하지만 이렇게 순조로운 절차를 거칠 수 없는 사례도 있다. 지난 뉴스를 한번 떠올려보자. 2015년 12월 인천의 한 슈퍼마켓에서 학대를 피해 탈출한 11세 여자아이가 발견되었다. 사건을 수사하면서, 아이가 학교에 장기간 결석 중이었으며 이런 아동은 교육 당국이 인지하고 신고해야 하는 사안이라는 점이 부각됐다. 이 사건이 아동에 대한 연이은 '전수조사'의 물꼬였다. 학교는 물론이고 지방자치단체의 사회복지 행정 인력을 동원해서 태어난 기록은 있는데 학교에 다니지 않은 학령기 아동에 대해 전국적인 전수조사가 이뤄졌다. 결과를 보고 망연자실할 수밖에 없었다. 경찰 수사가 필요한 사건이 전국적으로 300건 이상 신고되었고, 이미 사망한 아이들이 냉동고에서 백골 상태로 있거나 암매장되었음이 밝혀졌다.

기본적으로 조사 대상은 출생신고가 된 아이들이었다. 조사가 시작되자 한국의 출생신고 제도의 맹점이 그대로 드러났다. 양육수당을 타려고 태어나지도 않은 딸 두 명을 신고하거나, 자신이 낳은 딸을 몰래 이복언니의 딸로 신고하거나, 브로커에게 돈을 받는 조건으로 태어나지 않은 아들을 신고하기도 했다. 군인 남편의 전방 발령을 연기하기 위해 태어나지 않은 딸을 신고하거나, 가짜로 출생신고를 하려다가 들키자 딸을 잃어버렸다면서 허위 실종 신고를 하기도 했다.

2023년에는 출생 기록이 있으나 출생신고는 되지 않은 아동을 전수조사했고 사회는 또 한 번 충격에 빠졌다. 의료 기관은 출산에 든 비용을 정산하거나 의료 행위 보고 및 통계를 위해 국민건강보험공단이나 건강보험심사평가원 등 국가 산하 기관에 출산 내역을 보고한다. 출생 기록은 이러한 흔적을 뜻하는데, 기록은 있으나 관할 정부 기관에 정식으로 신고되지 않은 사례가 수천 건에 이른다는 것이 확인됐다. 이후 개별 사례에 대한 조사가 이루어짐에 따라 충격적인 영아 살해와 아동 학대 사례가 밝혀졌다.

한국의 출생신고는 부모의 의무다. 신고를 늦게 하면 과태료가 부과된다. 그런데 아예 신고하지 않는다면? 이 부분은 공백으로 남는다. 부모가 신고하지 않는 출생을 우리 법이 상정하고 있지 않거나, 그런 출생은 국가가 보호하지 않겠다는 의사 표현이다. 전자라면 판타지 속에 살고 있는 것이고, 후자라면 명백한 국가 책무

위반이다.

그 결과 아이를 낳았으나 신고하지 않는 것, 태어나지 않았는데 허위로 신고하는 것, 낳은 부모가 아닌 다른 사람의 아이로 출생신고하는 것 등이 다 가능하다. 한국 드라마에 '출생의 비밀'이 난무하는 데는 다 이유가 있다. 사람들이 이런 현실을 자기 삶 속에서 겪었거나 목격해왔기 때문이다.

출생 직후 아기에게는 여러 사건이 일어날 수 있다. 의료 기관에서 태어났더라도 질병, 사고 혹은 범죄 등으로 단기일 내에 사망한다면 부모가 출생신고를 아예 안 하기도 한다. 이때는 출생이 없었기에 사망도 없다. 출생신고되지 않은 아이가 입양 기관이나 아동보호시설에서 보호받다가 사건 사고로 사망하면 그대로 묻히는 경우도 부지기수다. 가족의 보호에서 벗어나 있는 아이를 위해 이의를 제기할 사람은 없다. 한 의료인이 이런 실태를 조사해서 논문으로 발표하기도 했다. 한국은 경제협력개발기구OECD 국가 중에서도 영아 사망률이 매우 낮다. 이를 한국의 의료 기술과 국민건강보험이 발전한 덕분이라고 볼 수도 있지만, 이 의료인은 출생 직후 사망하여 아무 기록이 남지 않은 사례가 15퍼센트 이상이라고 보았다. 즉 낮은 영아 사망률이 사실 사망 신고의 누락 때문이었다는 설명이다.

나는 논문을 쓰며 이렇게 법제의 허점으로 일어날 수 있는 수많은 사례를 보았다. 도대체 정확한 실태가 어떤지 전체적인 그림을 보고 싶었지만 통계를 찾을 수 없어서 내가 구성해보기로 했다.

한국은 매년 자국 영토에서 얼마나 많은 사람이 태어나는지 제대로 알고 있을까? 법과 제도가 이런 식인데 정확히 알 수 있을까?

통계청은 한국 정부의 공식 출생 건수를 발표한다. 하지만 출생신고 관할 기관은 대법원 법원행정처다. 법원행정처도 매년 출생신고 건수를 발표한다. 이론적으로는 두 곳에서 발표하는 수치가 서로 같아야 한다. 국제연합은 이런 출생 통계를 '출생 즉시 등록될 권리'가 제대로 이행되고 있는지에 대한 증거로서 주시하고 있다.

통계청의 국가통계포털과 법원행정처의 『사법연감』* 사이트에서 제시한 숫자를 비교해보았다. 통계청은 1970년부터 「인구동향조사」 출생아 수를 내놓고 있었다. 법원행정처의 『사법연감』의 혼인 중 출생, 혼인 외 출생, 기아 발견 신고, 이 세 가지를 출생신고로 볼 수 있다. 이 두 기관의 숫자를 연도별로 나란히 적어보니, 1992년까지는 매년 20만~50만 명 차이가 났고 1993년부터는 매년 1만~2만 명 차이가 났다. 법원행정처의 숫자가 통계청의 숫자보다 매년 더 많았다. 홈페이지에 있는 담당자의 전화번호로 문의했다.

서울대 법대 연구원이라고 소개하고, 지난 수십 년간 두 기관이 발표한 통계에 이런 차이가 있는 걸 아는지 물으니 두 기관 모두 생각조차 해본 적 없다고 했다. 나는 이런저런 설명을 붙이면서 되도록 실질적인 대답을 해줄 수 있는 실무자를 찾았고, 정말 궁금해서

• 여기서 사법은 입법, 행정, 사법에 해당되는 사법이다. 대법원은 1년에 한 번, 대한민국 사법부 업무에 대한 백서 성격의 보고서를 발간한다. 이 두꺼운 보고서의 마지막 부분에 각종 통계가 포함되어 있는데, 여기에 출생신고와 기아 신고에 따른 고아호적 발급 통계도 수록된다.

허심탄회하게 물었다. 물론 기관의 공식적인 답변은 아니지만 때때로 이런 대화에서 본질적인 깨달음을 얻기도 한다.

먼저 통계청과 대화했다. 이 자료가 정부 공식 통계로 사용되어 왔고, 법원행정처의 통계보다 더 오래된 데다가 추세를 봐도 더 일관성 있었기 때문이다. 그리고 항상 법원행정처보다 더 적은 수치를 발표했다. 우선 이 숫자를 어떻게 얻는지 물었다. 일선 행정기관의 최말단인 지방자치단체 주민센터 출생신고 창구에서 집계한다고 했다. 이건 법원행정처의 출생신고 접수와 같은 통로다. 소관 기관은 법원행정처이나 전국의 일선 현장마다 출생신고를 받는 기관을 독자적으로 설치할 수 없으니, 주민센터에 업무가 위탁되어 있었다. 중앙 정부의 수많은 업무가 마치 깔때기를 타고 흐르듯 일선의 주민센터에 종착한다. 그럼 결국 두 기관이 발표한 숫자는 같아야 하지 않냐고 했더니, 통계청에는 일련의 보정 매뉴얼이 있는 듯했다. 하지만 정확한 대답을 듣진 못했다. 그리고 이렇게 양 기관이 발표하는 숫자 사이에 차이가 있을 수는 있지만, 상세한 현황은 모르고 조사해본 적도 없다고 했다.

다음으로 법원행정처에 전화를 걸었다. 통계청에서 내는 자료가 『사법연감』의 통계와 연결되어 있다는 인식은 없는 것 같았다. 숫자가 차이 난다는 사실에 대한 문제의식도 별로 없는 듯했다. 너무 무심해 보여서 질문을 던져보았다.

"법원행정처가 출생신고를 관할하는 정부 당국인데, 왜 이런 차이가 나는지 적어도 설명은 할 수 있어야 하지 않나요?"

이에 대한 답변이 돌아왔다.

"우리는 신고된 대로 등록할 뿐입니다."

여기서 말하는 '우리'는 공무원 개인이나 해당 부서 직원을 말하지 않는다. 국가와 정부를 뜻한다. 한국 정부는 사람의 출생에 대한 사실을 직권으로 파악하거나 등록해야 하는 당국의 역할을 하지 않는다. 그것을 국가의 역할에 포함하지 않는다. 법이 그러니 제도도 마찬가지다. 다만 출생신고는 부모처럼 사적인 개인들의 의지에 맡기고 신고가 들어오면 장부에 적는 역할만 한다. 장부지기 역할에만 머무르겠다는 의지의 표명이다. 수십 년 동안 많은 사건이 있었다. 그때마다 언론과 여론은 들썩였고, 정부와 국회는 대책을 세웠으며 법도 바꿨다고 주장했다. 하지만 그 역할에 대한 기본 입장에는 변함이 없었다. 겉포장 정도만 달라졌다.

언제부터일까? 원래 동서고금 어디서나 아동은 부모의 소유물로 간주했다. 자녀는 부모의 보호 아래에서만 생존할 수 있었다. 단순히 관행이나 인식의 문제가 아니라 실제가 그러하니 법제도 마찬가지였다. 근대화 과정에서 집단의 일부가 아닌 독립적인 '개인'의 권리와 의무를 중심으로 법제가 변화하고 발전했으나, 여전히 독립적으로 법적 행위를 하기 어려운 18세 미만의 인간은 예외였다. 따라서 현대 국가들의 차이는 여기서 드러난다. 아동기 인간의 권리 보장을 위한 법제가 있느냐 없느냐가 척도가 될 수 있다. 아동은 국가와 어떤 관계에 있을까? 여전히 부모가 중간에서 '소유권' 혹은 '절대적 처분권'을 가질까? 아니면 국가가 아동을 누군가의 자녀이기 전에 '내 국민'이라고 주장할까? 지금까지 몇 가지 사례에서 봤듯이 한국은 여전히 전자에 놓여 있다.

'버려진' 아이들의
처리

척도는 '버려진' 아이들이다. 어린아이들은 가정에서 보호받는다. 현대에 가부장제는 극복해야 할 인권 침해적 제도다. 그러나 그 자체로 악하다기보다 과거에는 나름대로 필요했고 수행하는 역할도 있었다. 적어도 약자를 먹이고 부양하고 외부 폭력으로부터 보호하는 역할을 했다. 가부장의 지배 아래 있건, 부모의 소유물처럼 취급되었건, 가정 경제를 위해 소용되었건 간에 어쨌든 그 안에서 보호받고 생존할 수 있었다. 그렇다면 그나마 있던 보호막에서도 '버려진' 아이들은 어떻게 되는가? 동서고금을 막론하고 강보에 싸여 문 앞에 버려진 아이 이야기는 흔하다. 아이는 어쨌든 누군가에 의해 키워진다. 아이가 없는 집에서 자식처럼 키우거나, 여유 있는 집의 허드렛일을 거들어주는 대가로 보호를 제공하거나, 도제식으로 훈련하는 작업장에서 거두기도 했다. 부모의 보호에서 벗어난 아이의 보호는 여전히 다른 사인들과 지역사회의 선의 및 시혜에 달려 있었다.

산업혁명기부터 이야기는 달라진다. 산업화는 인류가 이전에 경험해보지 못한 도시화를 불러왔다. 좁은 공간에 사람이 몰려들기 시작하고, 길거리에 버려진 아이들이 전례 없이 큰 규모로 발생했다. 한두 집이나 동네가 감당할 수 없는 사회적 문제가 된다. 지금이야 가정의 보호에서 벗어난 아이들은 국가가 보호해야 한다고 말하지만, 예전에는 어땠을까? 전쟁이 일어난 것도 아닌데 가정의 보호에서 벗어난 아이들이 대규모로 발생하는 상황에 사회와 국가는 어떻게 대응했을까?

서구 사회에도 현대의 아동보호체계가 하늘에서 뚝 떨어지지는 않았다. 그들의 전통을 찾아봐도 이럴 때 적용할 수 있는 제도는 없었다. 국가도 배워야 한다. 과거의 잘못을 인정하고 반성하고, 그로부터 배워서 더 나은 제도를 만들어야 한다. 아이들은 어떤 일을 겪어왔을까?

길거리 아이들은 정글의 법칙에 따라 자기 힘으로 살아남아야 했다. 빌어먹기도 하고, 훔치기도 하고, 누군가 써주면 일을 하고 돈을 받기도 했다. 영화 「메리 포핀스」에는 런던의 굴뚝 청소부 아이들이 등장한다. 런던의 가정집들은 난방을 위해 굴뚝 청소가 필수였고, 좁은 굴뚝에 들어가 청소하기에는 아이들의 작은 몸집과 손이 제격이었다. 물론 이전에도 아이들은 가정에서 부모를 위해 그 나이와 발달 수준에 걸맞은 노동력을 제공해왔을 것이다. 도시화 이후에는 본격적으로 노동시장에서 쓰이기 시작했다. 이 작은 인간에게 당시 사회는 '적정' 수준의 임금을 지급했다. 어른과 비교하여 작고, 열등하고, 미숙하고, 생산성도 낮다. 이런 존재에게 동등한 금액의 돈을 줄 수는 없다. 아동이 노동시장에 들어오면서 적은 임금과 착취는 합리적인 결정으로 여겨졌다.

그렇지만 착취당하는 아이들의 비참함을 본 사람이 없지 않았다. 노동법의 발전은 아동 노동 착취에 대한 제재로부터 시작된다. 찰스 디킨스는 영국에서 존경받는 작가일 뿐 아니라, 자선 문화를 연 인물로 여겨진다. 그의 소설 『크리스마스 캐럴』에서부터 어려운 이웃을 생각하는 전통이 시작되었다. 『올리버 트위스트』는 부모의 보호에서 벗어난 아동, 버려진 아동, 고아원 아이들의 비참한 상황을 그려서 동시대인들의 공감을 불러일으켰다.

사회복지는 이렇게 불쌍한 아이들에 대한 민간의 자선과 돌봄으로부터 시작된다. 일단 가정의 보호에서 벗어난 아동은 자선단체와 고아원에 수용된다. 사회적으로 고아원 수용이 일어나자 더 많은 아이가 고아원으로 유입되고, 마침내 감당하기 어려운 수준에 이르렀을 때 다른 방법이 동원된다. 고아원을 운영하는 자선단체들은 과수용된 아이들을 다른 곳으로 보내는 것이 더 유용하다고 생각한 것 같다. 영국은 소위 '신대륙'에서 식민지를 개척하기 위해 죄수들을 호주로 이동시켰다. 이 무리 안에 아이들도 섞여 있었다. 19세기부터 때마다 다양한 단체들이 아이들을 집단으로 이동시켰다. 이런 일은 20세기까지 이어졌다.

1990년대 영국의 한 사회복지사가 이렇게 옮겨져서 살아남은 호주 사람으로부터 자신의 진짜 이름과 친부모를 알고 싶다는 요청을 받고 조사를 시작했다. 그리고 '칠드런 홈Children Home'이라는 기관이 아이들을 호주로 강제 이주한 사건을 밝혀냈다. 이 일이 언론에 대대적으로 보도되자 영국과 호주 정부는 의회 차원에서 진상을 밝히기 위해 청문회를 열었다. 영국에서 출발해 호주로 가는 배 안에서 죽은 아이들도 있고, 호주 집단 농장의 모진 환경을 견디지 못하고 죽은 아이들도 있었다. 살아남은 사람 중 한 명이 영국 의회에서 한 증언은 이렇다.

당시 네 살이었어요. 겨울이었지만 신발도 신지 못했어요. 그나마 그 어린아이가 터득한 맨발을 녹일 수 있는 유일한 방법은 소를 따라다니다가 소가 똥을 싸면 아직 소의 체온이 남아 있는 김이 나는 똥더미에 발을 들이미는 방법뿐이었죠. 그렇게 살아남았습니다.

이 사회복지사의 이야기는 호주에서 「추방된 아이들Oranges and Sunshine」이라는 영화로 제작되기도 했다. 한 호주 친구에게 왜 제목이 오렌지와 선샤인이냐고 물어봤다. 그의 대답은 이랬다. "당시 아이들을 호주행 배에 태우면서 약속한 게 그거였대. 새로운 땅에 가면 항상 햇살이 찬란하고 오렌지를 먹을 수 있다고." 영국과 호주 정부는 과거 국가의 잘못을 공식 사죄하고 진상을 규명하는 노력을 지속하면서, 친부모와 진짜 신분을 찾아주는 지원 및 피해 보상을 위해 공공 기금을 조성했다. 대규모로 장기간 일어났던 사안을 사회에서 몰랐을 리 없다. 제대로 된 진상 규명과 보상을 이끌어내는 데는 그 사건 발생에 국가의 잘못이 있었다는 점을 밝히는 것이 관건이었다.

이런 강제 이주는 미국에서도 벌어졌다. 보스턴이나 뉴욕 같은 동부 대도시에서 길거리 아이들이 문제가 되자, 한 자선 기관이 '고아 열차orphan train'라는 아이디어를 냈다. 도시에서는 아이들이 남아돌고, 중서부의 인구가 희박한 농촌 지역에서는 일손이 모자라다. 동부에서 이 아이들을 고아원에 수용하는 것도 한계가 있으니, 중서부로 옮겨서 아이를 원하는 가정에서 자라도록 하면 좋겠다는 생각이었다.

기차에 아이들을 잔뜩 태운다. 이 열차는 오직 이 용도로만 아이들을 태우고 달린다. 나이도 제각각이다. 어느 정도 큰 여자아이들은 그 여정 동안 아기를 돌보는 보모 역할도 했다. 동부의 대도시를 떠나 중서부 벌판에 끝도 없는 옥수수밭이 보이기 시작하면 기차역마다 멈춘다. 주민들에게는 이미 이 열차가 도착한다는 소식이 전해져 있고, 아이들을 원하는 가정은 역에 나와 있다. 아이들이 모두 내려서 늘어선다. 사람들은 제각기 원하는 수요에 맞는 아이를 데려간다. 나이 든 남자아이들은 노동력이 필요한 집에서 데려가고, 아기를 원하는 사람들은 큰 여자아이들 품에 안겨 있던 아기를 데려갔다. 여자아이들은 상대적으로 선호도가 낮았다고 한다. 이렇게 다 빠져나가고 맨 마지막까지 남아 있는 아이들도 있었다.

하지만 동부 도시로 돌아오는 아이는 거의 없었다고 한다. 물론 이렇게 흩어진 아이들이 모두 그 집에서 오래오래 살았던 건 아니다. 특히 다 큰 남자아이들은 며칠 내로 도망가기 일쑤였다. 예상할 수 있듯이 노동력 착취와 학대 등 많은 문제가 있었다. 하지만 수십 년간 20만 명이 넘는 아이가 이렇게 실려갔다. 이후 이들이 어떻게 살아남았는지에 대한 기록은 찾아보기 어렵다.

미국인들이 세대를 불문하고 좋아하는 영화 「애니」나 「빨간머리 앤」과 같은 이야기는 이런 스토리의 동화 버전이다. 안데르센이나 그림형제가 옛날 그 시대에 실제 구전되던 이야기에는 호러, 잔혹, 폭행, 살인 등등이 버무려져 있다고 하지 않았던가.

영아 살해, 아동 학대, 아기 매매는 동서고금을 막론하고 목격된다. 20세기 초까지도 미국 일간지에 버젓이 아기의 피부색, 눈동자색, 건강 상태, 월령 등 특징과 가격을 표시한 인신매매 광고가 내걸렸다. 최초로 아동 학대에 대한 처벌을 내릴 때는 관련 법 규정이 없어서 동물 학대 규정을 적용했다고 한다. 자녀는 부모의 소유물로 취급되었고, 부모의 보호에서 벗어나면 마치 물건처럼 이리저리 옮겨지고 팔렸다. 18세 미만의 인간에 대한 특별 보호 조치가 생겨나기 시작한 건 아무리 어리대도 '같은' 인간에게 내려지는 처분이 너무 끔찍해 사람들의 마음이 동했기 때문이다. '아동의 권리는 아동의 피를 먹고 자란다'라는 말은 섬뜩하지만 엄연한 사실이다.

국친 사상과
아동 최선의 이익

재러드 다이아몬드의 『총 균 쇠』는 과학자의 눈으로 인류 역사를 보면 어떤 해석이 가능한지 알려주는 계몽서다. 그야말로 눈이 번쩍 뜨이게 해준다. 서문에는 저자가 연구를 시작한 계기가 적혀 있다. 태평양의 작은 섬나라 사람의 질문이다. 왜 우리는 서구와 같은 역사를 갖지 못하는가? 서양은 왜 그렇게 되었고, 우리는 왜 이렇게 되었나? 나도 같은 질문을 해본다. 왜 어떤 나라는 아이들을 내보내고, 왜 다른 나라는 그 아이들을 받아들이는가? 왜 어떤 나라에서는 버려진 아이들이 함부로 취급받고, 왜 다른 나라에서는 보호체계가 작동하는가?

왜 어떤 여자는 아이를 내놓고, 왜 다른 여자는 아이를 받는가를 앞서 다뤘다면, 이번에는 나라다. 여성의 돈과 힘, 중개 기관의 갈망만으로는 이런 대규모의 글로벌 현상이 나타날 수 없다. 단기간이면 몰라도 제2차 세계대전과 한국전쟁 이후 70년간 지속되기

란 불가능하다. 나라가 허용하고, 의도적으로 눈감아주고, 장려하고, 궁극적으로 법제화했다. 보내는 나라에는 보내기 쉬운 법이, 받는 나라에는 받기 쉬운 법이 만들어졌다. 어느 한 법의 한 조항이 아니라 거미줄처럼 얽히고설킨 법제가 되었다. 이를 학문적으로 설명하자면 책 한 권이 필요하고, 그 책은 아무도 읽지 않을 것이다. 내가 이미 그런 책을 내봐서 안다. 그러니 이렇게 설명해보고자 한다.

원래부터 아동은 물건처럼 취급됐다. 이것은 자연스러운 현상이다. 영국의 관습법 전통에서(소위 영미법계) 아동 보호 법리의 발전을 얘기할 때는 대개 국친國親 사상에서부터 시작한다. 라틴어 파렌스 파트리아에*parens patriae*는 '부모로서의 국가'라는 의미다. 라틴어로 된 법리는 역사가 깊기에 이를 설명하려면 수백 년은 거슬러 올라가야 한다. 봉건영주 시대부터 그 봉토에 근거해 사는 사람들은 영주의 소유였다. 어린아이들은 부모가 키웠어도 소유권은 영주에게 있었다. 재산에 해를 끼치면 궁극적으로 영주의 손해니, 이를 금지하고 필요하다면 그 부모에게 제재를 가하거나 아이의 보호자를 바꾸기도 했다.

근대로 들어오면서 '파렌스 파트리아에'라는 전통은 위험에 처한 아이들을 보호하기 위한 국가 개입의 확대로 변화된다. 이 확대는 우선 '재산권', 즉 돈에서부터 시작된다. 영화 「레모니 스니켓의 위험한 대결」에 나오듯이, 신분이 높고 재산이 많은 부모가 아직 후계자가 어릴 때 갑자기 사망하면 개인의 재산·신분·지위는 급변

한다. 이는 당사자뿐 아니라 사회질서를 유지하고자 하는 군주의 이해관계와도 직결된다. 그래서 나라는 어린 '부자 고아'가 성인이 될 때까지 현 상황을 유지하면서 아이의 안전한 성장을 보호하는 공적 '후견인' 역할을 자청했다.

아이의 소유권이 국가에 있다는 수백 년 전 법리는 현대 국가로 넘어오며 자기 권리를 스스로 지킬 수 없는 어린아이의 중요한 권리가 침해될 위기가 생겨나면, 이를 국가가 대신해서 보장해야 한다는 '아동 최선의 이익' 법리로까지 발전한다. 구체제와 근대 국가의 근본적 차이는 국가와 국민의 관계에 있다. 국가는 항상 관계 우위에 있었고 그 아래에서 국민은 살기 위해 그리고 기본적 생존권과 안전을 보장받기 위해 국가에 기댔다. 하지만 국가의 의무와 존재 이유가 국민의 기본권 보장에 있다고 헌법의 권리장전에 규정되면서 관계는 뒤바뀐다. 헌법의 기본권이 아동에게까지 확대될 수 있을지에 대한 전망은 아직 대체로 부정적이다. 문제는 행위능력이다. 대다수의 법학자는 스스로 법적 효력을 띤 의사 표현이나 행동을 할 수 없는 사람이 기본권의 주체가 되기는 어렵다고 해석한다. 국제연합이 기반한 '인권'은 각국 헌법의 '기본권'과는 다르다. 적어도 아동의 권리에 있어서는 국제연합이 가장 앞서나간다. 하지만 국제연합이 현장에서 아이들의 권리를 직접 보호할 수는 없다. 국제연합의 인권 원칙은 국가의 작용을 통해서 실효성을 발휘할 수 있다.

아동 최선의 이익 법리가 작동하는 나라에서 부모와 국가는 대립한다. 이는 당연한 수순이다. 아이가 일상에서 무엇을 먹고 입을지, 어디에서 누구와 살고, 어떤 학교에 갈지 등 수많은 일은 부모가 결정한다. 그리고 그게 제일 바람직하다는 걸 우리 모두 알고 인정한다. 이외에 다른 무슨 방법이 있겠는가? 18세 미만 아동은 혼자서 술도 살 수 없고, 은행 통장도 만들 수 없고, 병원 동의서에 서명도 할 수 없으며, 어떠한 계약도 할 수 없다. 법리적으로는 아동의 동의를 부모가 대신한다. 그게 이들을 보호하는 방법이다. 그런데 부모의 동의가 오히려 아이를 위험에 빠뜨린다면? 국가 개입이 발동해야 한다. 부모의 대리를 중단시키고 나라가 그 역할을 대신해야 한다.

영화 「아이 엠 샘」에서 발달지체인 아버지 샘이 정성을 다해 키우는 딸 루시가 아버지의 정신 연령과 같은 7세가 되자, 아동보호국은 아이의 발달에 아버지가 나쁜 영향을 줄 수 있다고 판단한다. 정부가 아버지와 딸 사이에 개입해서 딸을 '더 나은' 가정으로 보내려는 양육권 소송이 벌어진다. 이 영화는 과장된 면이 있지만 어쨌든 현실을 반영한다. 이런 소송을 가능케 하는 법제와 정부기관 그리고 '프로 보노'● 변호사가 있는 뉴욕의 단면을 보여준다고 할 수 있다.

한국에서는 이런 소송이 불가능하다. 소송을 금지하는 법도 없지만, 이런 시스템을 작동시킬 법도 공백 상태다. 한국에서는 나라

● 라틴어 '프로 보노 퍼블리코Pro Bono Publico'의 줄임말로 '공익을 위하여'라는 뜻이다.

가 부모의 동의를 대신하기 위해 나서지 않는다. 한 번도 해본 적이 없어서 어떻게 해야 하는지도 모른다. 그렇다면 이런 나라에서 위험에 처한 아이에게는 어떤 일이 일어날까? 아이는 일종의 진공 상태에 떨어진다. 부모의 보호가 없는데 나라의 안전망도 없는 그런 진공 상태. 그래서 슈퍼마켓에서 발견되기도 하고, 냉동실에 들어 있기도 하고, 암매장되거나 집 안 어디에 백골로 방치되기도 한다. 보호시설에 출생신고도 없이 수용되기도 하고, 고아로 만들어지기도 한다. 원래 진공 상태는 빠르게 메꿔진다. 국가의 공적 기능을 자기들이 대신하겠다고 나서는 사람이나 사적 기관들이 생긴다. 복지단체 또는 자선단체라고도 한다. 그렇더라도 이들은 여전히 사인私人이다. 부모라는 사인이 만든 부조리를 나라가 해결하지 못하거나 외면한 채 또 다른 사인이 메우도록 허용하면 더 큰 부조리와 인권 유린이 일어난다. 그게 한국에서 발생한 일이다. 예를 들어 형제복지원은 불법 기관이 아니었다. 합법적으로 운영됐고 국가 예산을 지원받았다. 한국의 '정상'적인 복지 시스템의 일부였다. 과연 그곳에서만 수많은 범죄가 발생했다고 볼 수 있을까?

아동 최선의 이익 원칙은 이제 영미법계 나라에만 있는 법리가 아니다. 1989년 국제연합의 아동의 권리에 관한 국제협약의 기본 원칙이자 국제 인권의 규범이 되었다. 한국도 1991년 이 협약을 비준했다. 우리 헌법에 따라 정부가 비준한 국제협약은 국내법이므로 아동 최선의 이익 원칙도 한국 법이다. 하지만 수사에 그치거나 종이 위에만 존재할 뿐 사회 어느 곳에서도 살아 움직이지 않는다. 심지어 대부분의 사람은 이 원칙을 들어본 적도 없다.

탈제국주의와 탈식민주의는 동전의 양면이다. 두 명칭 중 무엇을 선택하는가에는 말하려는 이의 의중이 들어 있다. 나는 주로 탈제국주의라고 부른다. 제국주의가 시작이고, 주도권을 쥐었으며, 따라서 책임이 훨씬 더 크기 때문이다. 코로나19가 전 세계 사람들에게 강한 인상을 남겼겠지만, 팬데믹 기간에 내가 가장 뼈저리게 깨달은 것은 제2차 세계대전의 세계 질서가 여전히 막강하다는 사실이었다. 전 세계적 보건 위기에서 중요한 결정은 대부분 혹은 전부 영국과 미국에 의해 내려졌다. 세계 각국은 자율성의 정도에 따라 차이는 있지만 대체로 그들을 따랐다. 특히 백신이라는 종착점을 향해 다 함께 움직였다. 이 체제는 군사적 힘이나 점령이 아니라 기술의 힘에 기반한다. 의과학적 기술뿐 아니라 이를 실행하도록 만드는 절차적 타당성을 획득하는 것이야말로 엄청나게 강한 무형의 기술력이다.

부모와 가정의 보호에서 벗어났거나 혹은 다양한 이유로 부모와 가정의 보호가 오히려 해가 되기도 한다. 이럴 때 국가의 보호가 필요하다. 우리가 항상 롤모델로 생각하는 서구의 선진국들에서도 수많은 아이가 눈물과 피땀을 흘린 결과 한 땀 한 땀 제도가 만들어졌다. 복지국가는 개인에게 나라가 돈을 퍼준다는 의미가 아니며, 돈만 들인다고 되는 일도 아니다. 사생활이라는 이유로 개인과 사적 주체에게 미뤄왔던 영역에 국가가 공적으로 개입할 수 있는 근거와 절차를 만들고 이를 이행하는 데 예산을 들여야 한다.

서구 국가들(제국의 역사를 가진 사람들)은 법제를 유산으로 이어 받았다. 아동 최선의 이익 법리를 알고 싶다면 이들은 수 세기 전 자신들의 역사와 법제로 거슬러 올라가면 된다. 반면 우리는 철저한 단절을 겪었다. 조선시대에 『경국대전』이라는 기본 법제가 있었다는 것은 외웠지만, 그게 무엇인지는 모른다. 현대 한국에 사는 우리가 아는 법제는 1948년에 만들어진 헌법과 1960년대에 접어들어 급하게 대량생산된 현대의 법제들이다.

영국 옥스퍼드대학을 중심으로 한 일종의 입헌주의 학파가 있다. 이들은 민주주의 혹은 인권의 세계적 확산이 제3세계 헌법을 정점으로 국가의 법제와 통치제도를 만들면서 나타났다고 주장한다. 일견 타당하게 들리지만 그 한계가 드러난다. 전 세계적 헌법주의는 결국 서구의 헌법을 '모방'하는 것 외에 다른 해법이 있었을까? 서구 국가와 제3세계에서 헌법의 지배가 서로 다른 양태로 나타나는 것도 결국 그 한계가 아니냐는 자각이다.

초임 사무관 시절 산업 시찰 현장에서 한 전자 회사의 임원으로부터 들은 얘기다. 워낙 오래된 일이라 세부 사항은 희미하지만 중심 내용은 지금까지 머릿속에 각인돼 있다.

1990년대 중반에 과거를 회상하면서 들려준 이야기이니 아마 1980년대 초의 경험일 것이다. 그가 속한 회사는 지금 세계 정상급 전자 회사지만 당시에는 일본이 세계 1위였다. 후발 주자인 한국 업체들은 뭐라도 배워보려고 일본으로 산업 시찰을 갔다고 한다. 일본 기업들이 중요한 생산 라인을 보여주었을 리 만무하다. 어쩌어

찌 겨우 라디오 생산 라인을 보여줬다고 한다. 이때 한국 업체의 시찰단이 라디오 생산 라인 맨 마지막 단계에서 한 여공이 완성품을 나무망치로 '탕' 한 번 치는 것을 보았다고 한다. 그냥 그 모습을 봤을 뿐 왜 그런 작업이 필요한지는 알아내지 못했다. 그 작업이 내부 부품을 정렬하기 위한 것인지, 두드리는 소리로 불량을 알아낼 수 있는 것인지, 대체 그 여공의 임무는 무엇인지 아무것도 모른 채 다만 그 장면만 목격하고 돌아왔다.

그런데 업체는 돌아와서 자신들의 라디오 생산 공정에 이 작업을 도입했다. 나무망치는 만들 수 있고 탕 치는 일도 할 수 있으니까. 이유는 몰랐지만 어쨌든 공정 맨 마지막 자리에 직원을 한 명 앉혔다. 그리고 그 직원에게 도구를 쥐여주고 같은 행동을 하라고 시켰다.

이야기는 거기서 끝난다. 그 결과 무엇을 배웠는지, 결국 그 작업을 그만두었는지, 아니면 예상치 못한 해피엔딩에 이르렀는지는 모르겠다.

초임 공무원 때 들은 이야기가 20년이 넘는 시간 동안 공직에 있으면서 가끔 떠올랐다. 나도 그런 짓을 하고 있는 건 아닐까. 생소한 외국 법과 제도를 이식해서 뭐라도 해야겠다면서. 이제 어느 정도 수준에 올랐으니 그다음 단계로 나아가야 하는데 어찌해야 좋을지 모르겠다. 그래서 또 외국 사례를 찾는다. 그 사례를 속속들이 알 수는 없어서 적당히 타협해 흉내만 내고 있다. 여전히 내 손에도 나무망치가 들려 있는 건 아닐까, 직원들에게도 나무망치를 들려주고는 무조건 탕 치라고 하는 건 아닐까 하는 의심이 일었다.

이야기의 가장 바람직한 결말은 경험으로부터 뭔가 배워서 다음 단계로 나아가는 것이다. 가장 나쁜 결말은 나무망치조차 만들지 않는 것이다. 그다음으로 나쁜 것은 나무망치만 수십 년 동안 휘두르고 있는 것이다. 진정한 의미와 목적을 모른 채 피상적 모방에 머무를 때, 국가는 실패한다.

'고아 만들기'에는
온 나라가 동원되었다

"한 아이를 키우는 데 온 마을이 필요하다고요? 한 아이를 학대하는 데도 온 마을이 필요합니다." 2001년 『보스턴글로브』 탐사 취재 팀은 가톨릭 사제에 의한 아동 성 학대를 고발해서 여전히 전 세계 적으로 논쟁 중인 이슈를 만들었다. 위의 문장은 이 사건을 영화화 한 「스포트라이트」에서 피해 아동을 지원해온 아르메니아 이민자 출신 변호사가 한 말이다. 수십 년간 수많은 피해자가 발생했고, 피 해자 대부분이 가톨릭교도 백인 남자인 사건을 덮어두는 것은 쉽 지 않다. 교구, 정치인, 보스턴 사립학교 출신이 진을 치고 있는 법 조계와 언론계가 이심전심으로 작당해야 가능했다는 의미다. 그렇 다. 한 아이를 내보내는 데도 온 나라가 동원된다.

"한국의 복지는 한국전쟁 고아에 대한 외원外援 단체•의 도움에

• 해외에서 자금을 지원하는 자선 기관, 외국의 원조단체.

서 시작한다"가 보건복지부 공무원들이 인정하는 정설이다. 돈만 들어온 게 아니라 민간 자선단체와 사람들도 밀물처럼 들어왔다. 제2차 세계대전 이후 경제 호황으로 미국의 가정마다 거실에 들인 텔레비전은 아시아에서 벌어진 한국전쟁의 참상을 매일같이 중계했다고 한다. 특히 전쟁고아의 모습은 사람들의 동정을 샀다. 미국 서북부의 오리건주에 살던 해리 홀트라는 농부이자 사업가는 이 아이들을 돕겠다는 무조건적인 사명감을 갖고 한국으로 향했다. 한국에 들어오기 전 도쿄에 잠깐 머물렀는데, 제국호텔 객실에 비치된 성경을 펼치니 「이사야서」 한 구절이 숙명처럼 그의 심장에 꽂혔다. "먼 곳에서 내 아들을 데려오라."

해리 홀트는 사회복지에 문외한이었다. 그래서 더 '창의적'으로 국제입양 제도를 설계하고 발명해낼 수 있었다. 먼 곳(한국)에서 내 아들(전쟁고아)을 약속의 땅(미국)으로 데려오기 위해 미국과 한국의 대통령 및 의회와 여론을 움직였다. 게다가 일시적인 데 그치지 않고 영속적으로 아이들을 이동시키기 위해 튼튼한 고속도로를 깔았다. 굳건한 법으로 대못도 박았다. 그는 '노'라는 대답을 받아들이지 않는 사람이었다. 그는 자신의 회고록에서 시설에 잠시 맡긴 아이가 미국으로 떠났다는 말을 듣고 바닥을 뒹굴며 울부짖는 친어머니의 모습을 그대로 묘사한다. 그 여자를 동정하며 자기 마음도 아프다고 했다. 하지만 자신이 한 일은 그 고통을 상쇄할 만큼 선한 것이라 여겼고, 신의 소명을 따랐다는 신념이 있었기에 일말의 회의나 후회도 없었다. 그는 죽을 때까지 이 일에 온 생을 다 바쳤다.

처음에 홀트가 집중한 대상은 한국전쟁 중 외국 군인과 한국 여성 사이에서 태어난 아동이었다. 보통 국적의 원칙은 속지주의*jus soli*와 속인주의*jus sanguinis* 두 갈래로 나뉜다. 즉 태어난 땅에 따라 정해지거나 타고난 피로 결정된다. 한국 국적은 피를 따른다. 반면 미국은 대표적인 속지주의 국가다. 미국 땅에서 태어나면 부모의 국적은 상관없이 미국인이다. 미국 대통령이 될 자격은 미국 땅에서 태어난 미국인에게 주어진다. 물론 미국에서 태어나지 않았어도 부모가 미국인이면 시민권은 부여된다. 하지만 대통령이 될 수는 없다. 물론 서구의 나라에서도 자녀는 부모로부터 국적을 이어받는다. 한국은 핏줄을 중요시했지만 아버지의 피만 해당됐다. 여성이 자기 핏줄에게 국적을 물려주기까지는 1998년까지 기다려야 했다.•

한국은 인종이 서로 다른 부모에게서 태어난 아동을 '처리' 대상으로 여겼다. 이승만 대통령은 '일국일민一國一民주의'를 일종의 대통령 긴급명령처럼 정부에 내렸다. 한 나라에는 한 민족만 존재해야 한다. 그러니 이 아이들을 이 땅에서 내보내라는 명령이었다. 이는 홀트에 딱 알맞은 사업 기회를 만들어주었다. 어머니의 피는 국적뿐 아니라 '민족'에 대한 소속감으로도 이어지지 못했다. 문제는 국제입양이 실행된 방식에 있었다. 정말 아이들이 굶어 죽을까봐 어쩔 수 없이 입양을 보낸 게 아니라, 국가 기관이 주도하는 작전처

•1998년부터 부계혈통주의가 폐지되고 부모양계혈통주의가 채택되었다.

럼 수행됐다. 한국 아이들을 모으기 위해 보건사회부 산하 '한국아동양호회'가 만들어졌다. 미국에서 양부모를 모으고 지정하는 일은 홀트가 담당했다. 홀트의 양부모 적격 심사 방식은 특이했다. 목사의 추천으로 통과시키기도 했고, 아이를 잘 키울 경제적 여건은 되는지 등은 제대로 조사할 생각조차 없었다. 회고록을 보면 홀트는 한국까지 와서 아이를 데려갈 경제적·시간적 여유가 있는 사람은 아이들을 입양하려하지 않을 것이라며, 입양 의사만 있다면 자신이 대리인이 되어 아이를 데려다주는 초유의 '대리입양'을 발명했다. 한편 이런 시도는 미국 사회복지계의 큰 반대를 불러일으켰다. 미국은 이미 19세기부터 아동 입양에 관한 한 법원의 결정에 따라왔고, 친부모의 정확한 의사 확인과 양부모의 자격 심사를 규정한 법이 있었기 때문이다. 따라서 이런 식의 아동 입양이 아이들에게 큰 위협이 된다는 점을 잘 알고 있었다. 다른 한편으로는 적대국의 아이가 섞여 있을 수 있다거나 전염병 혹은 유전 질환을 미국으로 들여올 우려가 있다는 이유로 반대했다. 하지만 홀트는 각종 갈등과 장애를 극복하고 기존의 미국 내 공공 사회복지 체계와 분리되며 자신이 좌지우지할 수 있는 국제입양 체계를 별도로 만들었다. 전쟁고아를 구원하는 아름다운 스토리에 힘입어 미국의 정치인들과 여론 그리고 복음주의 기독교가 홀트를 강력히 지지했다. 심지어 아이젠하워 대통령까지 나섰다. 미국 사회복지계는 국내입양과 국제입양을 분리하는 선택을 했다. 국제입양은 주정부의 책임이 아니라며 손을 털었다.

홀트의 회고록에 따르면 아동 이송 사업에서 가장 큰 난관은 항상 비자였다. 과거 미국의 이민법은 비자 쿼터제였다. 1950년대 홀트의 사업 초기에도 그랬다. 나라별로 미국 입국 비자를 받을 수 있는 양이 정해져 있었다는 의미다. 미국은 이민자들로 이루어진 나라다. 영국이 미국을 식민지로 만들면서 광활한 대륙에 살고 있던 원주민들을 말살했다. 그들이 살던 곳을 빈 땅으로 만들었다. 그리고 그 땅을 이민자들로 채워갔다. 미국은 비자 쿼터제로 어느 나라에서 몇 명의 이민자를 받아들일지를 정했다. 폐쇄적이고 차별적이었다. 선호하는 유럽 나라에 쿼터를 한정하고, 숫자를 필요에 따라 조정했다. 초기에는 앵글로색슨족에 가까운 나라들부터 시작했다. 그리고 다른 유럽 지역으로 넓혀갔다. 특정 시대를 배경으로 한 미국 영화나 소설에서 아일랜드나 이탈리아 출신들이 차별받는 이민자로 묘사되는 것도 이런 이유에서다.

미국의 압도적인 경제성장은 젊고 건강한 노동자가 끊임없이 이민 온 덕분이었다. 유럽에서 이민자들을 가득 태운 배는 뉴욕으로 들어가기 위해 허드슨강에서 첫 관문인 엘리스 아일랜드 검문소를 통과해야 했다. 검문소에서 비자뿐만 아니라 전염병 유무나 정신지체 여부 등 건강 상태까지 검사받은 후에야 비로소 미국 땅을 밟을 수 있었다. 유럽의 백인 이민자들로부터 부족한 노동력을 다 채울 수 없게 되자 아시아로 대상을 넓힐 수밖에 없었다. 19세기 뉴햄프셔주 화이트 마운틴 정상까지 마차가 다닐 수 있도록 길을 닦거나 미국 동부에서 중서부로 이어지는 철도를 까는 일에는 중국인 노동자들이 동원되었다고 한다. 또한 그들은 네바다주 데스밸리의 봉사 광산처럼 유럽 이민자들이 외면하는 힘들고 위험한 노동 현장에도 있었다. 하지만 이들은 유럽인처럼 가족을 데려오지 못했고 미국 시민권을 취득할 정식 이민을 허가받지도 못했다. 미국 여러 도시에서 발달한 차이나타운은 역설적이게도 그들이 강한 차별에 맞서 살아남기 위해 분투했음을 뜻한다.

미국의 이민 제도는 제2차 세계대전을 계기로 크게 변화했다. 유럽이 쑥대밭이 된 전쟁에서 승자이자 구원자가 된 미국이 세계의 새로운 리더로 부상하면서 폐쇄적 이민 제도는 변하기 시작한다. 우선 패전국 독일, 이탈리아, 오스트리아 등에 전쟁 난민 비자를 대거 허용했다. 이 중 전쟁고아에게는 쿼터제가 적용됐다. 해당 지역으로 파견된 미군과 군무원들이 현지에서 인연을 맺은 고아들을 입국시키기 위한 비자였다. 1945년부터 10여 년간 나라마다 수천 명의 아이가 철수하는 미군과 함께 미국으로 이동한 기록이 비자 발급 통계로 남아 있다. 유럽이 전쟁의 피해에서 회복되면서 이 비자의 사용은 줄어들었다. 쿼터가 남아돌자 홀트는 이 비자를 한국전쟁 고아들을 위해 쓸 수 있도록 끌어왔다.

비자 대상에 '한국'을 포함시키는 데는 성공했다. 하지만 비자를 받으려면 '고아'여야 했다. 즉 부모가 모두 죽거나 실종 상태임을 증명해야 했다. 비자가 처음 사용되었던 유럽에서는 이런 요건이 충족됐는지 엄격하게 확인했다. 하지만 서울의 미국 대사관 비자 담당 영사들과 홀트 사이에서는 큰 갈등을 빚어냈다.

서로 다른 인종의 부모로부터 태어난 아동들은 '고아'가 아니었다. 그들은 극심한 차별과 멸시에 시달렸다. 하지만 그들이 고아원에 버려졌을 거라는 우리의 편견과 달리 그들은 핏줄 안에서 키워졌다. 나는 이들이 밀집해 있던 지역과 가까운 서울의 중심부에서 나고 자랐다. 그래서 그들의 모습을 어렴풋이 기억한다. 길거리에서도 봤고 가끔 TV에서도 봤다. 외양이 다르다는 이유로 또래들로부터 따돌림도 당했지만, 어쨌거나 함께 길거리에서 놀고, 때가 되면 집에 가서 밥을 먹었다. 그 아이들이 몇 년에 걸쳐 수천 명 골라내져 미국으로 이송됐다. 대통령의 명령에 따라 정부 산하 조직과 홀트가 이루어낸 실적이다. 당시 실적 관리를 했던 정부의 기록에도 이 사실이 남아 있으며, 무엇보다 확실한 증거는 이제 50~60대에 이르렀을 그들을 현재 우리 사회에서 전혀 찾아볼 수 없다는 사실이다.

정부 주도의 체계적·조직적·의도적인 강제 이주였다. 처음에는 인종이 타깃이었지만 이들을 모두 옮긴 이후에도 정부는 이 '작전'을 끝낼 생각이 없었다.

1960년대 초 미국 이민 제도에 큰 변화가 일어난다. 비자 발급 나라와 허가 개수를 임의로 배정했던 쿼터제가 이민을 오려면 규정된 자격을 충족해야 하는 제도로 탈바꿈한다. 자격에 맞으면 쿼터를 따내기 위해 고군분투할 필요가 없어졌다. 홀트는 여기에 미국 이민 자격의 하나로 '고아' 규정을 집어넣는다. 고아가 말 그대로 미국 이민 자격이었으며 미국의 '이민과 국적에 관한 법'에 명시되었다. 과거 난민법의 전쟁고아 규정처럼 부모가 모두 죽거나 실종된 상태를 뜻하는 '고아'는 아니었다. 그 외에도 부모 중 한 사람만 있는 아이, 국제입양을 위해 내놓은 아이, 버려진 채로 발견된 기아 등 광범위한 정의가 고아들을 포섭했다. 여러 문헌을 종합해보면, 이것은 홀트의 영향력 덕분에 그의 사업 모델에 맞게 맞춤 제작된 법 규정이었다.

이때부터 2012년까지 약 15만 명으로 추산되는 미국의 한국 출신 입양인들은 모두 이 고아 규정에 의해 IR-4 비자를 받아서 미국으로 갔다. 이 비자는 외국에서 '고아'를 입양할 의사가 있는 미국 시민권자가 아이들을 데리고 올 수 있도록 허가하는 용도였다.

1961년 미국 이민법 개정에 맞춰, 한국은 당시 박정희 의장이 지배했으며 입법과 행정이 합쳐진 위헌 기구 국가재건최고회의에서 수많은 법을 제대로 토론하거나 검토하지 않은 채 통과시켰다. 마치 컨베이어 벨트가 돌아가듯 법이 제정되었다. 고아입양특례법도 그중 하나다. 불과 8개 조항으로만 이루어진 이 법은 미국 이민법의 '고아' 규정에 맞춰 외국인이 한국에서 아이를 데리고 나갈 수 있는 법적 근거를 제공했고, 고아 증명서를 발급하는 절차를 마련했다. 또한 민간 기관이 외국인을 대리할 수 있도록 허가하는 근거를 마련했다. 1970년대 미국에서 양부모를 위해 '고아 입양'을 대리했던 한 변호사의 해설서를 보면, 미국은 특별히 '고아'라는 이민 자격을 법제화해주었고, 한국은 이에 부응하기 위한 입양특례법을 만들었다. 그러므로 미국의 주 법원이 국가의 의도를 인정하고, 한국 아동의 미국 입양을 수월하게 처리해야 한다는 주장이 펼쳐졌다.

흔히 듣는 질문이 있다. '군사 독재정권 시대에 있었던 일 아닌 가요? 한국이 민주화되면서 정부가 해결하지 않았나요?' 정치 민주화로 많은 인권 문제가 해결되기도 했지만, 모두가 해결된 것은 아니다. 대표적으로 '고문' '의문사' '학살' 등 정치적 반대 세력에 대한 핍박은 민주화 과정에서 발생했으며 여전히 주요 인권 이슈다. 형제복지원과 같은 사회복지시설에서의 살인, 폭행, 강제노동 등도 뒤늦게 인권 문제로 주목받았다. 위기 상황에서 아동은 가장 먼저 희생되지만 아무도 이를 기억하지 않는다. 부모들은 그저 '가슴'에 묻는다. 이들은 스스로 목소리를 낼 수 없고, 대신해서 목소리를 내줄 사람도 없다. 문제가 없었거나 해결된 것이 아니라, 보이지 않고 인정받지 못한 것이다.

'고아'는 국제입양의 시작과 확산을 가능케 한 핵심 요소다. 첫째, 어떤 아이를 고아라고 하면 그 사람은 곧바로 대상화된다. 마치 주인이 없어진 '물건' 같은 지위에 놓인다. 누군가 한시바삐 이들을 돌봐야 한다는 시급성이 공정한 절차를 통한 권리 보호를 한가하고 공허한 소리처럼 들리게 만든다. 둘째, 아이의 출생 기록에서 부모의 존재를 지울 수 있다. 국제입양에서 고아란 미국 이민법의 여러 정의 중 '버려진 채 발견된 기아found abandoned'를 뜻한다. 버려진 채 발견된 기아란, 아이의 부모가 아이를 다시 찾지 않을 의지를 가지고 유기했으며, 정부나 경찰도 그 부모의 신분과 행방을 알 수 없다는 의미다. 이 경우 부모의 사망증명서도 필요 없고, 아동의 가족이 기재된 출생서류도 효력을 띠지 않는다. 구청에 유기아동이라고 신고하고 2주 정도 지나면, 아동 홀로 기재된 일명 고아호적을 발급해주었다.

대한민국 정부에서 국제입양에 나서는 아이들을 위해 발급해준 공적 서류는 고아호적, 여권, 출국 허가서뿐이었다. 그중 어떤 문건도 부모와 출신 나라가 바뀌는 이 엄청난 절차에서 아동의 안전과 복리를 생각하지 않았다. 국가와 정부는 입양 부모의 편의를 봐주는 보조자에 머문 채 문건 제조기 역할을 했다. 이 문건들은 법원에서 판사가 '제대로 된' 서류가 없으면 입양할 수 없다고 버텨도, 오히려 입양 부모와 입양 기관 쪽에서 부모뿐 아니라 나라마저 버린 아이를 그럼 누가 돌볼 것이냐며 법원을 압박하는 근거가 되었다. 미국 일부 주 법원에서 한국 고아의 입양 재판을 거부하겠다는 움직임까지 발생했다는 기록이 있다. 하지만 그들도 결국은 타협할 수밖에 없었다. 이미 수만 킬로미터를 날아온 아이는 어떡하냐는 질문 앞에서 누구나 작아질 수밖에 없다. 친부모의 입양 동의 의사를 확인하지 않고 아동의 입양 적격을 인정해주는 관행이 생겨났으며 이는 수십 년간 당연시되었다.

따지고 보면 그나마 한국에서 이런 서류가 발급되었던 것도 미국 법원에 제출하기 위함이었다. 정작 그런 서류를 발급한 주체인 한국 정부와 한국 사람들은 그런 서류가 존재했다는 사실조차 알 필요가 없었다. 그 서류들은 만들어지자마자 아이들과 함께 미국으로 보내졌을 뿐이다. 그렇게 내보낸 사람들이 수십 년 후 성인이 되어 한국으로 돌아와서 자신의 뿌리에 대한 권리를 주장하리라고는 생각하지 못했으리라. 하지만 이제 입양인들의 귀향과 함께 그 서류들이 나타나기 시작했다.

정보공개법 파일

1972년 미국 테네시주에서 벌어진 한국 고아 입양 재판에 대한 법원 기록이다. 월터와 버지니아 매켈로이 부부가 있다. 이들은 흑인이며 한국에서 흑인과 다른 인종 사이에서 태어난 아이를 입양하고 싶어했다. 한국 사회에서는 이런 아이들이 배척당한다는 얘기를 들었기 때문이다. 홀트 입양 프로그램Holt Adoption Program, 미국 홀트인터내셔널의 전신을 통해 1967년 6월 6일생 김지영이라는 여자아이와 연결되었다.

홀트 입양 프로그램에 따르면 김지영은 1971년 2월 15일 서울의 안양읍에서 버려진 채 발견되었고, 서로 다른 인종의 부모로부터 태어난 아동이었기에 입양 기관에 인계되었다. 이 아이의 생년월일을 어떻게 알게 되었는지 별도의 기록이나 설명은 없다. 1971년 7월 22일 성은 김, 이름은 지영으로 새로운 호적이 만들어졌다. 7월 24일 서울특별시장이 '김득황'을 후견인으로 지정했다. 같은 날

김득황은 김지영의 미국 입양에 동의하고, 김지영에 대한 그의 후견권을 홀트 입양 프로그램으로 넘겼다. 후견권과 함께 입양 부모를 결정하고, 그들에게 아이의 신병을 넘겨 보호하게 하고, 재판에서 입양에 동의하는 권한까지 넘어갔다. 7월 26일 서울 마포구청은 홀트 입양 프로그램의 요청에 따라 고아 확인서를 발급했다.

해당 아동은 법적 고아로서 부모로부터 버려졌고, 한국의 주민등록제도에 의거 비계승 고아임을 증명한다.

미 국무부가 발급한 IR-4 비자 스탬프가 찍힌 한국 여권으로 아이는 1972년 2월 24일 시카고 공항에 도착해 매켈로이 부부에게 인계되었다. 김지영은 이 부부와 함께 살면서, 테네시 주 법원에서 입양 재판이 완료되기를 기다리고 있었다. 한국 고아의 입양이 당시 미국에서 이미 10년쯤 시행되었다보니, 어느 정도 '표준화'된 서류와 절차가 확립되어 있었다. 1972년 한 해에만도 미국으로 입양된 한국 아이는 1600명이 넘었다. 재판 신청자는 양부모지만 절차 대부분을 입양 기관이 지원했고 입양 결정은 원활하게 내려졌다. 이 재판도 그런 재판 중 하나로 간단히 마무리될 수 있었다.

이때 갑자기 의외의 인물이 등장했다. 리처드 테일러라는 미군이 이 아이는 김지영이 아니라 자신의 딸 킴타 프랑수아즈 테일러라고 주장하며 입양 재판을 취소하고 이 아이를 자신에게 되돌려 달라는 개입 신청을 했으며, 판사는 이를 받아들였다. 그 결과 매우 이례적인 판례가 나왔다.

테일러는 미군으로 1966년 한국에 파견되었으며, 김경자라는 한국 여성을 만나서 함께 살았다. 1967년 6월 6일 테일러가 미국에 돌아와 있던 사이 딸이 태어났다. 1968년 2월 그는 한국으로 돌아와서 김경자와 결혼하고 딸의 출생신고를 마친 뒤 아이의 미국 시민권과 여권 발급까지 완료했다. 그러나 부인의 여권과 비자 발급이 예상보다 지연됐다. 테일러는 다시 미국으로 혼자 돌아가야 했고, 1971년 한국에서 혼자 딸을 키우던 부인이 돌연 딸을 입양 기관에 맡겼다는 이야기를 듣는다. 백방으로 딸의 행방을 찾던 테일러는 자신이 사는 주의 연방 하원의원과 닉슨 대통령에게 편지를 써서 도움을 요청했다. 주한 미 대사관은 해당 아동이 김지영이라는 이름으로 IR-4 비자를 발급받아 이미 미국으로 출국했다면서 예비 양부모 매켈로이의 주소를 알려줬다. 테일러는 바로 딸을 찾으러 테네시주로 갔고, 이미 진행 중인 입양 재판에 개입을 신청한다.

입양 재판으로 시작한 건은 '김지영'이 '프랑수아즈 테일러'가 맞는지에 대한 재판으로 바뀌었다. 당시에는 DNA 테스트 같은 간단한 수단이 없었다. 판사는 아동을 직접 만났다. 테일러가 제출한 서류 및 아이와 같이 찍은 사진들을 확인했다. 홀트 입양 프로그램이 제출한 김지영에 대한 서류도 확인했다. 그 결과 이 아이가 프랑수아즈이고 테일러의 딸이 맞는다는 결론을 내렸다. 그리고 아버지가 친권을 포기하거나 입양 동의를 한 적이 없으면 입양 대상이 될 수 없다며, 입양 재판은 없던 일이 되고 아이를 아버지에게 돌려주도록 결정 지었다.

하지만 매켈로이 부부의 입양을 중개한 홀트 입양 프로그램이 나서서 항소하며 문제는 커졌다. 이들이 항소까지 하면서 다툰 사안은 이 아이가 테일러의 딸인 프랑수아즈인지 아닌지의 여부가 아니었다. 한국 정부에서 일단 고아호적을 발급하고, 고아증명서까지 붙여서 미 국무부의 고아 비자를 받아 미국 땅에 들어왔으면, 이 아이는 끝까지 고아여야 하며, 미국 법원이 나서서 한국 정부가 고아라고 인정한 아이를 고아가 아니라고 판단해서는 안 된다는 주장이었다. 설사 친부모가 나타나서 아이를 돌려달라고 해도 그렇게 해서는 안 된다는 주장을 폈다. 항소심 법원은 이런 주장을 단칼에 배척했고, 대법원까지 상고하려는 시도도 거부했다. 이들의 주장은 그토록 터무니없었다.

문제는 도대체 왜 그렇게까지 터무니없는 주장에 목을 맸느냐였다. 왜 김지영이 고아여야 한다고 끝까지 집착했을까? 지금이라도 아버지가 나서서 아이를 찾아가면 다행이라고 생각해야 하지 않나? 홀트 입양 프로그램은 프랑수아즈가 고아 김지영이 되었다는 사실을 처음부터 알고 있었다. 김지영의 생년월일이 프랑수아즈와 같고, 아이가 엄마와 살던 안양읍에서 발견되었다고 서류에 적혀 있었다. 김지영은 길거리에 버려진 채 발견된 것이 아니라, 무슨 이유에서였든 엄마 혹은 누군가의 손에 이끌려 입양 기관에 보내졌다. 그다음 꾸려진 '서류'들은 그저 고아 만들기 절차에 불과했다.

예기치 않게 친부가 나타났지만, 이 판결로 인해 자신들의 고아 입양 비즈니스의 근간이 흔들리게 놔둘 수는 없었다. 1972년 테네시주 법원의 판결은 홀트가 10여 년간 미국에 한국 아동을 입양시키기 위해서 만들어온 기본 틀을 한순간에 휴지 조각으로 만들었다. 그래서 그들은 사활을 걸고 재판에 임했다.

이 판결로 프랑수아즈 테일러는 아버지와 함께 살게 되었다. 하지만 홀트 입양 프로그램에서 우려하던 상황은 일어나지 않았다. 미국의 주 법원들은 매년 수천 건씩 진행된 한국 고아의 국제입양 재판에서 마치 공장에서 대량생산된 듯 판에 박힌 서류들을 보고 러버 스탬프rubber stamp● 재판을 진행했다.

이 사례가 내 논문의 방향을 잡아줬다. 기록에 나와 있는 '고아 서류 3종 세트'의 실체를 찾아가는 과정, 이 서류의 법적 근거와 서류가 발급되던 절차를 확인하고 그 서류들의 법적 효력 및 궁극적 용도를 찾아가는 여정이 내 연구를 이끌었다. 정작 그 서류들의 실체를 목격한 것은 논문을 완성하고 학위를 딴 날로부터도 여러 해가 흐른 뒤였다.

논문을 영어로 번역 출간하고 『코리아타임스』에 칼럼을 쓰기 시작하자 전 세계에서 입양인들이 개인적으로 연락해오기 시작했다. 그리고 그들의 입양 파일을 공유해줬다. 그들에게는 암호문 같았던 수십 년 전 한국말로 쓰인 서류들, 그들은 그 수수께끼를 조금이라

●도장을 찍듯 별다른 검토 없이 자동으로 내려지는 정부 기관의 결정을 뜻한다.

도 풀어보고자 내게 도움을 청했다. 그러다가 한 입양인으로부터 정보공개법Freedom of Information Act 파일에 대한 이야기를 들었다.

미국은 정보공개법에 의해 미국 정부가 가지고 있던 개인 정보를 소정의 절차와 검토를 거쳐 당사자에게 공개한다. 입양인들은 국무부에 자신의 입국과 이민 절차에 대한 문서를 공개해달라고 요청했다. 인터넷으로 신청이 가능했고, 2주 정도면 그 서류를 전자 파일로 받아볼 수 있었다. 많게는 80페이지, 적게는 30페이지가량의 분량이었다. 시기나 입양 기관, 입양된 주에 따라 각기 다른 입양 파일을 다수 확인할 수 있었다. 모두 입양인 당사자들이 내게 직접 전달해줬다.

미국의 이민법 절차를 단계별로 확인할 수 있는 서류들이 총망라되어 있었다. 시작은 입양 기관이 양부모를 대리해서 아이의 미국 입국을 위해 발급받은 IR-4 비자 신청 서류다. 이 단계에서 고아 서류 3종 세트가 등장한다. 말로만 듣던 고아호적 서류의 실체를 미국 정부의 정보공개법 파일에서 처음 확인했다. 내게도 호적등본이 있다. 호적등본을 제출해야 할 때마다 이 서류를 확인해왔다. 서류에 담긴 내용(주민등록번호, 생년월일, 본 전주 이씨, 본적, 부모의 주민등록번호)은 이미 다 외우고 있으니 새삼스러울 게 없다. 이들의 호적은 달랐다. 달랑 한 장에 본적은 입양 기관의 주소다. 부와 모 모두 공란이다. 아동만 덩그러니 기록된 호적이다. 아동의 이름이 진짜인지는 아무도 모른다. 누가 이 이름을 지었는지도 모른다. 매켈로이 사례에서 '김지영'은 입양 기관이 임의로 지은 이름이었다.

김씨든 이씨든 본은 '한양'을 많이 쓴다. 한양을 본으로 가진 성씨는 없다고 들었다. 민법에는 성본창설 규정이 있다. 성과 본이 분명하지 않은 기아들에게 성과 본을 만들어준다는 의미다. 이들은 고아일 뿐 아니라 자기 성의 창설자origin이다. 어느 나라나 가족법은 그 나라와 민족이 굽이굽이 거쳐온 우여곡절과 사연을 켜켜이 담고 있다. 그래서 바꾸기도 어려울뿐더러 목욕물을 버리려다가 괜히 잘못 손대서 아기까지 버리는 재난을 초래할 수도 있다. 무조건 과거를 그대로 지키자는 주장만큼이나 전통적인 제도는 다 없애고 새로 시작해야 한다는 접근도 위험하다. 그나마 그런 제도에 의해 보호받았던 가족 안의 약자들을 최소한의 안전망도 없이 내던지는 결과를 낳을 수도 있다.

성과 본, 핏줄을 천륜이라며 신줏단지처럼 모시던 전통이 어떤 사람들에게는 깃털보다 가벼웠다. 이 절차를 아무렇게나 다룰 수 있었던 것은 어차피 미국에 들어갈 때까지만 한시적으로 필요한 '신분'이기 때문이다.

생년월일의 진실 여부도 알 수 없다. 어차피 구청은 입양 기관이 신고한 대로 신분을 만들어줬기에 무엇이 진실인지는 아무도 모른다. 많은 입양인이 이 서류에 적힌 대로 자신의 '생일'을 기념하고 있지만, 생일 축하 인사를 받으면 만감이 교차한다는 사람도 많다. 생일이 암흑 속에 있던 몇 개월 혹은 몇 년의 삶을 떠올리도록 만들기 때문이다. 서류 뒷면에는 수입인지가 붙어 있고, 구청의 도장이 찍혀 있다. 그리고 이를 영문으로 번역하고 공증했다.

다음으로 고아증명서도 등장한다. 입양 기관의 장이 이 아동은 고아라고 주장한 서류를 동장이 확인해서 직인을 찍는 형식이고, 역시 영어로 번역되어 있다. 여기서 특히 법적 고아legal orphan라는 단어가 강조된다. 나라가 '고아'임을 증명한다는 의미다.

세 번째로 후견인 증명서와 후견권 인수인계서가 있다. 이 세 번째 증서가 국제입양이라는 '관행'을 가능하게 해준 마법의 힘을 발휘했다. 입양 기관에 들어온 아이의 후견인은 자동으로 입양 기관의 장이 맡는다. 서울시장이 발급한 증명서가 그 공식 서류다. 그리고 한국의 입양 기관장에게 주어졌던 후견권은 미국의 입양 기관으로 넘겨진다. 아이에 대한 모든 '권리'가 종이 한 장으로 넘어가는 것이다. 서울시장이 발급한 후견인 지정서는 과연 어디까지 아이에 대한 '지배력'을 인정하는 것일까? 한국 민법에도 후견권에 대한 규정이 분명히 있다. 하지만 친권을 대체하는 절대적 '지배력'을 가진 후견권은 가정법원이 친권을 박탈하고 후견인을 지정한 뒤에야 효력을 띤다. 더 가관인 것은 두 입양 기관장들이 자기네끼리 서명하고 주고받은 인수인계서다. 그 어디에서도 이 문서의 법적 근거를 찾을 수 없을뿐더러 애초에 사람을 주고받는 계약이 가능한지 의문을 불러일으킨다.

이런 서류들이 첨부된 비자 신청서의 주체는 아이를 원하는 입양 부모들이다. 아이의 건강 상태, 전염성 질환, 정신질환 유무 등도 체크한다. 물론 입양 부모들의 신분과 재정 상태도 살핀다. 이런 서류를 한국에 있는 미국 대사관에서 처리하기에는 업무량이 너무 많았던지 어떤 서류에는 도쿄에 있는 대사관에서 검토했다는 스탬프가 찍혀 있기도 했다.

입국의 다음 단계는 미국 주 법원 재판이다. 양부모가 판사에게 제출하는 진술서, 미국 입양 기관이 제출한 가정조사서, 통장 잔고 증빙, 소득 증빙 등의 서류가 확인된다. 어떤 주에서는 주정부의 아동보호 담당 기관이 양부모를 면담하고 의견서를 제출하기도 했다. 판결문은 단출하다. 양부모가 아이들을 양육하기에 적합하고, 이 아동의 입양을 허가하는 것이 '아동 최선의 이익'에 부합하다는 몇 줄이 전부였다.

이 판결로 비로소 한국 아이와 미국 부모 사이에 가족관계가 성립된다. 미국 시민권자의 자녀가 되었으니 이제 아이에게도 미국 시민권자가 될 자격이 주어진다. 부모는 시민권 신청을 한다. 정보공개법 파일의 마지막 페이지는 미국 시민권 증서다. 이 증서를 받기까지 몇 년이 걸리기도 한다.

입양인들의 정보공개법 파일에 내 연구를 뒷받침할 증거가 다 들어 있었다. 그 문건들을 눈으로 확인하면서 등골이 서늘해졌다. 양국 정부가 수십 년간 거짓을 포장하기 위해 수많은 인력과 시간을 들여 만들어낸 서류들. 정체성 권리를 침해해온 국가 폭력의 증거들. 셸리세르 교수의 말이 맞는다. 문제는 국제입양 송출국의 물질적 빈곤이 아니다. '선진국'인지 따질 게 아니라 '문명국'인지를 따져야 했다.

서류를 보내준 입양인들에게 개인적인 문서를 공유해준 것에 감사를 표하면 대체로 그들의 대답은 이러했다. "이건 내가 아닙니다." 정부가 공들여 만든 문서지만, 그들의 정체성의 진실을 확인하는 데는 아무런 소용이 없다. 그런 까닭에 아이러니하게도 그것들은 진정한 사적 문서가 될 수도 없다. 부조리극 같다.

이 부조리극의 대단원은 대법원 법원행정처 『사법연감』에 기록된 고아호적 발급 숫자다. 『사법연감』이 처음 발간되기 시작한 1976년부터 2012년 입양특례법 개정으로 '고아호적'을 활용할 수 없게 된 시점까지 고아호적 발급 수치는 입양 기관들이 제출한 이들의 국제입양 사업 실적과 거의 정확하게 맞아떨어진다. 더구나 이 서류 대부분은 서울의 구청 세 곳과 대형 입양 기관이 위치한 곳에서만 발급되었다.

국제입양 송출국의 현실을 화전火田에 비유한 데이비드 스몰린이라는 학자가 있다. 미국의 국제입양 기관과 미국인을, 숲을 불태워서 원하는 것을 얻고, 척박해진 땅은 버리며 또 다른 곳으로 이동하는 사람들로 비유했다. 역사적으로 주요 송출국은 아시아, 남미, 동유럽, 아프리카로 바뀌어왔다. 문제는 그렇게 불태워진 채 불모지로 남아 있는 땅에서 계속 살아야 하는 사람들이다. 스몰린의 화전 비유와 한국의 『사법연감』의 통계 역사를 보고 나면 등골이 서늘해지는 이유다.

포겟 미 낫

2021년 6월 코로나19로 전 세계가 멈추고 국경을 걸어 잠갔다. 국
제선 비행기에서 내리면 바로 바이러스 취급을 받으며 2주 동안 감
금되어야 하는 규제가 정점에 달했을 때, 선희 엥엘스토프트 감독
은 덴마크에서 한국으로 「포겟 미 낫」이라는 다큐멘터리 영화를 들
고 와서 기어이 극장 상영을 했다.

　고아호적상 선희는 1981년 6월에 태어났고, 본적은 H 입양 기관
의 합정동 주소로 되어 있다. 성을 신申으로 본을 한양漢陽으로 했
으며, 신선희申先喜라는 이름이 기록되어 있다. 생후 6개월 만에 덴
마크에 도착했다. 코펜하겐 공항에서 아이를 넘겨받은 아버지가 이
작은 아기를 소중하게 안고 있는 사진이 그의 생애 첫 기록이다. 그
는 만 3~4세 시기를 아프리카 한 나라의 난민 캠프에서 자원봉사
하는 부모님과 함께 아프리카 아이들과 뛰어놀며 보냈다고 한다. 그
는 자신이 스무 살 때 돌아가신 아버지를 참 좋아했다고 말했다.

아프리카 나라에 살던 시절, 지프차를 허허벌판에 주차해두고 활짝 열린 차 꽁무니에 아버지와 나란히 앉아 있는 어린 선희의 사진을 봤다. 길게 기른 금발, 파일럿 선글라스, 파이프를 문 채 웃고 있는 전형적인 히피 유럽 백인 남자와 그 옆에 착 달라붙어서 웃고 있는 한국 아이의 얼굴. 선희 부녀의 모습은 참 아름다웠다. 외동딸 선희가 코펜하겐 학교에 다니기 시작하면서 인종차별은 일상이었다고 했다. 학교에서 연극할 때, 이상하다 싶은 역할은 거의 불문율처럼 선희가 맡았다고 한다. 선생님이나 아이들은 이를 당연하게 여겼다. 스칸디나비아 국가들은 지금도 단일 민족 국가에 가깝다. 선희가 자란 곳에는 선희를 빼고 모두 백인 덴마크인만 있었다. 이는 입양인 대부분이 겪는 일이다. 다인종 국가라고 알려진 미국도 크게 다르지 않다.

선희와 아버지는 비교적 일찍부터 친가족을 찾기 위해 한국을 방문하기 시작했다. 입양인끼리는 입양 기관 자료실에서 '뭔가' 있을 것 같은 서류를 얻으려면 백인 남성, 특히 양아버지와 같이 가는 게 좋다는 일종의 노하우가 전해진다. 선희는 아버지와 함께 입양 기관과 그 기관이 알려준 고아원을 방문했고 원장들도 만났다. 선희의 어머니가 조산원에서 아이를 낳았다는 사실을 알 수 있었고, 그 어머니가 직접 아기 이름 '신선희'를 적은 종이도 볼 수 있었다. 원장은 기부금을 내면 더 많은 정보를 알려주겠다고 했다.

스무 살에 다시 입양인들의 모국 방문 프로그램으로 한국을 찾은 선희는 두 가지 경험을 했다. 하나는 관광버스 창 너머로 아이 얼굴이 새겨진 커다란 플래카드를 본 것이다. 안내하는 사람에게 물으니, 어릴 때 아이를 잃어버린 부모가 자녀를 찾기 위해 걸어둔 것이라는 설명이 돌아왔다. 또 하나는 주선 단체의 안내로 미혼모들이 지내는 시설을 방문한 것이다. 거기서 한 미혼모가 다른 사람들의 눈을 피해 선희에게 덴마크로 입양되어 행복하냐고 물었다. 만삭의 여자는 아이가 태어나면 바로 해외로 입양 보내기로 하고 그 시설에서 지내고 있었다. 선희는 당황했지만 이 여성에게 행복하다고 대답해주었다.

이십대 초의 선희는 결심한다. 누구도 알려주지 않으니, 자기만의 방식으로 엄마를 알아보겠다는 결심이다. 선희는 덴마크에서 가장 좋은 영화학교를 나왔다. 한국의 작은 영화사와 연결되었고 주로 청소년들이 거주하는 미혼모 시설을 찾아갔다. 카메라 한 대를 들고 말도 안 통하는 미혼모 시설에서 1년 동안 먹고 자면서 모든 것을 찍었다. 촬영 자료는 어마어마했다. 영상 속에서 사람들이 주고받는 대화를 모두 받아 적었다. 사투리가 심한 지역이라 한국 스태프들도 애를 먹었다고 한다. 그리고 감독이 이해할 수 있도록 영어로 번역했다. 그제야 감독은 자신이 찍은 영상의 내용을 알 수 있었고 곧 후반 작업에 들어갔다. 이후 과정은 기금 모금을 비롯해 무수한 장애물에 맞닥뜨리며 끊어졌다가 이어지길 반복했다. 이십대 초에 시작한 프로젝트를 20년이 걸려 기어이 마무리했다. 프로젝트의 종착점은 한국 개봉이어야 했다. 선희의 더없이 사람 좋은 얼굴 뒤에는 전사戰士의 얼굴이 있었다.

선희가 자가 격리하는 동안 내가 다큐멘터리를 시청할 수 있도록 링크와 비밀번호를 알려줬다. 한동안 그 파일을 열어볼 생각을 못 했다. 마침내 영화를 틀었고, 한 시간이 조금 넘는 길지 않은 다큐멘터리지만 여러 번 끊어서 봐야 했다. 인권 문제가 다 그렇다. 아픈 이야기를 속속들이 알면 트라우마가 생길 수 있다. 내가 생각하는 것보다 내 안의 트라우마는 더 큰 듯했다. 영화를 보는 게 힘들었다.

선희는 영화를 만들면서 비로소 친모를 이해했다. 영화는 전 세계에서 개봉했고 다양한 반향이 일었다. 같은 영화를 두고 정반대 소감이 오갔다. 어떤 사람들은 아이를 빼앗기는 어린 미혼모의 아픔을 봤고, 어떤 사람들은 철없는 아이가 저지른 불장난을 해결하느라 힘든 어른들을 봤다. 감독에게 영화는 아이를 낳아서 세상에 내놓는 것과 같다고 한다. 이미 세상에 나온 작품은 그 자체로 살아 있는 존재와 같기에 감독이 더는 할 수 있는 일이 없다. 이제 이 작품은 감독의 것이 아니다. 영화는 여전히 세상을 돌고 있고, 선희 감독은 또 다른 작품을 만들고 있다.

선희 감독과 이름에 대한 얘기를 나누었다.

"선희 엥엘스토프트가 본명이야?"

"응."

"어떻게 부모님이 그런 이름을 지어주셨지?"

"우리 부모님은 나를 입양했을 때나 그 이후에나 한국에 대해 아무것도 몰랐어. 가본 적도 없었지. 입양 기관에서 보내준 '고요한 아침의 나라'라는 얇은 안내 책자가 전부였대. 한국 이름을 지어주 겠다는 생각도 못 했을 거야. 부모님이 지어주신 이름은 리스베트 이야. 덴마크 여자아이의 전형적인 이름이지. 나중에 혼자서 개명 을 신청할 수 있는 나이가 됐을 때 내가 선희라는 이름으로 바꾼 거야."

"어떤 입양인들은 두 나라 이름을 나란히 쓰기도 하던데 왜 아 예 덴마크 이름을 떼어버린 거야?"

"덴마크 사람들은 리스베트라는 이름을 들으면 떠올리는 이미지 가 있어. 리스베트라는 이름과 내 몸, 생김새와의 부조화를 못 견디 겠더라고. 하지만 어렸을 때는 이름을 바꿔달라는 말을 꺼낼 용기 가 없었지. 그래서 스스로 권리를 갖게 될 때까지 기다렸고, 바로 실행했지."

"선희라는 이름은 어머니가 지어준 거니까 선택했겠네."

"다른 이름이 있을 수 없지. 이게 처음부터 내 이름이었으니까."

선희 감독에게 개명 절차는 일종의 시위였다. 기어이 한국에서 영화를 상영한 것도 그렇다(관람객은 그리 많지 않았다). 한국 정부, 사회, 사람들에게 외치는 일종의 청구권이다. 자기 몸속에 흐르는 한국인다움과 DNA에 들어 있는 한국인성Koreanness에 대한 주장 이다. 국제입양으로 피부색을 바꿀 순 없다. 마치 그럴 수 있기라도 하다는 듯 이들을 내보냈으나, 절대로 그럴 수 없다. 이들은 끊임없 이 되돌아온다.

2000년대 초 한국에서 처음으로 입양인들의 대규모 모임 행사가 열렸다. 최대 최장 송출국답게 한국 출신 입양인들은 세계 최초로 입양인 단체를 만들었다. 미국, 유럽에 이어 서울의 한 호텔에서 행사가 열렸을 때 한국 정부를 대표해서 보건복지부 인사들도 참석했다. 한 공무원이 입양인들에게 물었다.

'잘살라고 외국으로 입양 보냈는데 왜 자꾸 한국으로 돌아오고 그러냐?'

고아호적에서 시작하는 고아 만들기 절차와 그 모든 엉망진창을 발견할 때마다 어떻게 이럴 수 있는지, 그래도 정부가 하는 일인데 어떻게 이런 일이 가능했는지 의문이었다. 이 사람에게서 단서를 찾을 수 있었다. 그들은 아이들을 나라 밖으로 내보내면 끝나는 일이라고 판단했다. 아무도 모르게 감쪽같이 덮을 수 있으리라 생각했으니 가능한 일이었다.

범죄를 저지르지
말았어야죠

SK 사례가 한창 진행 중일 때, 미 국무부의 아동 권리에 대한 특별 대사가 한국에 왔다. 이 대사는 정기적으로 한국을 방문한다. 미국에 입양 아동을 보내는 주요 송출국들을 방문하면서, 그 나라에서 키우지 못하는 아이들을 미국에서 잘 키우겠다는 메시지를 전파하기 위해서다. 어떤 이슈를 다루든 의견이 갈리는 미국의 민주당과 공화당도 이 사안에 한해서는 한목소리를 냈다. 한국으로선 껄끄러운 어젠다를 주장하는 사람이니, 이 대사는 한국 정부 측과 면담을 잡기 어려웠다. 특히 보건복지부와는 말할 것도 없었다. 그래서인지 의전상 격이 맞지 않는 실무자인 과장이 담당하겠다는데도 기꺼이 오겠다고 했다.

백인 여성이며 현역에서 은퇴한 국무부 베테랑으로 60쯤 돼 보였다. 사전에 보내온 이력을 보니 중동에서 근무할 당시 폭격이 있었고, 그 자리에서 죽은 국무부 동료의 팔을 수습해서 귀국했다는 내용이 있다. 미국의 외교관들은 전 세계 어느 나라에서나 좋은 의미로든 나쁜 의미로든 최우선 순위로 여겨진다. 그렇게 우대와 편애를 받기도 하지만 테러의 위협 속에서 살기도 한다.

대사가 회의장에 도착했다고 해 나는 그동안 출력해놓은 거의 백과사전 분량의 엑셀 파일을 들고 그를 만나러 갔다.

공무원이니 정파성을 띠면 안 되겠지만, 민주당에서 임명된 인사인데도 한껏 '매파'의 분위기를 내뿜었다. 첫 마디부터 단도직입적이다.

"한국으로부터 입양이 계속 줄고 있습니다. 미국의 입양 부모들과 입양 기관에서 듣기로는, 한국 정부가 인위적으로 국제입양 숫자를 줄이는 정책을 취하고 있어 가정에서 자라야 할 아이들이 고아원에서 지내고 있다던데요? 이 점이 매우 우려스럽네요. 오늘 이 만남 전에 한 고아원을 방문했습니다. 정말 아름다운 아이들을 만났습니다. 그런 어린아이들이 시설에서 자라면 정서적 발달에 어떤 악영향을 받는지 한국에서도 잘 알고 계실 거라 믿습니다. 그 아이들은 미국으로 오면 가정을 찾을 수 있습니다."

뭐라 대답할 말이 없었다. 한국에는 전국에 수백 개의 크고 작은 고아원이 있고, 그곳에서 지내는 아동은 수만 명이었다. 미국 사람들이 전 세계 고아원 아이들을 다 데려갈 셈인가? 도대체 무슨 얘기인지 모르겠다. 한국은 아직도 고아원에서 아이들을 돌본다. 부모들이 자녀를 고아원에 맡긴다. 누구 탓을 하는 게 아니라 이게 한국의 아동복지 실상이다. 우리가 가진 게, 할 줄 아는 게 시설보호밖에 없다.

"어떤 시설을 보셨는지 모르겠지만 그 아이들은 고아가 아닙니다. 여러 사정으로 부모가 직접 돌보지 못하지만, 대부분 부모님이 있고 가정으로 돌아갈 수 있습니다."

이 이상 할 말이 없었다. 그도 이 대화는 이쯤에서 마치는 게 낫다고 생각한 듯하다. 이 자리가 한국의 아동복지 정책의 문제점을 들춰내며 토론을 벌일 자리는 아니라고 여긴 듯하다.

"아, 그래요? 다행이네요."

이번엔 내 차례다. 대사를 수행하는 미국 대사관 직원과 눈이 마주쳤다. 매우 불편한 기색이다. 이 대사관은 이미 내 요구를 여러 차례 묵살했다.

"이 문서 보이시죠?"

엑셀로 작성된 촘촘한 표. 한 줄이 한 사람의 기록이다. 어마어마한 두께다.

"얼마 전 외국인들이 많이 거주하는 이태원이라는 지역에서 한 노숙인이 발견됐습니다. 외모는 한국인처럼 보였지만 한국말을 전혀 못 했죠. 영어로 겨우 의사소통을 했는데, 놀랍게도 수십 년 전에 미국으로 입양된 사람이었습니다. 개인의 사연을 자세히 알 수는 없지만, 입양 후 미국에서 시민권 취득을 못 하고, 미국 국적이 없는 채로 살아왔더라고요. 한국 국적법으로는 다른 나라의 국적을 자발적으로 취득했을 때 한국 국적은 소멸됩니다. 이 사람은 미국 국적을 받은 적이 없으니, 여전히 한국 국적이 남아 있었던 거죠. 미국에서 범죄를 저질러 체포되었고, 외국인 범죄자는 본국으로 추방한다는 명목하에 한국으로 추방된 사람이었습니다. 미국이 한국 아이를 입양해갔을 때는 국적을 보장해줘야 하는 것 아닌가요? 범죄를 저질렀대도 당연히 그 나라에서 죗값을 치르고 삶을 이어나갈 수 있어야 하는 거 아닙니까? 입양인이 추방될 수 있다는 것을 누가 생각이나 했겠습니까? 이런 사실을 알고 계셨나요?"

"네, 언론에서 본 것 같네요."

"저희가 미국 대사관을 통해 국무부에 여러 차례 문의했는데 지금까지 어떤 답변도 듣지 못했습니다."

"어떤 문의를 하셨나요?"

"입양을 위해 미국으로 입국하는 비자에 문제가 있다는 것은 알고 계시죠?"

미국 비자 얘기를 꺼내자 심도 있는 대화가 시작되었다. '국제입양' 전체는 미국의 정부와 사회가 복잡하게 관련된 사안이지만, 미국 입국의 시작점에 있는 비자는 국무부의 책임으로 좁혀진다.

"IR-4 비자에 그런 위험이 있다는 건 알고 있어요. 하지만 그 비자를 지금까지 쓰고 있는 것은 한국의 문제 아닌가요? 미국에서는 이미 1980년대에 법이 개정돼서 IR-3● 비자 절차로 입양을 보내면 아이의 미국 입국과 동시에 자동으로 시민권이 발급됩니다. 아직까지 IR-4 절차를 이용하는 나라는 많지 않아요. 한국과 아프리

●IR-4 비자는 미국 시민권자가 미국 내에서 입양할 자녀에게 발급되고, IR-3 비자는 미국 시민권자가 해외에서 입양한 자녀에게 발급된다.

카 대륙의 몇몇 나라에 불과합니다. 그건 한국에서 입양 재판도 하지 않고, 입양 부모들이 한국에 올 필요도 없이 입양 기관이 대행할 수 있는 제도를 만들었기 때문 아닌가요?"

"미국에서도 책임을 마냥 회피할 수는 없는 일입니다. IR-4 비자가 그렇게 위험하다는 것을 제일 잘 알고 있는 미 국무부가 한국 정부에 그 점을 강력히 언급할 수 있었을 텐데요. 미국 양부모들에게 매우 편리한 절차이니, 아이들의 위험을 묵인해온 것 아닙니까?"

"그건 전적으로 한국 정부 내부에서 결정한 문제입니다. 미국은 내정간섭을 할 수 없습니다."

"현재 시급한 문제는 도대체 얼마나 많은 입양인이 시민권을 받지 못한 채 지냈는지 파악해야 한다는 것입니다. 그들은 언제 추방될지 모를 위험을 안고 사는 것 아닙니까?"

"그러니 범죄를 저지르지 말았어야죠."

순간 내 귀를 의심했다. 아차 싶어 마저 내뱉지 못한 그다음 말은 아마도 '네 나라가 그렇게 아이들을 내보내놓곤 이제 와서 미국에 책임을 떠넘기냐?'가 아니었을까?

그를 수행한 미 대사관 직원의 얼굴도 굳어졌다.

마음을 가다듬고 공적인 요청을 이어갔다.

"저는 미 국무부가 한국에서 입양되었으나 시민권을 취득하지 못한 사람들의 현황을 파악할 수 있는지 묻는 겁니다. 혹시 한국 정부와 협조해서 이들을 도울 방법을 찾아봐줄 수 있나요?"

"비자 발급은 국무부가 하지만, 일단 미국으로 들어와서 각 주로 흩어지고 나면 국무부로서도 그들의 행방을 추적할 방법은 없습니다."

그는 고개를 가로저으며 말했다.

미국에서 그게 안 된다니, 솔직히 믿을 수 없었다. 결국 우선순위의 문제다. 이 문제는 미 국무부의 우선순위에 들어갈 만한 사안이 아니었다.

나는 서류 더미를 가리키며 말했다. 그는 그 서류를 쳐다보지 않았다.

"입양인이 추방될 수 있다는 사실은 우리도 최근에야 알았습니다. 그래서 각국 대사관에 확인해보니, 유럽 국가들은 아동이 입국하는 즉시 국적을 보장한다고 합니다. 미국에서 이런 위험에 빠진 입양인이 얼마나 있는지 확인할 유일한 방법은 입양 기관에서 15만 명이 넘는 입양인의 파일을 일일이 확인하는 것이었습니다. 입양 파일에 시민권 취득 보고가 적혀 있으면 우선 안심했지만, 시민권 사본이 없으면 진실을 알 수 없는 거죠. 시민권을 취득하고도 한국에는 연락하지 않았을 수도 있고요. 우선 입양 기관들이 제출한 이 서류가 지금까지 파악한 결과입니다."

한국의 보건복지부와 미국 국무부의 두 공무원은 서로의 얼굴만 쳐다본 채 한동안 앉아 있었다.

우리는 우리로서는 할 수 있는 일이 없다는 것을 인정했다. 또 추방되는 입양인이 있는지 손 놓고 지켜보는 것밖에는.

그로부터 10여 년이 지났다. 이 사안에는 여전히 답이 없다.

2012년까지 한국에서 미국으로 보내진 입양인들은 모두 IR-4 절차를 이용했다. 그 후로도 추방된 입양인 몇 명이 언론에 보도됐다. 정확히 얼마나 많은 사람이 실제로 추방되었는지, 추방될 위기에 놓여 있는지, 시민권 없이 살고 있는지 아무도 모른다.

이들에게 끝까지 남아 있던 한국 국적은 어떤 의미일까?

국적은 원래 국가가 국민에게 요구할 권리였다. 국민은 세금도 내고 노동력도 제공하고 전쟁에도 나가야 했다. 하지만 현대 국가에서 국적은 국민의 권리이고, 국가는 자국민을 보호할 의무를 진다.

입양인 파일에는 여권이 포함되어 있다. 한국을 떠날 때는 외교부가 발행한 한국 여권을 가지고 있었다. 1988년 해외여행 자유화 이전에 한국에서 일반인들이 여권을 발급받는 일은 흔치 않았다. 이들이 받은 여권은 한 번만 사용 가능한 단수여권이거나, 예외적으로 난민이나 무국적자들이 이 나라를 떠나는 목적으로만 사용할 수 있는 여행증명서였다. 여행증명서로는 한국으로 돌아올 수 없다.

한국 국적법은 복수 국적을 싫어한다. 자발적으로 외국 국적을 취득하면 한국 국적은 자동으로 상실된다. 그 사람이 아이라고 해도 마찬가지다. 영유아가 '자발적으로' 외국 국적을 취득했다고 처리됐다. 입양인들이 수령국 국적을 취득하면 한국에 보고하도록 법에 규정되어 있지만 그 법을 제대로 지킨 사람은 한국 정부에도 입양 기관에도 없었다. 입양 기관에서 근무했던 사람의 증언에 따르면 여권, 비자, 수수료, 이 세 가지만 준비되면 아이를 비행기에 태웠다. 수령국의 입양 기관에 아이에 대한 모든 권리와 아이의 신병까지 넘긴 마당에 한국에서는 다 끝난 일이었다. 만약 그 나라에서 아이의 입양이 제대로 이루어지지 않았다면? 입양 부모가 마음을 바꾸는 일은 생각보다 자주 일어났던 것 같다. 그러면 수령국 입양 기관이 알아서 입양 부모를 새로 구하거나, 아이를 미국의 포스터 케어Foster Care● 시스템으로 보냈다.

미국행 비행기를 탔다고 당연히 시민권을 취득할 순 없었다. 입양인들이 자기를 이민자라고 인식하기는 힘들다. 일반적인 이민자들과 처지가 달랐고, 피부색과 생김새가 다르다고 해도 가족은 모두 미국인이며, 살아온 곳은 미국밖에 없다. 그런데 어떻게 자기를 이민자라고, 자기한테 시민권이 없을 수도 있다고 생각하겠는가?

역설적으로 미국 시민권을 취득하지 못한 입양인에게 끝까지 상실되지 않고 남아 있던 한국 국적은 결국 치명적으로 작용했다. 미국 정부가 이 사람을 '본국'으로 추방할 빌미를 주었기 때문이다. 한국은 입양인들에게 본국이 아니라 외국이다. DNA 외에는 아무것도 공유한 게 없는 상상 속의 땅이다. 이 땅으로 40대가 넘어 추방된 사람들의 다음 삶은 상상하기조차 힘들다. 2017년에는 추방된 입양인 중 한 명이 끝내 자살했다는 뉴스가 보도됐다.

●포스터 케어는 부모나 보호자의 부재, 학대, 방임 등으로 인해 아이들이 집에서 안전하게 생활할 수 없을 때 임시 보호를 제공하는 제도다.

공항에서 태어난
사람들

홍세화 선생님이 돌아가시기 1년쯤 전에 한번 뵐 수 있었다. 대학생 때 샀던 『나는 빠리의 택시운전사』 초판본을 보여드리면서 이야기를 나누었다. 그는 프랑스에 망명한 정치적 난민이었다. 이후에 한국 국적을 회복했지만 이전에는 프랑스 여권 소유자이며 한국 입국이 금지되었다.

그는 생계를 위해 프랑스에서 택시 운전을 했다. 어느 날 밤 그의 택시에 두 명의 동양인 청년이 탄다. 얼굴을 보지 않고 말소리만 들으면 영락없는 프랑스인이었다. 호기심이 발동한 홍세화 선생님은 자신이 한국에서 왔다는 사실을 밝힌 뒤, 동양인처럼 보이는데 어떻게 프랑스어를 그렇게 잘하는지 조심스럽게 물어봤다. 이들은 자신들이 한국에서 입양되었다고 대답했다.

두 사람은 형제였다. 10여 년 전 여섯 살과 세 살짜리 한국 남자아이 둘이 파리 드골 공항에 내렸다. 비행기를 갈아타면서 기나긴 시간을 서로에게 기대어 견뎌냈을 터였다. 입국장에 들어서자 두 가족이 기다리고 있었다. 입양 기관은 형제를 서로 다른 집에 보낼 생각이었다. 만리타국 낯선 곳에서 인종도 언어도 다른 사람들에게 둘러싸여 있을 때, 여섯 살짜리 아이는 이 상황을 본능적으로 알아차렸다. 공항에서 동생과 떨어지면 영영 혼자일 거라고 생각했던 것이다. 형은 동생을 꽉 잡았다. 서로 끌어안고 공항이 떠나가라 울부짖으며 놓지 않았다. 그날 형제의 모습은 누가 봐도 잊지 못할 광경이었을 것이다. 두 가족은 이 모습을 보다 못해 한 가정이 두 아이를 모두 데려가기로 했다. 그리고 두 형제는 함께 클 수 있었다. 부모도 가족도 나라도 지키지 못했던 세 살 먹은 아이를 여섯 살짜리 아이가 지켜냈다.

형제는 택시에서 내리기 전에 한국인 기사에게 한마디 했다.

"어떻게 한국 사람들은 형제를 다른 집에 보낼 생각을 하죠?"

입양인들의 기록은 공항에서 시작된다. 명절에 가족이 모이면 고장난 레코드판처럼 한 얘기를 하고 또 한다. 그런 기억이 다들 있을 것이다. 주로 아이들의 어린 시절에 관한 것이다. 누가 얼마나 별났는지 하는 얘기들. 다들 외울 만큼 반복해도, 또 아이가 커서 자기 아이를 낳아도 과거의 서사는 멈추지 않는다. 여전히 이야기할 때면 다시 어린 시절로 돌아간다. 입양인들에게는 사진이든 비디오 영상이나 테이프 녹음이든 가족의 서사가 시작되는 곳은 공항이다. 그곳이 가족을 처음으로 만난 곳이다.

그 이전은 깨끗이 지워졌다. 어느 곳에도 없다. 공식 기록에도 없다. 허구로 만들어진 고아가 있을 뿐이다. 수령국 공항에서 새로운 이름으로 출생등록을 하고 가족과 나라가 주어진다. 이걸 다 아이를 위하는 길이라고 생각했다. 혹은 그렇게 모든 사람과 스스로를 안심시키고, 관계자들은 유무형의 이익을 취했다.

하지만 당사자들은 그게 아니라며 증언하고 나섰다. 한 사람의 생애 초기 몇 년이 완전히 삭제되고 다른 사람으로 태어나는 게 가능할까? 한국의 국제입양 제도는 마치 그렇게 할 수 있다는 듯이 만들어졌다. 아예 피부색과 DNA까지 바꾸어줄 수 있다는 듯이 군다. '좋은' 집에서 자라고, 좋은 학교에 다니고, 부자 나라 국민이 되고, 어른이 되어 결혼하고 아이를 낳아 스스로 가정을 꾸리면 모든 문제는 해결된다고 우겼다. 과거는 몰라도 상관없다고 단정했다.

성인이 된 입양인이 입양 기관에 자기 기록을 요구하는 과정에서 기관 책임자에게 들었다는 얘기는 충격적이다.

지금 이렇게 자기 권리를 주장할 수 있을 정도로 잘 자란 모습을 보니 참 대견하다. 이 또한 우리가 당신을 미국으로 보냈고 덕분에 좋은 환경에서 좋은 교육을 받았기에 가능한 일이다. 결국 우리는 옳은 일을 했다.

그는 그 말에 무기력해졌다. 확신범에게 잘못을 인정하라고 해봤자 소용없을 듯해 그냥 미국으로 돌아갔다. 남의 신분을 세탁해버린 사람이 이렇게 당당할 수 있는 이유는 우리 사회의 절대다수가 자기네 편이라는 걸 잘 알고 있기 때문이다. 지금까지 해온 일 덕분에 한국 사회에서 수백억 원씩 모금이 이뤄졌고, 아동의 권리를 지켜온 기관이라고 칭송되며, 유명 인사들의 지지와 후원을 받았다. 심지어 21세기가 된 지 20년이 넘었는데도 여전히 한국전쟁에 머물러 있는 국무총리가 국무회의에서 보건복지부 장관에게 한국 아이들을 정성으로 키워주는 미국 양부모들에게 감사 편지를 써서 보내라고 지시하기도 한다.

인간의 정체성은 인권이다. 인간은 태어나면서 어머니와 아버지, 형제 자매와 혈연으로 맺어지고, 친척, 조상, 가족사를 보유하게 된다. 유전적인 가족력뿐 아니라 타고난 문화적 배경이나 종교, 믿음, 신념, 나아가 언어, 민족, 국가도 개인의 정체성을 구성하는 중요한 요소다. 부모가 주었으니 자기 마음대로 거둬들일 수 있는 게 아니라, 타고난 사람에게 온전히 귀속되는 권리다. 태어나는 즉시 개인의 정체성은 진실한 내용으로 등록되고 보존되어야 한다. 또한 자신이 태어난 가정에서 양육되고 보호받아야 한다. 유럽에서는 유럽연합 차원에서 각국의 가족법을 인권 규범에 맞게 끌어올리고 표준화하는 작업을 하고 있다. 이제 이 나라들은 가족법에서 친권parental rights이라는 단어를 쓰지 않는다. 이는 부모의 의무parental responsibility라는 말로 대체되었다. 국제인권협약은 정체성을 유지하고 알 권리를 인간의 기본 권리로 인정하며 국가는 보호 의무를 진다고 규정한다.

다른 나라 사람들도 K-드라마를 보면서 한국의 사회상을 알아간다. 우리가 미처 인지하지 못했던 참모습이 드라마로 드러나기도 한다. 외국 사람들은 한국 드라마에 묘사되는 '출생의 비밀'에 주목한다. 드라마 작가도 본인의 삶 혹은 이웃의 이야기에서 수많은 정체성 왜곡을 보고 들었기에 자연스럽게 이런 이야기가 넘쳐나는 것 아닐까?

K-컬처를 전문적으로 다루는 미국 저널리스트가 인터뷰를 요청해왔다. 그는 재미교포이기에 국제입양인이 주인공으로 나오는 드라마나 영화는 일종의 판타지 같았다고 한다. 우선 어떻게 입양인이 인천공항에 내리자마자 바로 한국어를 하고, 한국의 정서와 일상을 이해하며, 한국 사회에 자연스럽게 적응할 수 있을까? 이들은 주로 남성이고, 전문직에 종사하며, 부유하다. 한국에 돌아와 친가족을 만나고 그들을 돕는다. 특히 드라마 「빈센조」에서 송중기가 맡은 마피아 변호사는 한국으로 돌아와 가족뿐 아니라 많은 한국 사람을 어려움에서 구해준다. 영화 「국가대표」에서 하정우가 연기한 입양인은 한국 국적을 회복한 뒤 선수가 부족해서 출전하기도 어려웠던 동계올림픽 스키 점프 종목의 한국 대표단 일원이 된다. 그리고 메달을 따기 위해 눈물겨운 노력을 한다. 이런 이야기 구도는 입양인을 다시 한번 대상화한다. 팔리는 스토리, 대중의 입맛에 맞고 쉽게 인기를 얻는 콘텐츠를 만들기 위해 실제로 존재하기 어려운 입양인을 등장시키고 대중은 이를 소비한다.

우리의 정체성을
너무 사소하게 여기는군요

제인 정 트랜카는 국제연합 아동권리위원회에 한국의 상황을 증언하고 로비를 하기 위해 제네바행 비행기를 탔다. 비행기를 탈 때마다, 스스로 의사 표현도 못 하고 아무것도 모른 채 엄마에게서 떨어져 비행기에 태워졌던 생후 6개월 아기 정경아가 되살아난다고 했다. 곧 돌아올 수 있다며 아기를 여러 번 안심시킨 후에야 비행기를 탈 수 있다고 한다.

1970년대 초 제인의 부모님은 용산 미군기지 주변에 살았다. 입양 기관 사람들은 이 동네를 정기적으로 방문해서 미국에서 잘 살 수 있다며 아이들을 입양 보내라고 권유하면서 다녔다고 한다. 제인과 언니는 그 사람들 손에 들려 입양 기관에 넘겨졌고 미국으로 보내졌다. 제인은 나와 매우 가까이에 살았었다. 나도 그 시기에 서대문구 골목에서 동네 아이들과 뛰어놀았다. 우리 부모님도 부유하지 않았다. 이 연구를 하면 할수록 그가 '나'일 수도 있었음을 실감했다.

입양인마다 모두 다른 인생사를 갖고 있다. 한국에서 입양되었다는 공통점은 있지만, 개개인의 감정과 판단은 다르다. 내 연구는 확실한 근거를 바탕으로 진행됐지만, 당사자 중에는 이 사실을 불편해할 사람도 있다. 그래서 나는 먼저 연락하지 않는다는 규칙을 세웠다. 단지 한국 출신 입양인이라고 해서 나를 반겨주리라고 생각하지는 않았기 때문이다.

그러나 오히려 먼저 연락을 취해오는 입양인이 꽤 많았다. 심지어 인도, 스리랑카, 에티오피아 등 다른 나라 출신의 입양인들도 있었다. 그런데 이들 중 꽤 많은 사람이 나에게 보내는 메시지의 첫마디는 '당신도 입양인입니까?'였다. 나는 '아닙니다. 나는 한국에서 이 문제를 연구하는 국제법 연구자입니다'라고 답변했다.

잘 아는 입양인들에게 물어보았다. 왜 내가 입양인인지부터 묻는 걸까? 아마 내가 자신의 부모와 가족조차 이해하지 못한 문제를 헤아리는 것을 보고 같은 입양인으로 추측하는 것 같다고 했다. 사실 미국과 유럽에서는 한국 입양인들의 커뮤니티가 오래전부터 만들어졌다. 이들은 커뮤니티를 안전지대라고 느끼고 마음을 털어놓는다. 어떤 모임은 '배우자'조차 참석을 허락하지 않으며 오로지 입양인만 들어올 수 있다.

선희 감독은 영화를 만들면서 한국인을 많이 만났지만, 이 문제에 관심을 가진 사람 중 나처럼 사회적·학문적 지위를 가진 이들은 만나본 적이 없다고 했다. 나는 박사논문 심사위원들께 적어도 한국이 이 문제를 완전히 외면하지 않았고 심각하게 다루기도 했다는 것을 논문으로써 말하고 싶다고 얘기했다.

우리 역사는 우리 민족이 집단으로서 만들어온 선택의 결과다. 투표를 하고 거리에서 투쟁하고 촛불을 들거나 죽음을 무릅쓰며 저항한 것이나, 혹은 차별하고 편견에 동참하며 불의에 침묵하고 이를 증폭시켰던 것 모두 선택이었다. 따라서 어쩔 수 없는 일은 없다. 우리는 손을 떼기로 선택한 것이었다.

이 책은 목격자로서 쓴 증언이다. 법 하나를 고치면 문제가 해결된다거나 이 나라가 어떤 일을 하면 된다고 말하지 않는다. 그런 일은 일어나지 않으니까. 내가 정부의 일을 대신 할 수 있다고도 말하지 않는다. 사실이 아니기 때문이다. 우리는 마침내 옳은 집단적 선택에 닿을 수 있을까? 그것도 솔직히 잘 모르겠다.

2012년 한국의 입양특례법이 전면 개정되어 국회를 통과했다. 민법도 함께 개정되며 아동의 입양을 다루는 한국 법제가 천지개벽했다. 이 법이 국무회의에서 공포되기 전날, 회의 자료를 장관에게 보고하는 말미에 종이 한 장을 내밀었다.

"내일 회의장에서 대통령과 국무위원들 앞에서 읽으십시오."

별말 없이 들여다본다.

대한민국 법제사상 최초로 아동의 입양이 가정법원에 의해 결정되도록 하는 역사적인 법 개정이 이루어졌습니다. 이로써 한국이 아동의 권리 보호를 위한 국가의 의무를 더욱 강화하고, 오랫동안 미루고 있었던 국제연합 아동권리협약을 제대로 이행할 수 있게 되었습니다.

뭐 이렇게까지 비장할 일인가 하는 표정으로 그는 나를 쳐다본다.

"지금 이 시기에 보건복지부 장관으로서 국무위원들의 의식을 환기할 수 있는 기회이니 한 말씀 하셔야 합니다."

종이에 쓰인 문구나 내 말에 동의하지 않을 수도 있다. 하지만 평생을 공무원으로 살아왔으니, 자신의 생각보다 명분을 앞세울 줄 아는 분이었다. 장관 직위에 있으니 하기 싫은 일도 해야 하고, 필요하다면 자기 생각도 바꿔야 한다.

나는 이튿날 회의가 끝나고 들어오는 장관을 기어이 찾아갔다. 내가 물어보기도 전에 말한다.

"회의 잘 끝났고, 이 과장이 써준 거 다 읽었다. 그런데 다들 별 말 없더라고."

별 감흥이 없는 사람들이 대통령과 국무위원뿐일까? 우리나라 사람들은 과연 '정체성'이 인권이라는 사실에 동의할까?

나는 내가 누군지 안다. 내가 어디에서 왔는지 알고, 내 부모와 그 부모의 부모가 누구인지 알고, 친척들을 알고, 조상들이 묻힌 장소를 안다. 기억이 닿는 범위까지는 이들과 어떻게 지내왔는지도 안다. 때로 '핏줄'에서 벗어나고 싶은 적도 있었다. 그래서 클릭 몇 번이면 호적과 가족관계등록부를 볼 수 있지만 이미 너무 잘 알아서 그런 서류가 궁금하지도, 보고 싶지도 않았다. 그런 서류는 나에게 나를 증명하는 게 아니라, 남에게 나를 공식적으로 증명하기 위해 제출할 때나 필요하다.

이건 자신의 뿌리와 정체성을 아는 사람의 사정이다. 그렇지 못한 사람의 삶이 어떤지 우리는 모른다. 그러니 이에 대해 함부로 말할 수 없다. 그까짓 게 뭐가 중요하냐, 지금 잘 살면 되지, 옛날 일일랑 다 털어버리고 키워주신 부모님과 나라에 감사하면서 살라는 말은 하면 안 된다. 이런 말 자체가 편견이고 차별이다.

우리가 의식하든 그렇지 않든 한국이 인간의 정체성과 뿌리를 정책적인 의도를 가지고 제도적으로 삭제하며 왜곡해온 역사가 드러났다. 그런 법제를 70여 년간 유지했던 나라의 현재는 참담하다. 많은 전문가가 우리를 주목하고 있다. 과거는 부정한다고 사라지지 않는다.

대규모 인권 침해의 과거사를 다루는 원칙은 이미 국제적으로 확립되어 있다. 만델라도 남아프리카공화국의 아파르트헤이트에 이 원칙을 적용했고, 한국도 같은 취지에서 김대중 대통령 시절 과거사위원회를 만들었다.

먼저 진실을 알아야 한다. 그리고 부분이 아닌 전체 진실을 알아야 한다. 합당한 권한을 가진 정부 기구를 만들고, 가능한 한 모든 자료와 서류에 접근해서 무슨 일이 어떻게 얼마나 광범위하게 벌어졌는지 파악해야 한다. 제대로 된 진실을 알기 전까지는 해결책을 기대할 수 없다. 그다음은 책임 규명이다. 책임 있는 기관을 가능한 한 명명백백히 밝혀야 한다. 처벌은 이후의 일이다. 처벌만을 목적으로 진실을 조사한 것이 아니며, 진실이 밝혀지면 그에 따른 책임 소재를 분명히 해야 한다. 다음은 배상reparation인데 보상이란 말이 더 일반적이다. 정부는 공공 기금을 조성하고 피해자에게 적절한 보상을 진행해야 한다. 그러나 나는 배상과 함께 '바로잡기rectification'를 강조하고 싶다. 이 이슈는 잘못된 것을 바로잡을 수 있다. 민간인 학살 같은 문제와는 다르다. 지금이라도 입양인들에게 정체성을 알 권리를 보장해줄 방법이 있을 것이다. 정부 기관이 책임을 지고 합당한 노력을 해야 한다.

'고아 만들기'를 위해 온 정부 부처를 동원해온 우리 역사를 듣고 한 입양인이 던진 말이다.

"한국 사람들은 우리의 정체성을 너무 사소하게 여기는군요."

법제는 공기와 같다. 공기는 들이마시고 사는 사람들을 완전히 지배한다. 우리가 숨 쉬는 공기에는 분명히 뭔가가 빠져 있다. 혹은 반대로 어떤 유독 성분이 들어 있을 수 있다. 다만 우리가 거기에 적응해서 살고 있기에 제대로 느끼지 못할 뿐이다. 역설적으로 다른 법제에서 살아온 입양인들이 우리 법제의 흠을 직관적으로 알아챈다. 우리는 서로 도울 수 있다.

한국은 지난 70여 년간 한 해도 거르지 않고 수백 명에서 수천 명의 아이를 내보냈다. 이제는 기억력이 아니라 상상력이 필요한 때다. 입양인들뿐 아니라 지금 이 땅에 사는 사람과 앞으로 살 사람들을 위해 한국은 회복되어야 한다. 아이를 버리는 나라, 아이를 파는 나라가 아니라 사람이 오는 나라, 사람을 지키는 나라가 되기 위해.

국민을 버리는 나라

초판인쇄 2025년 1월 24일
초판발행 2025년 2월 10일

지은이 이경은
펴낸이 강성민
편집장 이은혜
편집 양나래
마케팅 정민호 박치우 한민아 이민경 박진희 황승현
브랜딩 함유지 함근아 박민재 김희숙 이송이 김하연 박다솔 조다현 배진성 이준희
제작 강신은 김동욱 이순호

펴낸곳 ㈜글항아리 | **출판등록** 2009년 1월 19일 제406-2009-000002호

주소 경기도 파주시 심학산로10 3층
전자우편 bookpot@hanmail.net
전화번호 031-955-2689(마케팅) 031-941-5161(편집부)

ISBN 979-11-6909-348-4 03300

www.geulhangari.com